*Das Christentum
und die Mysterien des Altertums
Band 2*

Rudolf Steiner

DAS CHRISTENTUM
UND DIE MYSTERIEN DES ALTERTUMS

Ein Grundkurs
in Geisteswissenschaft

Band 2

Diese Erstveröffentlichung folgt der Klartextübertragung, die F. Seiler vom eigenen Stenogramm angefertigt hat. Unter *www.weltredaktion.de* kann der Leser diese Unterlage einsehen. Mit «Weltredaktion» ist gemeint, dass jeder willkommen ist, mitzumachen, der dazu beitragen kann, dass eine immer bessere Redaktion zustande kommt.

Erste Auflage 2005
(1. bis 2. Tausend)

Herausgeber und Redakteur machen in Bezug auf die hier gedruckten Texte Rudolf Steiners keine Rechte geltend.

Redaktion: Pietro Archiati, Bad Liebenzell
Herausgeber: Archiati Verlag e. K., München
Druck: Memminger MedienCentrum, Memmingen
Umschlag: Archiati Verlag, München
Foto: Rietmann, © Verlag am Goetheanum

ISBN 3-938650-25-7

Archiati Verlag e. K.
Sonnentaustraße 6a · D-80995 München
Telefon: (089)15 000 513 · Telefax: (089)15 000 542
info@archiati-verlag.de · www.archiati-verlag.de

Inhaltsverzeichnis

BAND 2

13. Vortrag: **Die Mystik des Philon von Alexandrien** *S. 7*
14. Vortrag: **Philon und die Geistesströmungen seiner Zeit: Therapeuten und Essäer** *S. 29*
15. Vortrag: **Das Christentum der Evangelien** *S. 51*
16. Vortrag: **Der Christusgedanke und seine Beziehung zum ägyptischen und buddhistischen Geistesleben** *S. 71*
17. Vortrag: **Der Christusgedanke im ägyptischen Geistesleben** *S. 89*
18. Vortrag: **Das Matthäus-Evangelium und seine Beziehung zum ägyptischen und modernen Geistesleben** *S. 111*
19. Vortrag: **Darstellung des Initiationsprozesses: die Auferweckung des Lazarus** *S. 135*
20. Vortrag: **Die Apokalypse**: Entwicklung in christlicher Deutung *S. 151*
21. Vortrag: **Die Apokalypse und die Welt der Gnosis** *S. 173*
22. Vortrag: **Paulinisches Christentum und johanneisches Christentum** *S. 193*
23. Vortrag: **Augustinus**: statt Wiederverkörperung, Prädestination *S. 209*
24. Vortrag: **Scotus Erigena** *S. 227*

Hinweise *S. 245*
Anhang 1 Credo. Der Einzelne und das All *S. 255*
Anhang 2 Augustinus, zwei Textvergleiche *S. 265*
Namensregister *S. 291*
Über Rudolf Steiner *S. 295*

BAND 1

Vorwort

1. Vortrag: **Heraklit** und die Mysterien des Altertums
2. Vortrag: **Griechische Mythologie:** Uranos, Kronos, Zeus, Dionysos
3. Vortrag: **Heraklit und Pythagoras:** der Tod als Sinnbild des Lebens
4. Vortrag: **Die pythagoräische Lehre:** der Geist in Zahlen und Verhältnissen
5. Vortrag: **Die pythagoräische Lehre** und die neuere Wissenschaft und Philosophie
6. Vortrag: **Das Verhältnis des Seelischen und Geistigen zur materiellen Welt** bei den Pythagoräern
7. Vortrag: **Das ägyptische Totenbuch**, die Argonautensage und die Sophisten
8. Vortrag: **Der Herakles-Mythos:** die zwölf «Arbeiten» der Menschwerdung
9. Vortrag: **Die platonische Philosophie** vom Standpunkt der Mystik
10. Vortrag: **Platons Phaidon und Timaios:** über die Unsterblichkeit oder Unendlichkeit der Seele
11. Vortrag: **Die Grundvorstellungen der platonischen Weltanschauung**
12. Vortrag: **Platon und das Christentum**

Hinweise

Namensregister

Dreizehnter Vortrag

Die Mystik des Philon von Alexandrien

Berlin, 1. Februar 1902

Sehr verehrte Anwesende! Wir haben das letzte Mal gesehen, wie die Grundlehren des Platonismus besonders im *Phaidon* und im *Gastmahl* zum Ausdruck gekommen sind und wie zur Entstehung des Christentums im Wesentlichen drei Vorbedingungen notwendig waren:

- Als erste Vorbedingung musste das da sein, was in den alten Mysterienkulten als Welterklärung lebte,
- als zweite Bedingung der Initiationsprozess, dem sich jeder unterwerfen musste, der Myste werden wollte, und
- als dritte Bedingung musste eine Verwandlung geschehen.

Wie diese Verwandlung vor sich gegangen ist, haben wir uns ebenfalls deutlich zu machen versucht. Und wir haben gesehen, dass eine *Verquickung mit einer geschichtlichen Tatsache* stattgefunden hat, aus der sich dann das Christentum bilden konnte.

Wir haben gesehen, wie das Christentum auf die Verbürgung der Lehren durch den Augenschein – als tatsächlichen Vorgang – einen besonderen Wert legen musste.

Wir haben darauf hingewiesen, wie wir in Philon von Alexandrien eine Persönlichkeit haben, welche das in der platonischen Mystik vorhanden Gewesene in bedeutsamer Weise zu vertiefen vermochte. Dies ist eine Tatsache, die wir aus dem Gang der europäischen Mystik selbst verstehen müssen. Am anschaulichsten wird uns diese Sache, wenn wir sie bei dem Philosophen selbst verfolgen, der um die Wende der Jahre herum gelebt hat, eben bei Philon.

Aber gerade Philons Mystik muss ich in großen Zügen darstellen, ich muss deren Lebensnerv verfolgen, um dann darstellen zu können, wie gerade diese in Alexandrien zum Ausdruck gekommene Lehre in den verschiedensten Metamorphosen – auf der einen Seite in Nordafrika, dann aber auch in Palästina, besonders in der Sekte der Essäer – lebte, aus welcher Jesus von Nazareth hervorgegangen ist.

Zu verstehen ist dasjenige, was Jesus gelehrt hat, für uns abendländisch Denkende am besten, wenn man den Umweg über die Weltanschauung des Philon, über Philons Mystik nimmt. Das, was Jesus innerhalb der Essäergemeinde gelehrt hat, ist etwas, was aus Philons Mystik hervorgegangen ist.

Dieser hat auf der einen Seite aus der ägyptisch-mystischen Anschauung und auf der anderen Seite aus den Anschauungen der Griechen geschöpft – vermischt mit der Anschauungsweise des Judentums. Geschichtliche Beweise dafür werde ich noch beibringen.

Innerhalb des Judentums gab es zwei streng voneinander geschiedene Richtungen. Zu vergleichen sind diese mit den zwei Richtungen im Christentum, mit der Scholastik und der Mystik.

Wenn wir uns diese beiden Richtungen (im Christentum) vor Augen halten, wie sie sich innerhalb des fünfzehnten Jahrhunderts herausgebildet haben, werden wir bemerken, dass dasselbe auch im Judentum vorhanden ist. Es hat sich da eine Verstandesphilosophie herausgebildet – in der Weise, dass das geschriebene Wort (die Thora), das in der Orthodoxie lebt, ausgelegt wurde –, und dann eine andere Richtung, welche aber streng geheim gehalten worden ist: die jüdische Mystik.

Diese wurde so streng geheim gehalten, dass Aussprüche da sind, welche ungefähr so lauten: «Wer auch nur zwei Menschen davon etwas mitteilt, der tut ein großes Unrecht». Es wurde geradezu als etwas Gefährliches angesehen, diese Geheimlehre einer großen Volksmasse mitzuteilen.

Wenn ich auf die philonische Mystik zurückgreife, so möchte ich geradezu sagen, dass *Philon* als Mystiker und Geisteswissenschaftler[1] *einen der größten Entschlüsse gefasst hat*, einen Entschluss, den wir in gleicher Bedeutung kaum wieder in der Geschichte antreffen. Um dieses zu charakterisieren, möchte ich einiges anführen, was ich auch schon bei anderen Gelegenheiten ausgesprochen habe.

Wir wissen, dass schon früher Philosophen aufgetreten sind, welche sagten, jedes Göttliche ist aus dem Menschen heraus geboren. Diese Feuerbach'sche Ansicht finden wir schon im fünften Jahrhundert (vor unserer Zeitrechnung) von griechischen Philosophen ausgesprochen. Wir finden sie ausgesprochen, um gegen die göttliche Idee zu polemisieren. Dann wurde sie im neunzehnten Jahrhundert bei Feuerbach in dem folgenden Sinne ausgesprochen: «Wenn der Mensch in seinem Sinne die göttliche Idee schafft, so ist sie eine menschliche Schöpfung. Damit entfällt ihre objektive Bedeutung und hat nur den Wert, dass sie vom Menschen überwunden werden soll.»

Diese Anschauungsweise beruht nur auf einer Verkennung unseres Erkenntnisprozesses. Es gibt keine Anschauung, welche nicht auf dieselbe Art entstanden ist wie die «göttlichen Lehren». Wenn wir eine einfache Vorstellung nehmen, so ist dies eine einfache Übertragung von dem Inneren auf die Außenwelt. Es ist dieselbe Art, wie auch die höchste Idee entstanden ist, welche sich der Mensch bilden kann – die Gottesidee.

Wir können hier zur Veranschaulichung von dem *Stoß auf zwei Kugeln* sprechen. Die eine Kugel fliegt da-, die andere dorthin. Durch die Kraft des «Stoßes», sagt man, seien die zwei Kugeln weitergeflogen. Das, was wir da hinzufügen, ist keine Erfahrung, die von außen kommt. Wenn wir sagen: «Die Kugel stößt», so ist das schon etwas, was wir nur aus uns selbst entnehmen können. Eine gewisse Kraftwirkung haben wir aus uns selber entnommen und auf die Außenwelt übertragen.

Wenn wir also nach dem Rezept derjenigen verfahren, welche sagen, die Gottesvorstellung habe keine (objektive) Berechtigung, so müssten wir unser ganzes inneres Leben streichen. Wir könnten gar nichts über die Außenwelt wissen.

Umgekehrt aber sagen diejenigen, welche sich auf den Standpunkt der Mystik stellen: Ja, gerade das, was wir im Inneren erleben, ist das Allerwirklichste, und das, was die Außenwelt uns zu sagen hat, das verrät sie uns nur auf dem Umweg durch unser Inneres.

Daher ist es nur eine Fortsetzung des gewöhnlichen Denkens, dass wir auch die höchsten Ideen, die höchsten Vorstellungen, durch die wir uns die Welt erklären, nur in uns erleben. Durch diese geistig in uns erlebten Elemente können wir die Welt erklären.

Nun hat Platon die Welt, die er in sich erleben konnte, als die Grundlage des ganzen Universums angesehen. Jetzt kommt der weitere große Schritt, der hier noch zu machen war, der kühne Schritt, der über Platon hinausführt.

Platon hat die *Ideenwelt*, die Welt, welche sich dem menschlichen Geist erschließt, zur Urgrundlage, zum Urwesen der Welt gemacht. Aber wenn wir unsere Ideenwelt an uns vorüberziehen lassen – auch in dieser Ewigkeitsschau, in welcher sie uns bei Platon erscheint –, dann haben wir einen notwendigen Zusammenhang: Eine Idee hängt mit der anderen zusammen, eine baut auf der anderen auf. Es ist eine *notwendige Harmonie* in dieser Ideenwelt.

Ist das das Höchste, was der Mensch in sich erfahren kann? Das ist etwa die Frage, welche sich Philon vorgelegt hat. Ist es das Höchste, das Notwendige zu erfahren?

Nein, der Mensch kann über das Notwendige hinausgehen, er kann in sich den Willen als *freien schöpferischen Willen* erfahren.*

Ich kann mich hier nicht auf die Streitigkeiten über die Freiheit oder Unfreiheit des Willens einlassen. Ich kann nur betonen, dass wir es hier bei Philon mit der freien Willenserfahrung als Teil seiner Mystik zu tun haben.

Er sagte: «*Ich kann mich selbst entschließen.* Ich kann dadurch selbst in den Weltengang eingreifen und etwas hervorrufen, das nur durch mich hervorgerufen werden kann.» Dieses Bewusstsein ist zunächst nur ideell, geht aber durch Vertiefung in die Persönlichkeit insoweit über die Ideenwelt hinaus, als es nur auf dem Weg der Freiheit Ideen im Menschen schöpfen kann.

Will der Mensch aus der Welt des Ewigen die Ideen in die materielle Welt einführen, dann muss er die Fähigkeit, die Möglichkeit haben, die Ideen in das Zeitliche hereinzutragen, er muss also *schöpferisch in das Weltgetriebe eingreifen* können. Dieses Persönlichste, dieses Individuellste in einem selbst zu gleicher Zeit als ein Göttliches vorzustellen, es nicht nur als Ideenwelt, nicht

---

* Die *notwendige Harmonie* und das *freie Schaffen* stehen zueinander wie im Mythos *Harmonia* und *Kadmos* (siehe die ausführliche Besprechung des *Phaidon* im 10. Vortrag, Band 1). Harmonia, die Notwendigkeit, ist das Wesen des schon Vorhandenen (des Epimetheischen); Kadmos, die Freiheit, ist die Erfahrung der «Schöpfung aus dem Nichts» (des Prometheischen). Das schon Vorhandene wird bloß erkannt, das noch nicht Vorhandene muss *freiheitlich geschaffen* werden.

nur als Geist als solchen, sondern das unmittelbarste innere Erleben als ein Göttliches zu denken – das ist der Schritt, welchen Philon über Platon hinaus gemacht hat.

Philon stieg noch tiefer in sich hinein und behielt trotzdem den Glauben, dass dieses Innerste das Urwesen, das Urwirkliche ist.

Platon konnte das Wirkliche nur in seinen Ideen finden. Da, wo der Mensch selber das lebendige Bindeglied zwischen dem Ewigen und dem Zeitlichen bildet, da suchte Philon, noch tiefer grabend, das Göttliche: nicht nur im Ideellen, sondern im Leben. Das ist einer der bedeutsamsten philosophischen Schritte, die nach Platon haben noch gemacht werden können.

Es spürt fast jeder leicht, dass in unserer Ideenwelt uns etwas gegeben wird, was über die Ideenwelt hinausgreift. Wir könnten nicht einsehen, dass wir *Individualitäten* sind, wenn nicht ein Strahl in uns hineindränge, wenn wir nicht durch unseren Geist einsehen könnten, dass wir zum All gehören. Dieser Geist ist es, der in uns hereinleuchtet.

Das, was der Mensch *als Individuellstes* empfindet, das, von dem er sagen kann, dass es nur ihm angehört, das ist *der Willensentschluss*.

Es ist da am ehesten möglich, zu sagen, dass das mit dem großen Allgeist nichts zu tun hat. Anzuerkennen, dass auch da das Urwesen der Welt noch vorhanden ist, gerade da es auch in das Allerindividuellste einkehrt, das ist Philons größte Tat.

Daher sagt Philon: «Wir müssen nicht bloß bis zu den Ideen dringen, nicht bloß bis zum (reinen) Geist, wir müssen, wenn wir das Göttliche in uns finden wollen, noch tiefer heruntersteigen. Wir müssen bis *in das unmittelbarste Leben* hineindringen.» Da war es, wo Philon aus dem rein Geistigen, das zuletzt die griechische Mystik behandelt hat, aus der platonischen Ideenwelt, wieder in das unmittelbare Leben eintaucht.

Nicht nur der erkennende, der denkende, der in der Anschauung den Pfad suchende Mensch, sondern auch der tiefer Suchende lebt sich ein in das All.

Das ist eine ganz andere, viel lebensvollere Erfassung dessen, was Platon nur vorgeahnt und nur vorgedacht hat. Es war ein tieferes Hinuntersteigen in die materielle Welt. Hatte Platon den Menschen aufgefordert, herauszutreten aus der materiellen Welt, um an der Ewigkeit den Blick zu nähren, so hat Philon wieder versucht, nicht aus dem Materiellen heraus in die bloß geistige Welt, sondern in die Welt hinein, welche lebensvoll ist, einzutauchen.

Und das ist auch der Sinn der Mystik: Nicht nur erkennen im Geistigen, sondern *leben* im Geistigen, im Geistigen sich eine Aufgabe stellen, sich bewusst sein, dass Gott sich in unendlicher Liebe im Materiellen «verloren» hat und wieder geboren werden muss – aber nur wieder geboren werden kann, indem der Mensch den Weltprozess aus einem materiellen Prozess in einen geistigen verwandelt. So dass der Mensch tatsächlich in das Materielle untertaucht, indem er da gleichzeitig die Mission (die freie Aufgabe) übernimmt, den Urlogos hineinzusenken in die materielle Welt und diese dadurch wieder in die geistige Welt heraufzuentwickeln.

So denkt sich Philon den Platon aus – zur Erfassung des Lebens. Er kann nicht mehr sagen: Versenkt euch in die Ideenwelt, dann werdet ihr das Leben finden. Er sagt: Sucht noch unter der Ideenwelt, sucht das, was im menschlichen Bewusstsein noch tiefer ist. Wenn ihr das, was noch tiefer liegt, so weit zu vergeistigen in der Lage seid, in der Lage seid zu erkennen, dass es Leben ist, dann erreicht ihr das Göttliche.

Was für Platon noch möglich war – ich möchte sagen, das Göttliche in Ideen auszudrücken –, das wird für Philon unmöglich. Man kann jetzt nur in das Meer des Lebens eintauchen. Die platonische Ideenwelt wird nur ein Abglanz, ein Schattenbild von demjenigen, was hinter der Ideenwelt als das Urewige *lebt*.

Wir haben also hinter die Ideenwelt etwas gestellt, was der Mensch nicht erfassen kann, was er nur *ahnend* ergreifen kann, so dass er sich eine Lebensperspektive schafft, die hinter der Ideenwelt ist.

Für Philon ist daher das Göttliche durch kein «Wort» auszudrücken. Wenn er von irgendeinem Ding sagt: «Es ist», so ist die Vorstellung des Seins von den Sinnesdingen genommen und von den Dingen, die der Mensch geistig wahrnehmen kann. Sinnlich und geistig wahrnehmen kann der Mensch, eine unmittelbare Anschauung des Tieferliegenden hat er aber nicht. Nach der einen Seite, nach der Unendlichkeit, eröffnet sich nur die «Perspektive» (der Ausblick). Niemals kann der Mensch das Ende nach dieser Richtung erreichen, niemals kann er es nach der anderen Seite ergreifen – nach der Seite des Materiellen.

Was im Menschen lebt und webt, das ist für Philon geradeso wie für Platon ein Sichdurchdringen des Geistigen und des Materiellen. In allem, was uns gegeben ist, überall lebt Geist und Materie zugleich. Es ist ein Ineinanderscheinen, ein gegenseitiges Sichdurchdringen von Geist und Materie. Das «Atom» ist eine geformte, gesetzmäßig angeordnete Materie. Die gesetzmäßige Anordnung ist ein Einfluss des Geistigen auf die Welt; was angeordnet ist, das rührt von der Materie her. Was wir als «Seele» wahrnehmen, ist ebenso wie das Atom eine (gegenseitige) Durchdringung von Geist und Materie.

Überall, wo wir wahrnehmen, haben wir es mit einem Zwischenstück der Welt zu tun, das in allen Teilen Geist und Materie darbietet. Wir selbst sind ein solches Glied. Auf der einen Seite haben wir eine Perspektive, die immer weiter nach der Seite des Ewigen zu verfolgen ist, auf der anderen Seite nach der des Zeitlichen – auf der einen Seite nach dem Einheitlichen, auf der anderen Seite nach dem Materiellen, nach dem Mannigfaltigen. Das ist der Grundnerv dessen, was Philon zu seiner Anschauung getrieben hat.

Wir können uns noch von einer anderen Seite dem nähern, was Philon wollte. Wenn wir uns ein Wesen vorstellen – um wieder ein Sinnbild hervorzuholen, das ich schon öfters gebraucht habe –, das nur tasten kann, das keine Augen, keine Ohren, nur Tastorgane besitzt, dann würde sich ihm die ganze Welt in Tasteigenschaften darstellen, in Eigenschaften, die der Tastsinn vermitteln kann. Würde dann noch das Gehör hinzutreten, so würde die Welt eine von Klängen erfüllte Welt sein.

Und je nachdem der Mensch der einen oder der anderen «Welt-Anschauung» angehört, je nachdem wird die Welt anders für ihn aussehen. Er wird sagen können: Die Töne habe ich nicht gehört, weil ich keine Ohren gehabt habe; oder: Die Einrichtung meines Gehörorgans fügt zur Welt die Töne hinzu, die Augen fügen auch noch alles Farbige hinzu.

Und nun denken Sie sich dieses weiter als ein *fortwährendes Aufschließen neuer Organe*. Dies hat vieles auf sich. Denken Sie sich, wie dem einfachen Lebewesen nur Tastorgane gegeben sind. Wenn wir im Sinne Schopenhauers sprechen und die Welt nur als ein Wesen des Tasteindrucks darstellen wollten, wie sie sich für ein einfach entwickeltes Wesen darstellt, dann würden wir schreiben müssen: «Die Welt als Tastempfindung.» Ein weiter entwickeltes Wesen würde dann eine andere Weltanschauung haben. Jedes Wesen hat so eine höhere oder niedere Entwicklung.

Der Mensch aber, in dem die Kräfte schon da wären, die er noch erreichen muss, würde das erblicken, was das eigentliche Urwesen ist. So wie der heutige Mensch aber ist, muss er es völlig unbestimmt lassen. Er kann das, was er wahrnimmt, nur als Abglanz betrachten und sich bemühen, dem Urwesen immer näher und näher zu kommen.

Wer subjektiv-materialistisch denkt und glaubt, dass der Mensch nicht etwas Wirkliches findet, wenn er seine Organe aufschließt, der wird nicht so denken wie Philon.

Philon sagt: Wenn ich Töne höre, so schaffe ich nicht solche Töne, sondern es wird mir ermöglicht, diese Art der Welterscheinung zu erkennen. Das war alles schon da. Er wird nie sagen: Weil mein Ohr da ist, deshalb ist ein Ton da. Alles, was durch menschliche Organe erschlossen werden kann, ist immer da, ist das eigentlich Ewige. Dieses war da, bevor «irgendetwas» da war, sogar bevor «die Zeit» da war.

Das muss man zunächst verstehen, um einzusehen, warum *Philon das Ende völlig unbestimmt ließ*. Es müsste der Mensch *alle* Fähigkeiten aus sich heraus entwickelt haben, dann würde seine Wahrnehmung mit dem zusammenfallen, was das Urwesen wirklich ist. So kann er nur die Perspektive nach dem Urwirklichen erschließen, das, nur weil der Mensch ein endliches Wesen ist, undurchdringlich ist.

Nicht dass dieses Urwesen nicht dieselbe Wesenheit mit dem Menschen hätte: Es ist, um mit Goethe zu sprechen, *ein offenbares Geheimnis*. Es ist immer und überall da und es kann von dem Menschen immer mehr und mehr erschaut und erkannt werden. Es ist aber für Philon nur eine Behauptung, die der Mensch als endlicher Mensch macht und von der er sich klar ist, dass sie nur für den endlichen Menschen eine Bedeutung hat, dass sie – mit dem Auge Gottes gesehen – eine Unwahrheit wäre, dass sie keine erschöpfende Wahrheit ist.

Das ist die Behauptung Philons, dass das Göttliche in der Welt sich nicht voll erschließt – nur für den Menschen erschließt es sich nicht. Aber der Mensch ist *auf dem Weg* dahin, dass es sich ihm erschließt. So hat Philon eine «Urvernunft»: Wir müssen das Wort gebrauchen, uns aber auch klar sein, dass das Wort nicht das erschöpft, um was es sich handelt.

So hat er das Wort für den *Urlogos*, ist sich zu gleicher Zeit aber klar darüber, dass das nur ein Bild, eine Abschattung des Urlogos ist, dass der Mensch nicht anders kann, als jenen Pfad zu betreten, durch den das göttliche Wesen immer mehr und mehr aus dem Materiellen heraus wieder erlöst wird. Der Prozess, den der Mensch dadurch durchmacht, ist so, dass er in das Materielle untertaucht, *um Gott mit seiner Hilfe aus der Materie zu erlösen*. Er ist sich klar darüber, dass der, welcher dies anerkennt, sich auf den Pfad der Wahrheit begeben wird. Er betrachtet es als Aufgabe der Lebensphilosophie, den Menschen als lebendige Wesenheit auf den Pfad zu führen, damit er als Philosoph, als Mystiker da anlangt, wohin die ägyptische Mystik ihre Schüler führen wollte – wo die Menschen die göttlichen Geschäfte in der Welt besorgen. Das ist so die Grundidee, die Grundempfindung, die Philon zu seinen Anschauungen geführt hat.

Nun möchte ich noch zeigen, wie Philon, gerade weil er innerhalb des *damaligen Judentums* stand, zu einer solchen Anschauung hat geführt werden können. Und ich möchte ferner zeigen, wie das Symbol, das solchen großen Geistern wie Philon als der in unendliche Weite gerückte Endpunkt erschien, am Endpunkt der philonischen Philosophie zum Symbol auf Golgotha umgewandelt wurde.

Man muss sich klar darüber sein, dass das orientalische Symbol, das sich auf dem Kreuzberg erhoben hat,[*] eine Umwandlung desjenigen Symbols ist, das den Quell wiedergibt, aus dem Philon geschöpft hat – das Symbol, durch welches die jüdische Mystik damals, um die Wende der Jahre in die christliche Zeitrechnung, den Urgrund sah und welcher als *Gott und Mensch zugleich* erschien.

Die jüdische Mystik war – wie jede Mystik – davon durchdrungen, dass wenn der Mensch in sich schaut, er den Urgrund der Welt in sich findet. Aber ebenso war sie überzeugt, dass das, was der Mensch in sich selbst findet, zugleich der wahre Ursprung, der Kern der Welt ist. Und so findet der Mensch im tiefsten Menschlichen auch das tiefste Göttliche.

Dieses tiefste Menschliche drückt die jüdische Mystik unter dem Symbol aus:

- Vater rechts,
- Mutter links,
- Kind in der Mitte.

Dieses Symbol des unbefleckten Vaters, der unbefleckten Mutter und des Kindes, welches auf eine rein geistige Weise «geschaffen» ist, dieses Bild – welches zu gleicher Zeit die zwei Seiten (Vater/Mutter) in der Natur ausdrückt, die

---

[*] Bei Platon ist das «orientalische Symbol» der Weltseele zu finden, die auf den Weltkörper in Form eines Kreuzes von Kräften gespannt wird. Siehe 8. Vortrag und Hinweis 19.

ewige Entwicklung, das fortwährende Verwandeln der verschiedensten Weltgestaltungen, und in dem Kind das, was aus dem Geistigen und aus dem Materiellen zugleich hervorgegangen ist –, dieses Bild war es, was am Ende als das Symbol erschien, als das, was der Mensch nur hätte begreifen können, wenn er ganz hinter die Kulissen gesehen hätte. So aber konnte er sich dieses Urgeheimnis nur unter dem Bild des Vaters und der Mutter mit dem Kind vorstellen.

Dieses Ursymbol, welches die jüdische Mystik hatte, ist nichts anderes als der Anfang der Bibel überhaupt. In dem Menschen sah der jüdische Mystiker den Urquell alles Göttlichen und des tiefsten Menschlichen zugleich. Er sah das, weil da wirklich das Werden, die Entwicklung sich am allerintensivsten spaltete oder auseinander floss, deren Teile sich nur durch einen *Willensentschluss* wieder vereinigen.

So wird das Symbolum – welches als Symbolum der Vertiefung durch den freien Willensentschluss in das eigentliche Urwesen der Welt führt – durch Vater und Mutter dargestellt, durch das Mann-Weib, und durch das Dritte, das aus beiden hervorgegangen ist und das in seiner fortlaufenden Entwicklung beide enthält.

Wir denken uns dieses Symbol – welches derjenige immer mehr und mehr finden würde, welcher den Pfad der Erkenntnis betritt – für den Menschen übersetzt als einen der Wege, um zum Bewusstsein zu kommen. Einer unter den Wegen, zum Bewusstsein zu kommen, ist durch dieses Symbol ausgedrückt.

Denken wir uns, dass der Mensch den Blick von der eigentlichen Urbedeutung dieses Symbols gleichsam abwendet, dass er sich damit bescheidet, zunächst das Männliche und das Weibliche in diesem Bild unbegreiflich zu finden, und den Blick auf *das Kind* richtet, den Blick also auf jenes Mittelglied in der Entwicklung richtet, das wir als geistig-materiell, geistig-sinnlich ansprechen. Denken wir uns, dass der Mensch von diesem Zwischenglied, von dem Kind aus, die Welt zu erfassen suchte, weil ihm vielleicht zum Bewusstsein gekommen ist, dass das andere nicht zu erreichen ist, dass es am Ende liegt und er deshalb den Blick in die Mitte richtet, so dass das, was links und rechts liegt, schattenhaft erscheint.

Dann haben Sie das Menschliche als das unerreichbare Göttliche hingesetzt. Sie haben den Menschen innerhalb der Weltentwicklung lebend und innerhalb dieses Menschen das, was als männlich und weiblich erscheint, nur als eigene Kräfte in ihm – gleichsam nur das Bewusstsein, die Erkenntnis in ihm davon, dass er auf seinem Weg zu jenem Ziel kommen kann, an dessen Ende die beiden Elemente des Weiblichen und des Männlichen sind.

Der Mensch hat zweierlei Bewusstsein: Das eine ist das, welches ihn auf dem *Weg* sicher dahinführt, das zweite ist, dass er einen *Führer* hat, der ihn weiterbringt – dass etwas Bestimmtes und zu gleicher Zeit etwas Unbestimmtes in ihm ist, dass etwas in ihm ist, das er selbst verfolgen kann, und etwas, das in ihm durch «Gnade» lebt, das ihn weiterbringt und ihn von Schritt zu Schritt auf dem Entwicklungsweg weiterführt.

Die zweite göttliche Kraft, *der Führer*, tritt zu ihm und sagt: «Lass das Göttliche, wende den Blick ab vom Göttlichen, auf dass du dasjenige, was in dir lebt, erkennst. Und was lebt in dir? Es lebt in dir *der Weg* zwischen dem Guten und dem Bösen. Du wirst erkennen das Gute und das Böse.»[*]

Es beginnt also der Lebenspfad des Kindes damit, dass der Führer zu dem Kind herantritt und ihm sagt: «Entwickle deine eigenen Fähigkeiten, dann werden deine eigenen Fähigkeiten dich zu jenem Ende führen, das du in einer unendlichen Perspektive ahnen kannst. Aber du musst dir klar darüber sein, dass du dieses Göttliche nur in dir, als eigene Kraft hast.»

Jetzt tritt das Kind – ich möchte sagen, das Göttlich-Menschliche – in die eigene Perspektive. Und das andere tritt als Nebensache, als bloße menschliche Kraft neben den Menschen hin: als das Gute und das Böse, als das, was er erkennt auf seinem Lebensweg.

Und da haben Sie die Verwandlung des jüdischen Symbols der Welt. Diese Umwandlung ist das eigentliche *christliche Symbol* auf dem Kreuzberg:

- der Erlöser in der Mitte,
- links und rechts «Vater» und «Mutter».

In den Schächern haben wir den Abglanz dessen, was wir im Ursymbol als Mutter- und Vaterprinzip, als materielles

---

[*] So auch die Worte der Schlange im Paradies. (1. Buch Mose, Kap.3)

und geistiges Prinzip haben. So verwandelt sich im Spiegel des Symbols die Mystik der damaligen Zeit, die jüdische Mystik, in die christliche Mystik. Der Blick richtet sich auf diejenige Mitte des Symbols – nicht auf das Ende, weil es doch nicht erreicht wird, sondern auf den «Sohn» –, die den Mittelpunkt der neuen Weltanschauung abgibt.

Das ist in symbolisch-mystischer Weise aufgefasst dasjenige, was sich in jener Zeit unter dem Einfluss von philosophischen Vorstellungen vollzogen hat, wie sie Philon darbietet. Es ist ein neues philosophisches Leben auf der einen Seite, ein gewisser «Verzicht» von einer anderen Seite aus gesehen, von der Seite der alten Mysterien.

Und hier ist die Erklärung, warum das Mysterium so geheim gehalten wurde. Es wurde deshalb so geheim gehalten, weil es nicht «verstanden» werden kann. Es musste erst umgewandelt, vermenschlicht werden, wenn dieses Symbolum, dieses Mysterium, das nur wenigen zugänglich war, eine allgemeine Weltbedeutung erlangen sollte.

Ich bitte, mich nicht misszuverstehen: Ich möchte nicht den Hauptwert auf die Umwandlung des Symbols legen, ich wollte nur im Spiegel dieses Symbols zeigen, *was sich damals im Volk vollzogen hat* – wie zum Beispiel in der Essäer-Gemeinde.

Unter dem Einfluss von buddhistischen Lehren hat sich (in ihr) eine Lehre herausentwickelt wie bei Philon. Sie hat jedoch anderes bezweckt und es ist anderes zustande gekommen, weil durch solche Persönlichkeiten wie Philon die verschiedensten mystischen Schulen eine Art Vertiefung erlangt haben. Philon hat sich geradeso wie andere

Personen der damaligen Zeit mit all dem durchdrungen, was damals an mystischen Lehren zu erlangen war.

Einen äußeren Ausdruck, wie damals danach gestrebt worden ist, gleichsam das Urgöttliche zu erkennen, das hinter allen beschränkten Anschauungen vom Göttlichen schlummert, was hinter diesen verborgen ist, hat man bei Philon in der Lebensbeschreibung eines anderen «Christus», wie man sich ihn vorstellte, nämlich in der Lebensbeschreibung des *Apollonius von Tyana*. Dieser Apollonius wird uns so vorgestellt, das man daraus sieht, wie solche Menschen überall gelebt haben und wie dies jeweils nur als einzelne Seiten einer «Urreligion» aufzufassen ist.

Diese Urreligion, diese Uroffenbarung hat Philon seinerseits in der Weise gesucht, dass er in allen Religionsformen nur Ausdrucksformen suchte, so dass wir (auch) in Apollonius von Tyana eine Persönlichkeit vor uns haben, die danach strebte, die Urreligion zu finden. Im Grunde genommen haben wir eine solche Persönlichkeit auch in Philon.

Von Apollonius haben wir zu wenig überliefert bekommen. Bei Philon können wir aber sehen, dass er die Anschauungen, wie sie auf ihn gekommen sind, in seiner Weise vertieft, zu noch tieferer Stufe des Bewusstseins geführt hat – so dass sie als Vorbereitung der Philosophie des Abendlandes betrachtet werden können, welche dann in den verschiedenen christlichen Gemeinden als *christliche Lehre* wieder aufgetreten ist.

Die philonische Philosophie hat es möglich gemacht, dass die christliche Lehre in philosophischer Weise vertieft werden konnte. Sie hat es möglich gemacht, dass in der Tat der Blick von einer unzulänglichen Art und Weise, die Mysterien zu erforschen, abgewendet worden ist, so dass dadurch der Mensch auf das Leben selbst gewiesen worden ist.

Und nun werden wir sehen, wie unter dem Einfluss von solchen Empfindungen, wie sie sich in der *Umgestaltung des jüdischen Symbols von Vater, Mutter und Kind in die Gestalt des Bildes auf Golgotha* ausdrücken, die Entwicklung weitergeht. Wir werden sehen, wie uns Jesus und Philon in Gleichnissen zum Ausdruck bringen, was sie zum Ausdruck zu bringen haben. Es ist zum Teil Verborgenes, zum Teil das, was sie in den Mysterienschulen erlangt haben.

Fragenbeantwortung

Evangelium des Matthäus: Der erste Sprössling Davids. (vgl. Matthäus 1,1; 12,23; 21,9; 22,42·45) «Siehe, es wird dir ein Sohn geboren und der wird Emmanuel heißen, das heißt Gott mit uns.» (Matthäus 1,23)

Hier haben wir die Entgegensetzung der inneren und der äußeren Wahrheit.

Das Evangelium kann nur dann verstanden werden, wenn man sich klar geworden ist, dass darin zwei Anschauungen ineinander geflossen sind. Das eine Mal sehen wir, was tatsächlich sich darbietet. Wenn wir im Zwischenglied sind, dann erscheint uns «Christus» auf dem tieferen Hintergrund. Daher schildert Matthäus den Gekreuzigten an dem Kreuz (das christliche Symbol: Matthäus 27,38). In den nächsten Sätzen blickt er zurück auf das mystische Symbol der damaligen Zeit.

Logos: Der zweite Logos ist das gegenseitige Sichdurchdringen (von Geist und Materie). Der dritte Logos ist das, was auf der anderen Seite der Perspektive liegt. Der zweite Logos ist der Sohn. Das Johannes-Evangelium ist nur eine andere Interpretation der philonischen Weltanschauung.

Das Bild, das ich gegeben habe, lässt sich geschichtlich rechtfertigen – auch das von der jüdischen Mystik. Diese liegt aber nicht so offenkundig wie die anderen Lehren. Ohne die jüdische Mystik ist keine richtige Auffassung des Christentums möglich.

Die jüdische Mystik wird wohl viel auf assyrische und persische Einflüsse zurückgeführt?

In ihren Symbolen ja, aber in ihren eigentlichen Empfindungsgrundlagen kann sie nicht auf die persische Symbolik zurückgeführt werden. Man muss sich vorstellen, dass der eigentliche tiefere Gehalt denselben Ursprung hat wie der Buddhismus. Philon selbst verleugnet den indischen Ursprung, aber es war (dort) schon alles vorhanden. Er hat alles von Indien erhalten. Es waren symbolische Bilder, deren Gehalt vergessen und dann wieder gefunden wurde.

Goethe: Das Ewig-Weibliche ist gleich der griechischen Grundvorstellung für das Aufsuchen eines tieferen Bewusstseinszustandes. Die Mutter ist männlich-weiblich.

Das Schattenbild ist das Kind. Das Schlangensymbol ist nicht zu verkennen bei Goethe (im Märchen): Es ist der Führer, der zur Aufopferung kommt. Die Irrlichter bedeuten das bloße Erkennen, sind leere Philosopheme.

Das Dogma von der unbefleckten Empfängnis? Es ist kein «Wunder». Es hat nur dann Sinn, wenn es auf einem esoterischen Hintergrund ausgelegt wird. Das Geborenwerden aus «Maria», der Jungfrau, ist das Symbol für einen höheren natürlichen Prozess.

Vierzehnter Vortrag

Philon und die Geistesströmungen seiner Zeit: Therapeuten und Essäer

Berlin, 8. Februar 1902

Sehr verehrte Anwesende!

Ich habe das letzte Mal versucht, zu zeigen, wie durch Philon von Alexandrien ein neuer Einschlag in die platonische Philosophie hineinkommt und wie dann durch ihn der Übergang von den Mysterien, von der jüdischen Mystik zum Christentum gebildet wird.

Und ich habe zum Schluss darauf aufmerksam gemacht, dass sich sowohl Philon wie auch Jesus zur Darstellung der verborgen gehaltenen, in den Mysterienschulen erlangten Weisheiten der Gleichnisse bedienten.

Ein anschauliches Bild (davon) haben wir in der Erklärung, die Philon von dem 14. Kapitel des 1. Buches Mose gibt. Da können wir sehen, wie Philon zu Werke geht. Es ist die Ihnen bekannte Geschichte, die da lautet: *«Und es begab sich zu der Zeit, dass Kedor-Laomers, der König von Elam, und die Könige von Schinar, von Ellasar und der Heidenkönig kriegten mit den Königen von Sodom, Gomorra, Adama, Zebojim und Bela, die da heisst Zoar.»* (1. Mose 14,1-2)

Abraham schlägt seine Gegner in die Flucht, rettet Lot und wird endlich von Melchisedek gesegnet. Fünf Könige sind es, mit denen Abraham gegen die vier anderen Könige kämpft. Es liegt ein mystischer Sinn darin. Die vier Könige sind *vier Laster*:

- die Wollust,
- die Begierde,
- die Furcht und
- die Traurigkeit.[*]

Die fünf anderen Könige müssen als die fünf Sinne verstanden werden, die damit (mit Abraham) wie verbunden (verbündet) sind.

Abraham aber zeigt den Logos an: Wenn dieser seine Tugenden erzieht, wirft er jene Mächte (die Laster) siegreich nieder. In dem Kampf der fünf Könige gegen die vier anderen sieht Philon den *Kampf des Logos*. Die Kraft des Logos sieht er sich der fünf Sinne bemächtigen. Und mit Hilfe der fünf Sinne – das ist mit Weisheit und Er-

---

[*] Diese Vierheit entspricht genau dem, was Buddha als Ursache des Leidens im irdischen Dasein darstellt:
1. Verbunden sein mit dem, was man liebt: *Wollust;*
2. getrennt sein von dem, was man liebt: *Begierde;*
3. befürchtete Verbindung mit dem, was man nicht liebt: *Furcht;*
4. verbunden sein mit dem, was man nicht liebt: *Traurigkeit.*

Wollust und Begierde sind die zwei Grundformen der *Sympathie*, Furcht und Traurigkeit, der *Antipathie*. Die «Namen» der Könige mit ihren Reichen sind hebräische Worte, die das jeweilige innerlich-seelische Wesen ausdrücken. Wenn man Eigennamen daraus macht und die hebräischen Worte hebräisch lässt, ist der Text noch gar nicht übersetzt!

kenntnis – kämpft der Logos gegen Wollust, Begierde, Furcht und Traurigkeit.

Dieser menschliche Vorgang, der erkannt werden kann, wenn wir in die Seele steigen, ist etwa geradeso, wie wenn wir den Pflanzen gegenüberstehen. Es ist dieselbe (Art der) Gesetzmäßigkeit: Die Gesetzmäßigkeit des geistigen menschlichen Schaffens ist auch dadurch zu erklären, dass der Mensch diese Gesetze aus der menschlichen «Natur» hergenommen hat. Nicht auf eine äußere Weise ist der Mythos zu erklären, sondern dadurch, dass der tiefste mystische Vorgang (die Menschen-Natur) dem zugrunde liegt.

Wir sehen also, dass Philon zum ersten Mal etwas auf den alttestamentlichen Mythos angewendet hat, was wir bei den Mysten mit der griechischen Volksreligion kennen gelernt haben. Die griechischen Mysten haben sich diese durchaus in derselben Weise vorgestellt. Wir müssen von allem absehen, was «unwissenschaftlich» darin wäre, oder was einer genauen Selbsterkenntnis widersprechen würde. Es handelt sich nur darum, zu sagen, was im Menschen vorgeht.

Und was im Menschen vorgeht, muss aus den ursprünglichen menschlichen Kräften verstanden werden. Es ist nicht so zu verstehen, als wäre es ein allegorischer Ausdruck, sondern man fühlt es als objektive geistige Gesetzmäßigkeit, deren sich der Geist bedient, um den Mythos hervorzubringen.

Man erfasst den Mythos und verhält sich ihm gegenüber so, wie sich der Naturforscher der Natur gegenüber verhält.

In diesen tiefsten Triebkräften in der Menschenseele, welche dadurch ein äußeres Dasein sich schaffen, dass sie sich in Mythen umsetzen, sich in der mythologischen Welt auslegen (ausleben?) – so dass in der äußeren Welt nicht mehr sichtbar ist, was in ihnen an tieferen Kräften gewaltet hat –, sieht Philon den im Menschengeist waltenden Logos, den ewigen Weltgeist. Und diesen im Menschengeist waltenden Weltgeist, den er als «Logos» (λογος) bezeichnet, der, insofern er sich im Menschen auslebt, nicht eine bloß abstrakte Begriffswelt ist, sondern etwas unmittelbar Lebendiges, diesen Weltgeist bezeichnet er zu gleicher Zeit mit dem Wort «Sophia» (Weisheit) – mit Vernunft möchte ich es (deutsch) übersetzen.

Der Logos (das Wort) und die Sophia (die Vernunft): Das sind die zwei Bestandteile, in welche sich die allgemeine Weisheit in Menschengeist umsetzt. Das ist das, was als tiefere Wahrheit der ganzen alttestamentlichen Mythe zugrunde liegt. Das ist, wie gesagt, was wir bei Philon zum Ausdruck gebracht sehen.

So sehen wir, dass das, was im griechischen Mythos auf mannigfaltige Göttergestalten verteilt ist und was der griechische Myste in der Dionysos-Gestalt mehr oder weniger zusammenfügen konnte, von Philon in dieser einzigen Gestalt zusammengefügt worden ist. Es ist dasselbe, was auch im Judentum enthalten war. Das, was früher in der Mannigfaltigkeit der Welt gesucht wurde, das führt Philon auf einen einzigen Urgeist als eine einzige Göttlichkeit zurück. Und er bezeichnet sie als Logos.

In diesem Paar von Worten – Logos und Sophia – wurde die Weisheit, sagt er, zu einem tieferen Sinn hingeleitet als zu dem, was in der jüdischen Mystik seinerzeit in der Symbolik stecken blieb. Es ist das, was diese mit dem Männlich-Weiblichen bezeichnete, *männlicher Logos* und *weibliche Sophia*. Das ist für Philon der Bewusstseinszustand, der dem äußeren Symbol, von dem ich neulich gesprochen habe, entspricht.

So sagt Philon: Alles dasjenige, was als ein Geistiges in der Welt erscheint, führt zurück auf *den Gottmenschen*, auf das Göttliche in der Menschennatur. Wir dürfen sagen – und das ist im philonischen Sinne gesprochen und Stellen könnten dafür angeführt werden – : Wenn wir tiefer in die alten Schriftwerke eindringen, so offenbart sich uns nichts anderes als das Göttlich-Menschliche.

Das ist es, was durch die Philosophie des Philon als neuer Bestandteil in die abendländische Geisteswelt kommt.

Er war sich bewusst, dass er damit nicht etwas gegeben hat, wovon er der erste Urheber ist. Philon war sich darüber klar, dass er Vorgänger hatte. Von diesen gibt er auch eine Beschreibung, in der er verrät, in welcher Weise er Vorgänger hatte.

Er beschreibt nicht nur Persönlichkeiten, sondern ganze Sekten. Schon von jungen Jahren an kannte er die *Therapeuten* als Einsiedler in verschiedenen Gegenden Ägyptens und Nordafrikas. Er beschreibt sie als Einsiedler, die von der Welt zurückgezogen lebten, die abgezogen von aller Sinnlichkeit, von allem Weltlichen lebten, um so rein in sich zu erwecken, was Philon als das Gott-Menschliche anspricht. Einen großen Teil der Woche, sechs Tage, verbrachten sie in einem rein beschaulichen Leben, den siebten Tag verwendeten sie dazu, bei gemeinschaftlichen Mahlzeiten mit der Welt in Berührung zu kommen.

Schriftdeutung wurde bei den Therapeuten an alttestamentlichen und ägyptischen Schriften gepflegt. Es war diese durchaus keine andere, sondern es war dieselbe, welche wir auch bei Philon als seine eigene entdeckt haben. *Über das beschauliche Leben* hat er geschrieben, schon bevor er dreißig Jahre erreicht hatte.

Im Buch *Über das beschauliche Leben* kann man sehen, wie die Therapeuten hinter jeder Tatsache das Gottmenschliche suchten. Sie wurden aber in der mannigfaltigsten Weise tendenziös (parteiisch) in der abendländischen Philosophie behandelt.

Hier können wir sehen, wie wir oft der Vater des Gedankens sind: Zunächst waren sie Einsiedler, welche die katholischen Priester im eminentesten Sinne als Vorfahren betrachteten. Man hat ein Interesse daran gehabt, in ihnen Vorläufer der christlichen Mönche zu sehen, um sagen zu können, dass Zeitgenossen Jesu bereits eine Art von Mönchswesen ausgebildet hatten. Der Katholizismus hat diese Schrift als Beweis dafür angesehen, wie alt das Mönchtum ist.

Der Protestantismus hat den Nachweis zu führen gesucht, dass diese Schrift unecht ist und dass sie dem Philon nur untergeschoben wurde. Diese Ansicht hat sich in letzter Zeit als vollständig irrtümlich erwiesen. Die philologische Untersuchung kann es nicht recht auslegen, aber aus dem Sprachgebrauch und aus einzelnen Wendungen wurde der Nachweis erbracht, dass es sich um eine philonische Schrift handelt. Es kann kein Zweifel sein, dass wir es mit einer wirklich philonischen Schrift zu tun haben. Für das Vorhandensein eines christlichen Mönchtums kann das aber nicht ein Beweis sein. Es ist nur die Rede von Therapeuten-Einsiedlern. Diese Lebensweise war eher die Ursache, dass sich gewisse asketische Richtungen im Christentum ausgebildet haben. Aber sie dürfen nicht als Einrichtungen des Christus angesehen werden.

Damit haben wir eine ganze Sekte kennen gelernt, aus welcher Philon seine Anregungen erhalten hat. Gerade in der Schrift über die Gnostiker, die jetzt erschienen ist[2] und die eine Übersetzung der Schrift *Über das beschauliche Leben* enthält, können Sie nachlesen, wie dies von der englischen Philologie nachgewiesen worden ist. Aber auch in Deutschland ist seit langem nicht an der Echtheit dieser Schrift gezweifelt worden. Wenn Sie sie lesen, werden Sie sehen, dass Philon in den Therapeuten eine Sekte beschreibt, welche nahe an das heranreicht, was Philon selbst gelehrt hat.

Wenn wir den Unterschied zwischen beiden uns klarmachen wollen, dann können wir sagen, dass Philon mehr philosophisch, die Therapeuten mehr religiös angelegt sind.

Philon ist mehr dazu angelegt, die esoterische Auslegung des Alten Testaments in eine philosophische Sprache zu übersetzen. Geradeso wie Philon das 1. Buch Mose ausgelegt hat, so könnte es auch ein Anhänger der Therapeuten-Sekte ausgelegt haben. Philon geht aber darüber hinaus, indem er zeigt, dass man ein Recht hat, zu solcher Anschauungsweise zu greifen: Nicht anders ist der Seele Kraft gegeben als dadurch, dass das Gott-Menschliche in der menschlichen Wesenheit selbst ist. Es tritt also bei Philon zu dem verborgenen Göttlichen, zu dem Tiefsten des Weltgeistes, ein zweites Göttliches hinzu.

Bei Platon können wir noch nicht sagen, dass er ein klares Bewusstsein davon hat, wie sich seine Ideenwelt zu dem Göttlichen verhält. Bei Philon aber findet man genaue philosophische Gedanken darüber. Das Göttliche, das Unendliche ist nach jeder Richtung hin dasjenige, was niemals ausgeschöpft werden kann. Es ist dasjenige, zu dem der Mensch hinaufblicken kann, aber auch was restlos in die menschliche Seele einziehen kann. Das kann aber nur das «Gott-Menschliche», die Weisheit sein. Das ist es, was in der menschlichen Seele sich auslebt, und das ist es auch, was im Inhalt des Alten Testaments sich ausgelebt hat.

Nun kommt Philon von da aus, dass sich in der menschlichen Seele das Gott-Menschliche auslebt, dazu, dass es gleichsam «zwei Göttliche» gibt, die dem Menschen zugänglich, dem Menschen verwandt sind — und dass es doch im Grunde genommen *ein* verborgenes, unendliches Göttliches ist. Da kommt er zu der Anschauung, dass da, wo von der *Erscheinung des Jahve* gesprochen wird, es nicht der eine unendliche Gott selber ist, sondern das Göttlich-Menschliche, das er da entdeckt hat. So kommt er zu einer Art *Personifikation des Göttlichen*, da wo dem Moses das Göttliche in der Gestalt des brennenden Dornbusches erscheint.

Würde ich da das Gott-Menschliche, welches dem Moses erschienen ist, so sagte sich Philon, zu dem unerreichbaren Göttlichen machen, zu dem nie Auszuschöpfenden, so würde ich nichts «begreifen» können, da man die tiefste Erkenntnis nur ahnen (glauben) kann.

Um es nicht herunterzuziehen in das Irdisch-Weltliche, um ihm das Göttliche zu lassen, das nicht durchdrungen werden kann, setzt Philon dem höchsten Göttlichen das Göttlich-Menschliche gegenüber. Und dieses Göttlich-Menschliche stellt er dem Vater *als Sohn* gegenüber.

Er sagt daher: Überall da, wo jemals im Alten Testament das Göttliche erschienen ist, da war es «der Sohn» gewesen. Da, wo Gott Hilfe oder Strafe gibt, da war es für Philon der «Sohn Gottes», der eingegriffen hat. Der ist es, welcher jetzt erst für denjenigen Menschen, der tiefer in das Gefüge der Welt hineinsieht, begreiflich wird.

Die Juden haben *im Mythos* nach Philons Anschauung den Mittler zwischen Vater und Welt begriffen. Jetzt aber hat die Menschheit sich *auf geistige Weise* mit ihm durchdrungen. Solche Sekten wie die der Therapeuten betrachtete Philon als die Pflegestätte von menschlichen Persönlichkeiten, die zu jener erhöhten menschlichen Wesenheit hinaufsteigen wollten, in der das Gott-Menschliche in ihrem Inneren zum Dasein kommen konnte.

So betrachtet Philon das Leben der Therapeuten als eine Vorbereitung für das Erscheinen des Gottessohnes in der menschlichen Natur. Er betrachtet das Leben, wie es die Therapeuten anstrebten, als ein solches, welches das unmittelbare Einströmen der göttlichen Natur in die sinnliche Natur vollzieht.

Noch in einer anderen Sekte vollzieht sich etwas Ähnliches. Drüben in Asien – Sie können es in Philons Schriften selbst nachlesen – finden Sie bei den *Essäern* dieselbe Anschauung wie bei den Therapeuten. Diese Sekte, welche Philon besucht hat und von der er, wie er selbst zugibt, die Schriftauslegung, wie er sie gepflegt hat, gelernt hat, war geradeso wie die Sekte der Therapeuten: Sie war bestrebt, das Göttlich-Menschliche im alttestamentlichen Mythos aufzusuchen.

Dieser Logos, der dazu bestimmt war und der selbst gesucht hat, sich im Menschlichen auszuleben, der sollte Gestalt annehmen, wirklich im Menschengeist leben. Und diese Lehre hat in der Sekte der Essäer zwei, drei Jahrhunderte vor unserer Zeitrechnung gelebt.

Die Therapeuten sind Ärzte der Seele.[*] Wenn wir den Ursprung des Namens erforschen, so zeigt sich uns eine Sekte, welche ihren Namen von «Heilen» herleitet, und es bedeutet dieses Heilen so viel wie Arzt der Seele sein. Diese Therapeuten waren diejenigen, welche die Seele auf eine höhere Stufe hinaufbringen wollten.

Sie waren der Anschauung, dass das Sinnliche etwas von Gott Wegführendes ist, etwas Krankmachendes, et-

---

[*] Griechisch θεραπευειν (therapeuein), heißt «heilen».

was, wogegen der Mensch einen Heilungsprozess durchmachen muss. Die Therapeuten waren solche Menschen, welche die Menschen von dem Sinnlichen befreien wollten. Ebenso war es bei den Essäern. Sie hatten eine Art kommunistischen Staat. Es gibt Anhaltspunkte, in den Essäern dasselbe zu sehen, was die Therapeuten waren, und es ist nachzuweisen, dass das Wort «Essäer» chaldäisch nichts anderes bedeutet als Heiler. Das ist aber weniger wichtig.

Nach den Andeutungen bei Josephus, Philon und Plinius können wir aber sagen, dass tatsächlich die Lehre der Essäer genau dieselbe ist wie die der Therapeuten. Nur im äußeren Leben unterschieden sich die Therapeuten, die Einsiedler, und die Essäer. In der Nähe des Toten Meeres war ein «kommunistischer Staat»: Da herrschte vollständige Gütergemeinschaft und ein streng geregeltes, asketisches Leben.

Die äußere Staatsform zu beschreiben hat für den Gang des Geisteslebens wenig Bedeutung. Was besonders wichtig ist, ist, dass derjenige, welcher aufgenommen werden wollte, sich durch das so genannte «große Gelübde» verpflichten musste:

- Erstens: tatsächlich sich all dem zu unterwerfen, was von den Essäern gefordert wurde, damit sie zu der höchsten Stufe aufstiegen;
- zweitens: nichts nach außen hin von dem zu verraten, wodurch die Essäer nach oben kamen.

Dieses «große Gelübde» macht den Menschen zu einem eigentlichen «Nazaräer»,*³ wie sie in der Essäer-Gemeinde genannt wurden.

Mindestens zwei Jahrhunderte vor unserer Zeitrechnung haben wir es mit Anschauungen zu tun, die wir nicht anders als so charakterisieren können – denn Philon würde zweifellos nicht in der Lehre der Essäer einen Beleg für seine eigene Lehre suchen. Er setzt etwas als selbstverständlich voraus, was die Essäer selber von den alttestamentlichen Mythen haben. Er würde es nicht als selbstverständlich voraussetzen, wenn es nicht der Fall wäre, dass die Essäer dieselbe Grundanschauung gehabt haben, wie sie Philon seinerseits gepflegt hat.

Philon hat um dieselbe Zeit gelebt, in die das Leben Jesu von Nazareth gelegt wird. Dieselben Lehren – die Lehre vom Fleisch gewordenen Logos, die Lehre vom Mittler zwischen Gottvater und der Welt –, die Philon selbst gelehrt hat, wurden auch bei den Essäern gefunden. Zwei Jahrhunderte, zweifellos ein Jahrhundert vor unserer Zeitrechnung haben sie bei den Essäern bestanden.

Wir können nichts anderes als annehmen, dass diese Lehren auf dem Umweg über Ägypten auf sie gekommen sind. Jede andere Möglichkeit ist ausgeschlossen. So sehr man sich auch bemüht hat, festzustellen, dass eine derartige Schriftauslegung sich aus dem Judentum heraus ge-

---

* Matthäus 2,23 heißt es: «*Er soll Nazaräer genannt werden.*»
Auch am Kreuz steht «*Jesus der Nazaräer, König der Juden*» (Johannes 19,19). Siehe auch die Hinweise.

bildet hat – wenn wir die ganze Anschauungsweise der Essäer uns vorhalten, haben wir tatsächlich mit nichts anderem zu tun als mit der Übertragung der griechisch-mystischen Denkweise auf die Betrachtung des Alten Testaments durch einzelne Sekten.

Die Veranlassung dazu ist daher gekommen, dass die griechische Mystik auf dem Umweg über die platonische Philosophie und über die Schule von Alexandrien in Nordägypten bis dahin gekommen ist – und dass diese Philosophie dazu geführt hat, die griechischen Mythen auf das Alte Testament auszudehnen.

Das führte zu einer Anschauung, die uns als Bekräftigung dieses Vorgangs dienen kann, zu einer Anschauung, welche schon vor Philon geherrscht hat. Sie (die Therapeuten) glauben, dass die ganze griechische Philosophie nichts anderes sei als ein Entwicklungsprozess, der ganz besonders aus der griechisch-jüdischen Mystik hervorgegangen ist.

Platon wird als Schüler von Moses und den Propheten angesehen.[4] Die (Griechen) haben die alttestamentlichen Mythen in griechische Mythen umgesetzt. Und nun wird die griechische Philosophie so darauf bezogen, dass sie nichts ist als etwas, was aus dem Alten Testament gewonnen ist.

Diese Anschauung hat in Alexandrien geherrscht – namentlich Philon vertritt sie. Die esoterische Methode wird dann auf das Alte Testament angewendet – namentlich die pythagoräische Philosophie. Auch Platon hat sich dann mit der Letzteren befasst. Man hatte lange Prüfungen durchzumachen.

Diese Methode hat dazu geführt, dass die Therapeuten ähnliche Mythen einführten. Der eigentliche esoterische Gehalt der jüdischen Mythe ist dadurch gefunden worden, dass die griechische Mystik dazu geführt hat, diesen Gehalt aufzusuchen. Der eigentliche esoterische Kern der alttestamentlichen Mythe wurde durch sie gesucht. Daher haben wir es also bei den Essäern mit einer Sekte zu tun, die Esoterik betreibt.

Es ist der «Logos», der Gott in der Welt eigentlich darstellt. Der Logos ist der Vermittler zwischen dem Vater und den Menschen, der Logos ist der «Sohn Gottes». Das ist essenische Lehre.

Philon hat diese Lehre bloß vertieft, er war der Philosoph dieser Lehre. Er gesteht zu, dass er diese Lehre vorgefunden hat, dass sie schon da war. Bei den Essäern und Therapeuten waren solche Anschauungen schon Jahrhunderte vor unserer Zeitrechnung gang und gäbe. Es muss einen gegeben haben, welcher *das Gott-Menschliche* im Alten Testament suchte. Innerhalb der Essäer-Gemeinde haben große Lehrer gelebt, welche ihr diese alte Anschauung beigebracht haben, dass sich der Allgeist auslebt in dem menschlichen Logos.[*] Das Sicherfüllen (mit dem Logos) ist es, was der Mensch anzustreben hat. Das war es, was die Essäer-Sekte wollte und was in der Essäer-Sekte den Kern des tiefsten Strebens ausmachte.

---

[*] Rudolf Steiner weist Jahre später mehrfach auf Jeshu ben Pandira hin, der etwa 100 Jahre vor unserer Zeitrechnung unter den Essäern als Lehrer zur Vorbereitung auf das Kommen des Messias-Christus wesentlich beigetragen hat.

So müssen wir aus dem äußeren Zeugnis eine große Persönlichkeit annehmen, deren Name nicht auf uns gekommen sein kann. Er kann nicht genannt worden sein, weil jeder Essäer nur innerhalb seiner Essäer-Gemeinde, nur in der eigenen Bruderschaft das fortpflanzte, um was es sich im tiefsten Sinne handelte. Das eigentliche Sichdurchdringen mit dem tieferen Kern, das wurde nur innerhalb der Essäer-Gemeinde geübt. Es in die Welt hinauszutragen hielt das Gelübde zurück.

Wir dürfen annehmen, dass ein Stifter vorhanden war, der alle mystischen Ausdeutungen des tiefsten Wesens der Mythologie in einer *Zentralgestalt des gott-menschlichen Logos* zusammenfasste und der lehrte, dass dieser Logos dasjenige ist, von dem alle Erkenntnis, alle Wahrheit abhängt. Es muss eine Überzeugung der Essäer-Gemeinde gewesen sein, dass alle Weisheit des Menschen wertlos ist, wenn nicht dieser Logos diese Weisheit durchdringt.

Es ist eine Narrheit der Naturforscher und eine Vermessenheit, Gott direkt kennen zu wollen. Die einzige Art und Weise, wie der Mensch Gott anschauen kann, ist die: *«Ich und der Vater sind eins»* (Johannes 10,30). In dieser Erkenntnis ist der tiefste Kern der Essäer-Lehre beschlossen. So sehen wir den tiefsten geistigen Kern des esoterischen Christentums, in groben Linien skizziert, sich im zweiten Jahrhundert vor unserer Zeitrechnung in der Essäergemeinde ausprägen.

In der mannigfaltigsten Weise ist innerhalb der Judenschaft das Bedürfnis nach einem «Erlöser» vorhanden gewesen. Wir sehen, dass Gelehrte des Alten Testaments von dieser Auffassung, von diesem «Griechentum» jüdischer Schriftsteller etwas ahnten. Wir finden daher Anspielungen auf eine «Vergriechisierung» der Essäer und gewisser Schulen. Mit Scheu und Abscheu reden jüdische Schriftsteller vom Griechentum. Einzelne Schulen und namentlich die Essäer-Gemeinde waren sich bewusst, dass etwas Fremdes aufgenommen worden war.

In diesem Judentum entwickelte sich ein lebhaftes Bedürfnis nach einem «Messias», welcher die Juden aus der furchtbaren politischen Lage befreien könnte, in der sie sich befanden. Wir müssen uns vorstellen, dass neben der Essäer-Esoterik durchaus ringsherum auch eine exoterische Auslegung existierte,[*] welche so aufgefasst wurde, dass ein Messias kommen sollte, welcher das jüdische Volk aus der Schwäche und Schande erlöste, in die es im weltlichen Leben gefallen war. Diese Auffassung ging parallel mit der Auffassung der Essäer.

Wenn wir genau die Verhältnisse verfolgen, so sehen wir, dass im Judentum alle Bedingungen für eine gute Aufnahme solcher Persönlichkeiten vorhanden waren, die imstande wären, die Juden aus der Lage, in die sie ge-

---

[*] «Exoterisch» (Giechisch exo = draußen, öffentlich) ist alles, was allgemein verständlich und allgemein zugänglich ist. Es ist für alle Menschen ohne Unterschied. «Esoterisch» (eso = drinnen, intern) ist alles dasjenige, was bestimmte Voraussetzungen erfordert und nur denen zugänglich sein kann, die sie erfüllen. Es ist im Grunde genommen nicht anders als mit der Grund- und Hochschule: Die erste ist voraussetzungslos, für alle; die zweite setzt hingegen die erste voraus.

kommen waren, zu befreien. Man war leicht geneigt, sie zum Messias zu machen. Die mannigfaltigsten Persönlichkeiten wurden als solche Messiasse aufgefasst.

Es ist nicht Zeit genug da, um an der Persönlichkeit *Johannes des Täufers* und an anderen Persönlichkeiten dieses Verhältnis darzulegen. Ich wollte nur darauf aufmerksam machen: Als Philon diese Lehre zur Grundlage seiner Philosophie gemacht hatte und etwas davon durchsickerte, konnten die, welche innerhalb der Essäergemeinde lebten, jenes Gelübde (des Schweigens) nicht mehr aufrechterhalten. Jetzt war es nicht mehr möglich, sich abzuschließen. Jetzt war dem, der auf eine philosophische Weise den Weg suchte, alles offen. Jetzt konnte man nicht mehr nur dadurch Essäer sein, dass man sich der Essäergemeinde anschloss.

Wenn wir das Entstehen des Christentums selbst begreifen wollen, so müssen wir uns klarmachen, dass durch die philonische Philosophie, durch diese Tat, die Aufnahme von etwas wesentlich Neuem geschaffen worden ist. Es wurden sozusagen die Menschen mit neuen Feuerzungen ausgestattet. Nun war es möglich, wieder so zu reden, wie in den alten griechischen Mysterien geredet worden ist – nämlich das, was sich den Schülern als Erlebnis dargestellt hat, in dem Mythos durch äußere sinnliche Tatsachen zur Darstellung zu bringen. Das konnten sie durch die Strömungen lernen, die sich aus der griechische Philosophie heraus entwickelten.

Pythagoras meinte, dass alle Menschen gemeinschaftlich das Gefühl für Tugend, für Sittlichkeit und für gesellschaftliches Zusammenleben haben, dass aber nur wenige Menschen die Fähigkeit haben, zu den höchsten Stufen aufzusteigen. Deshalb wird das in der platonischen Zeit durch den Mythos so dargestellt, dass

> einstmals nur Götter auf der Erde als «Feuer» (Feuersöhne) lebten. Tiere und Menschen hatten keine Fähigkeit mehr, «im Feuer» zu leben, daher hatten sie keine Lebensmöglichkeit mehr. Deshalb wurde es dem *Prometheus* übertragen, ihnen Leben einzupflanzen. *Epimetheus*[*] übertrug aber alles auf die Tiere, so dass für die Menschen nichts übrig geblieben ist.
>
> Hephaistos überbrachte (dann durch Prometheus) den Menschen das Feuer – das bedeutet die Gabe der Künste, die Gabe der Weisheit.

Ich meine, in dieser Sage wird uns ein innerer Vorgang mythisch veranschaulicht. Das zeigt uns die Art und Weise, wie die Sage weitergeführt wird: Die Fähigkeiten werden «verteilt», der eine hat mehr, der andere weniger.[**] Da wurde Hermes mit der Fähigkeit geschickt, zwi-

---

[*] Epimetheus («der Nachdenker») ist in der griechischen Mythologie der Bruder von Prometheus («dem Vordenker»). Von ihnen ist im 10. Vortrag (Band 1) die Rede.

[**] Diese zunehmende Individualisierung wird von Jesus in den synoptischen Evangelien im Gleichnis der «anvertrauten Pfunden» volkstümlich dargestellt. (Matthäus 25,14-30; Lukas 19,11-27) In der Verteilung der Fähigkeiten werden die Menschen bei Matthäus unterschiedlich und bei Lukas gleich behandelt. Der eine bezieht sich auf die Mitte, der andere auf den Beginn der Entwicklung.

schen Gut und Böse zu unterscheiden. Diese haben die Menschen alle in gleicher Weise.

Innere menschliche Tatsachen des Seelenlebens drückt der griechische Philosoph in Mythen aus.

Derjenige, der sich für befähigt ansah, so etwas zu übernehmen, das war der Apostel «Johannes». In seinem Evangelium ist für uns das Wichtigste gegeben – trotz moderner theologischer Forschung.

Er gibt uns – vom Standpunkt der philonischen Philosophie aus – nach praktischen esoterischen Methoden die *Lebensgeschichte des Gottmenschen*. Er übersetzt uns das Innerliche des Gottmenschen. Er selber kennt die Lehre der Essäer und gibt uns das, was er in der Essäergemeinde gelernt hat.

Das, was er nicht hat sagen können in offener Rede, gibt er uns in mythischer Form. Er zeigt uns das Herauswachsen der christlichen Idee aus der Philosophie Philons, aus den Therapeuten und der Essäer-Sekte. Man hat das *Johannes-Evangelium* als das letzte angesehen, als dasjenige, welches am wenigsten sicher ist. Das ist aber nicht haltbar.

Wir werden sehen, dass wenn wir es mit den anderen Evangelien vergleichen, wir sagen müssen: Es stellt uns die heilige Sage so dar, wie sie sich gebildet haben muss. Aber derjenige, welcher im tiefsten Sinn in die Lehre der Essäergemeinde eingeweiht war, der also aus der Idee des Gottmenschen den *Fleisch gewordenen Logos* herauswachsen lassen konnte, der dies erklären konnte – das war «Johannes».

Daher beginnt er auch mit den Worten: «Im Anfang war das Wort (der Logos) und das Wort war bei Gott und ein Gott war das Wort» (Johannes 1,1) und so weiter. Es sind dies Ideen, welche die Grundlage der philonischen Philosophie ausmachen: Die Idee des Vaters und das, was sich damit verbinden kann, der Fleisch gewordene Logos. Die Worte: «Das Wort ist Fleisch geworden und hat unter uns gewohnt» (Johannes 1,14) sind nicht anders zu deuten, als dass der Verfasser die essenische Auffassung hatte und sich der Bedeutung der Essäerlehre bewusst war. Durch allerlei äußere Gründe kann zwar daran festgehalten werden, dass es (das Johannes-Evangelium) ein späteres Produkt ist. Aber im Grunde genommen zeigt der ganze Tenor, die ganze Darstellung des Johannes-Evangeliums, dass es unmittelbar aus der tiefsten Auffassung des Christentums herausgewachsen ist.

Das zeigt uns auch die durchaus bescheidene Art, wie das Johannes-Evangelium endet, indem er (der Verfasser) sagt, dass er bei diesen Dingen dabei gewesen ist, dass er sozusagen Ohren- und Augenzeuge gewesen ist (vgl. Johannes 21, 24-25), dass es ihm aber nicht darauf ankommt, (nur) persönlich Erlebtes, Augenscheinliches mitzuteilen, sondern den tieferen Kern, also das, was in der Essäergemeinde gelehrt worden ist.

Deshalb können wir die Sache so auffassen, dass wir (schon) Jahrhunderte vor Christus ein «esoterisches Christentum» finden und dass wir im Johannes-Evangelium die exoterische Auslegung davon haben.

Fragenbeantwortung

Philon kannte Jesus nicht. In seinen Schriften ist nichts davon zu finden.

Sind Andeutungen in seinem Buch *Quod omnis probus liber sit* (Jeder gute Mensch ist frei) zu finden?

Diese Andeutungen besagen – sie sind ganz klar –, dass «was» und «wie» er gelehrt hat, bei den Essäern gang und gäbe war. Es ist aber nirgends die Rede von irgendeiner Persönlichkeit, die er als einen Zeitgenossen gekannt hätte.

Dagegen gibt es eine fortlaufende Tradition, abgesehen von äußeren Gründen: diese ganz andere Art und Weise des Erklärens des Alten Testaments. Dies führt auf bestimmte Persönlichkeiten zurück, bezüglich welcher eingeräumt werden muss, dass sie vor unserer Zeitrechnung gelebt haben müssen.

Ich meine, es gibt eine fortlaufende Tradition. Diese ist am schönsten bei dem Volk der Drusen[*5] ausgeprägt. Es hat eine eigentümliche Art von Religion, eine Religionsform, welche alle diese Dinge enthält, die man als «essäisches Christentum» ansprechen kann. Außerdem hat dieses Volk auch noch eine gewisse Schattierung durch den Mohammedanismus aufgenommen. In dieser Sekte findet sich eine Sage von Christus, der nach dieser Sage etwa zur Zeit der (?) gelebt hat. Das ist eine Anschauungsweise der Drusen.

---

[*] Von den Drusen ist auch im 6. Vortrag (Band 1) die Rede. Siehe auch die Hinweise.

Wir haben aber überhaupt keine historische Grundlage außer der bekannten Josephus-Stelle für die Annahme eines Jesus von Nazareth in den Jahren 1 bis 33. Das Johannes-Evangelium kann nicht anders genommen werden, sonst wird es das, was es seit fünfzig Jahren bei den protestantischen Theologen geworden ist: ein vollständiges Nichts. Und die ersten drei Evangelien stellen dann nur eine heilige Sage dar. Ich will noch ausführen, wie es sich mit der Entstehung des Johannes-Evangeliums und mit Philon verhält.

Könnte man meinen, dass Philon eine polemische Einstellung gegen diese neue Weltanschauung hat?

Aber nein! Die neue Lehre tritt da gar nicht so auf, dass er als Philosoph sich veranlasst gesehen hätte, sie zu bekämpfen. Bei ihr ist die Grundlage dessen, was später Christentum geworden ist: Das Leben des Johannes, Moses' Auffassung von der Weltschöpfung, ferner einige Elemente aus dem Persischen, Einflüsse aus dem Indertum, eine Dämonologie, die altjüdisch ist. Ebenso ist manches auf persischen Einfluss zurückzuführen.

Fünfzehnter Vortrag

Das Christentum der Evangelien

Berlin, 15. Februar 1902

Sehr verehrte Anwesende! In den vorhergehenden Vorträgen habe ich mich bemüht, zu zeigen, aus welchen Bestandteilen das Christentum zusammengesetzt ist. Ich möchte nun wieder bemerken, dass ich das Christentum nur in derjenigen Weise zur Darstellung zu bringen versuchte, in welcher es als mystisch-geisteswissenschaftliche° Lehre aufzufassen ist.

Ich werde versuchen, zu zeigen, dass die Erzählung, die uns vorliegt – auf der einen Seite in den drei Evangelien, in den Synoptikern Matthäus, Markus und Lukas, und auf der anderen Seite in dem Evangelium des Johannes, dann aber auch, namentlich in Bezug auf die christliche Lehre, wie sie uns in den verschiedenen Glaubensbekenntnissen der abendländischen christlichen Kirchen vorliegt –, ich werde versuchen zu zeigen, wie dieser Lehrgehalt nichts anderes ist als ein Ergebnis der so genannten *ägyptischen Initiation,* des ägyptischen Initiationsvorgangs, dem sich jeder Einzelne, der zu einer geisteswissenschaftlichen° Weltanschauung aufsteigen wollte, zu unterwerfen hatte.

Es wird dies zusammengefasst und *als ein einzelnes geschichtliches Ereignis* beschrieben, als das Leben, Leiden und Sterben eines Einzelnen, eines «Heilands», nicht als ein Vorgang, dem jeder Mensch unterworfen wird. Diese

Initiationsvorgänge, die gradweise verschieden waren, sind abgeladen auf eine einzelne Persönlichkeit und zusammengefasst, zusammengelegt auf einen einzelnen (geschichtlichen) Vorgang. Das ist es, was ich zu zeigen mich bestrebte.

Ich bemühte mich zu zeigen, wie die Sache zu einem geschichtlichen Ereignis geworden ist. Ich fasse den Initiationsvorgang nicht als eine Allegorie auf. Ich will hier Worte von Leadbeater wiederholen – nicht als eine Auffassung von mir, sondern als eine «theosophisch» festgestellte Tatsache –: «Da geschah es denn, dass über den geistigen Horizont der alten Welt eines der ungeheuerlichsten Missverständnisse aufdämmerte, das sich von da dann über den ganzen Menschenkreis ausgebreitet hat. Das enthielt das allegorische Herabsteigen des Logos, das aber gar keine Allegorie, sondern die leibhaftige Herabsteigung sein sollte. Nichts konnte mehr in die Irre führen» und so weiter.[*6]

---

[*] So C. W. Leadbeater, damals ein führender Schriftsteller in theosophischen Kreisen, zu denen Rudolf Steiner sprach, in seinem Buch *The Christian Creed*. Er schreibt wörtlich (siehe englischer Originaltext in den Hinweisen): *«Dann war es, dass über ihrem geistigen Horizont das gewaltigste Missverständnis aufdämmerte, das je von der krassen Dummheit der Menschen hervorgebracht wurde. Jemand kam auf den Gedanken – wahrscheinlich waren schon die derb ignoranten ‹armen Leute› darauf gekommen –, dass die wunderschöne, sinnbildliche Darstellung der Herabkunft der zweiten Person der Trinität in die Materie, die im symbolischen Ritual der ägyptischen Einweihung enthalten war, mitnichten ein Sinnbild wäre, sondern die Lebensgeschichte eines physischen Menschen, den sie mit Jesus von Nazareth gleichsetzten. Kein Ge-*

Nachdem wir also wissen, wie der innere geistige Gehalt war, der überliefert und dem Menschen im Initiationsvorgang einverleibt wurde, sehen wir ihn von einer Philosophie durchdrungen – von der philonischen Philosophie – und dann wieder als Glaubensbekenntnis, als äußere Lebensauffassung bei den Therapeuten und Essäern.

Auf der einen Seite finden wir bei diesen merkwürdigen Seelen- und Gottsuchern die Präparation (Vorbereitung) und auf der anderen Seite durch Philon die philosophische Vertiefung.

Nachdem wir also gesehen haben, woher das stammt, was wir in Jesus von Nazareth gegeben haben, obliegt es uns zuzusehen, wie Jesus von Nazareth – diese Persönlichkeit, mit der wir es zu tun haben – seine Mission selbst aufnimmt, wie sich Jesus von Nazareth in diese ganze Sache hineinpasst.

Auf Grund der verschiedenen Studien, welche ich bei den Kirchenvätern, bei den Gnostikern und so weiter gemacht habe, habe ich die Auffassung gewonnen, dass es ganz unmöglich ist, mit der Auffassung der jetzigen Theologie durchzukommen. (Julius) Bahnsen hat über das Johannes-Evangelium geschrieben. Das Bekenntnis dieses Gelehrten entspricht so ziemlich dem geisteswissenschaftlichen,° muss aber etwas modifiziert werden, wie es hier folgt.

---

danke hätte für die Erhabenheit des Glaubens entwürdigender oder für die unglücklichen Leute, die es annahmen, irreführender sein können.»

Das Johannes-Evangelium ist (für Bahnsen) entweder eine Mitteilung von Augenzeugen oder eine Offenbarung. Wer auf dem Standpunkt des exoterischen (konfessionellen) Christentums steht, welches der Standpunkt der sinnlichen Wahrnehmbarkeit der Persönlichkeit Jesu ist, der muss auf diesem sinnlichen Augenschein fußen. Wenn man aber auf diesem positiven christlichen Standpunkt steht, so muss man über das Evangelium des Johannes die Ansicht Bahnsens haben, der ungefähr so schließt: «Ist das Johannes-Evangelium ein Mythos, so gibt es keinen geschichtlichen Christus, und ohne diesen ist das ganze Christentum ein Wahn, die Gottesverehrung ist eine Gaukelei, die Reformation ein Verbrechen.»

Sie sehen, dass dieser Gelehrte über die zwei Dinge nicht hinwegkommt: Entweder gilt uns das Evangelium des Johannes, oder es gilt uns nicht. Gilt es als etwas, was hinterher ersonnen ist oder dergleichen, so kann die Grundidee, die Grundwesenheit des Christentums nicht aufrechterhalten werden.

Wir haben uns *das Johannes-Evangelium* den anderen gegenüberstehend zu denken: Aus dem Verhältnis des Johannes-Evangeliums zu den anderen Evangelien werden wir eine Vorstellung bekommen, wie diese Persönlichkeit sich zu der Begründung des Christentums gestellt hat.

Wir alle wissen ja, dass im Johannes-Evangelium ein Passus angeführt wird, aus dem hervorgeht, dass der, von dem die Mitteilungen des Evangeliums herrühren, als ein Augenzeuge anzusehen ist, als einer, der bei den Vorgängen dabei war und über sie zu schreiben, sie zu beschreiben weiß als einer, der dazu auserkoren war, am tiefsten die Lehren des Meisters zu erfassen.

Beachten wir den Schluss-Passus: *«Petrus aber wandte sich um und sah den Jünger folgen, den Jesus liebhatte, der auch beim Abendessen an seiner Brust gelegen und gesagt hatte: Herr, wer ist's, der dich verrät? Als Petrus diesen sah, spricht er zu Jesus: Herr, was wird aber mit diesem? Jesus spricht zu ihm: Wenn ich will, daß er bleibt, bis ich komme, was geht es dich an? Folge du mir nach! Da kam unter den Brüdern die Rede auf: Dieser Jünger stirbt nicht. Aber Jesus hatte nicht zu ihm gesagt: Er stirbt nicht, sondern: Wenn ich will, daß er bleibt, bis ich komme, was geht es dich an? Dies ist der Jünger, der dies alles bezeugt und aufgeschrieben hat, und wir wissen, daß sein Zeugnis wahr ist.»* (Johannes 21,20-24).[*]

Derjenige, von dem gesagt ist: «Ich will, dass er bleibe, bis ich komme», ist der Jünger, der von diesen Dingen zeugt.

Wir möchten die Möglichkeit finden, durch die mystisch-geisteswissenschaftliche° Vertiefung die Worte dieses Schluss-Passus des Johannes-Evangeliums so zu verstehen, dass sie sich uns im rechten Licht zeigen.

---

[*] In der Klartextübertragung sind nur Teile des Zitats festgehalten, die aber nur einen Sinn ergeben, wenn man davon ausgeht, dass Rudolf Steiner den ganzen Text vorgelesen hat. Eingefügt wurde hier der Text in der Übersetzung von Martin Luther, revidierte Fassung von 1984. (Den Wortlaut der Klartextübertragung findet der Leser unter *www.weltredaktion.de*).

Wir müssen uns klar darüber sein, dass die drei ersten Evangelien, wenn wir sie durchgehen, uns eine ganz andere Auffassung des Christentums zeigen als das Johannes-Evangelium. Das Johannes-Evangelium zeigt uns eine viel vergeistigtere Auffassung des Christentums.

Man kann da nicht anders als zu der Vorstellung kommen, dass die Evangelien aus zwei geistigen Strömungen hervorgingen:

- Erstens aus dem, was sie vom dem Meister selbst gehört haben, um den es sich hier handelt, und
- zweitens aus dem, was sie damit verknüpft haben.

Von Satz zu Satz, von Vers zu Vers können wir unterscheiden zwischen den wahren, tieferen Lehren – dem geistigen Christentum – und dem, was damit verknüpft worden ist.

Die drei Verfasser der synoptischen Evangelien erzählen das, was sie vom Meister gehört und was sie aus den alten Anschauungen, aus dem Judentum übernommen haben. Sie lebten im traditionellen Judentum und haben von demselben so manche Vorstellung herübergenommen. Manche von diesen Vorstellungen werden ihnen bestätigt. Aber im Blut lebt ihnen die Idee des Messias, durch den das jüdische Volk wieder zu Macht und Herrlichkeit kommen sollte.

Diese beiden Dinge haben sie zusammengeworfen und diese beiden Dinge oder Strömungen müssen wir durchaus auseinander halten. Bei dieser Arbeit wird sich uns auch ergeben, zu welchen Stellen der drei ersten Evangelien keine entsprechenden Stellen im Johannes-Evangelium vorhanden sind.

Die wichtige Tatsache müssen wir vor allem anführen, dass wir zu verschiedenen Stellen im Matthäus-, Markus- und Lukas-Evangelium keine Stellen im Johannes-Evangelium haben. Im Kapitel 24, Vers 32-33 des Matthäus-Evangeliums steht: «*An dem Feigenbaum lernet ein Gleichnis. Wenn sein Zweig jetzt saftig wird und die Blätter gewinnt, so wisset ihr, dass der Sommer nahe ist. Also auch wisset, wenn ihr das alles seht, dass nahe ist das Reich Gottes.*»

Diese Worte, die sich bei den Synoptikern finden, haben keine entsprechende Stelle im Johannes-Evangelium. Das *Gleichnis vom Feigenbaum* symbolisiert das untergehende Judentum und das Aufgehen der neuen Lehre. Diese Stelle könnte leicht so gemeint sein, als wenn eine Weltordnung, wie sie in der exoterischen Lehre lebt, abgelöst würde durch eine neue, rein irdische Weltordnung.

Ich meine, einzelne solcher Stellen können in dieser oder jener Weise, mehr oder weniger tief aufgefasst werden. Wir dürfen durchaus voraussetzen, dass hinter demjenigen, der seine (des Meisters) Worte in dieser oder jener Weise aufgefasst hat, der Meister von Nazareth sich verbirgt.

Nehmen wir eine andere Stelle, Matthäus Kap.16, Vers 28: «*Wahrlich, ich sage euch, es stehen etliche hier, die nicht schmecken werden den Tod, bis dass sie des Menschen Sohn kommen sehen in seinem Reich.*»

Diese Stelle findet sich bei allen drei Synoptikern, aber nicht bei Johannes. Diese Worte werfen ein tiefes, bedeutungsvolles Licht auf das Verhältnis des Johannes-Evangeliums zu den anderen.

«Johannes» wird als derjenige betrachtet, der nicht stirbt – (aber) nicht von Jesus selbst: *«Da kam unter den Brüdern die Rede auf: Dieser Jünger stirbt nicht. Jesus sagte aber nicht: Er stirbt nicht, sondern so ich will, dass er bleibe, bis ich komme»* (Johannes 21,23). Johannes war der «Liebling» Jesu. Er wurde als derjenige angesehen, der nicht stirbt, bevor der Messias gekommen sein wird.[*]

Als Johannes also das Evangelium geschrieben hat, da hat er die *äußere* Tatsache widerlegt: Äußerlich ist Johannes nicht gestorben, bevor er das Reich Gottes hat (innerlich) kommen «sehen».

Es hat sich also tatsächlich an Johannes erfüllt, was vorher in den früheren Evangelien gesagt worden ist, wie zum Beispiel bei Lukas (20,34-36): *«Die Kinder der Welt freien und lassen sich freien. Die aber auferstehen, werden weder freien noch sich freien lassen. Sie sind den Engeln gleich und Gottes Kinder.»*

Dafür gibt es wieder keine Stelle bei Johannes. Johannes wird also als derjenige bezeichnet, der die «Auferstehung»

---

[*] Das Kommen des Messias wurde damals vielfach mit dem «Ende der Welt» gleichgesetzt. Wer nicht das *geistige* Kommen (durch Einweihung) kennt, der wird denken müssen, dass derjenige, von dem Christus sagt, er werde nicht vor seinem Kommen sterben, bis zum Ende der Welt nicht stirbt – folglich gar nicht stirbt.

erlebt, bei der nicht mehr die Rede von Menschen mit irdischen Körpern sein wird, sondern von Menschen, welche «den Engeln gleich» sein werden.

Was sich am Ende des Johannes-Evangeliums findet, wurde (von seinen Jüngern) erst geschrieben, nachdem er sein Evangelium verfasst hatte. Und das alles klingt wie ein Jubelgesang durch das Evangelium hindurch. Johannes braucht von diesen Prophezeiungen nichts zu berichten, er hatte über ein viel bedeutungsvolleres Ereignis zu berichten. Er hatte die Stunde erlebt, von der gesagt wird, sie werde kommen wie ein Dieb in der Nacht (Matthäus 24,43), von der nur der Vater – nach Jesu eigenem Wort – etwas weiß.

Johannes hatte nicht von einer Prophezeihung zu erzählen, sondern von deren Erfüllung. Er hatte nur eine Tatsache zu beschreiben. Er brauchte nur zu sagen: Dasjenige, was Jesus vorausgesagt hat, ist an mir in Erfüllung gegangen. Ich habe in mir das neue Reich und die geistige Auferstehung erlebt. Er konnte daher sagen, dass das Reich wirklich «gekommen» ist.

Daher ist das Verhältnis des Johannes-Evangeliums zu den drei anderen das der geistigen Auffassung gegenüber der mit jüdischen Elementen durchtränkten Auffassung der drei Synoptiker.

Als sich die Zeiten (für ihn) erfüllt haben, kann er sagen: *«Wahrlich, ich sage euch, es sei denn, dass das Weizenkorn in die Erde falle und sterbe, so ist es allein. Wenn es aber stirbt, so bringt es viele Früchte. Wer sein Leben lieb hat, der wird es verlieren, und wer es hasst, der wird es erhalten bis zum ewigen Leben.»* (Johannes 12,24-25)

Das hatte Johannes erkannt. Er hat das Wort des Meisters erkannt: Das Reich wird kommen und ich habe euch nichts zu verkündigen als das, was sich in euch selbst erfüllen muss. Der Meister spricht:

- *Wer an mich glaubt, der glaubt nicht an mich, sondern an den, der mich gesandt hat. Und wer mich sieht, der sieht den, der mich gesandt hat.»* (Johannes 12, 44-45; 14,9) Der kann, durch mich nur veranlasst, nur angeregt, in jedem Einzelnen geboren werden.
- *«Er hat mir eingegeben, was ich reden und tun soll.»* (12,49)
- *«Wahrlich, ich sage euch, wer an mich glaubt, der wird auch die Werke tun, die ich tue, und er wird noch größere tun, denn ich gehe zum Vater.»* (14,12)

Es ist klar, dass der Meister, der dieses gesprochen hat, nicht gelehrt hat: Ich (allein) bin eins mit dem Vater – sondern der hat gelehrt: «Ich bin vom Vater gesandt, um euch den Pfad zu lehren, der euch in die Unendlichkeit (zum «Vater») führen kann, euch zu lehren, Werke zu tun, die in die Unendlichkeit auslaufen.» Es hätte gar keinen Sinn, zu sagen, dass er in der Lage ist, von dem anderen die Sünde wegzunehmen, vom dem er selber sagt: «Er wird größere Werke tun als ich.» (14,12)

Wir stehen vor einem großen Erwecker, der den Jüngern den Pfad gewiesen hat. Wir sehen also in dem Meister einen Initiator, der seine Jünger eine bestimmte Bahn geführt hat.

Und wir sehen, wie jener («Johannes») die Worte seines Meisters aufgefasst wissen wollte. Sie sollten fortwirken wie Mächte, hinter denen ein tieferer Sinn ist. Dann werden die höheren Kräfte in den menschlichen Seelen aufgehen. «Einige werden das Reich Gottes erleben» – insbesondere der «Lieblingsschüler Johannes».

Und als er es erlebt hatte, da ließ er den Jubelruf erschallen, dass er die Wahrheit erkannt hat. Da schrieb er sein Evangelium nieder. Er hatte begriffen, was es heißt: «Christus nachzufolgen». Er hatte begriffen, was es heißt, wirklich ein «Christ» zu sein. Er hatte begriffen, dass man nur dann auf den Weg, den Christus vorgezeichnet hat, kommt, wenn man im Geist die Auferstehung feiert:

- *«Wer sein Leben lieb hat, wird es verlieren; wer es aber hasst, wird es nicht verlieren.»* (Johannes 12, 25)
- *«Wer nicht stirbt, bevor er stirbt, der verdirbt, wenn er stirbt.»* (J. Böhme)
- *«Und so lang du dies nicht hast, dieses Stirb und Werde! Bist du nur ein trüber Gast auf der dunklen Erde.»* (Goethe)

Das ist das Verhältnis von dem Johannes-Evangelium zu den drei synoptischen Evangelien: Johannes hat es verstanden, das Wort nicht exoterisch (äußerlich), sondern esoterisch (innerlich) zu fassen – als Bewusstseinsgeschichte.

Wir verstehen auch, wie Johannes gleich im Anfang des Evangeliums seine esoterische Auffassung auseinander gesetzt hat, gleichsam um zu zeigen, dass seine Lehre nur in esoterischer Weise ihre Auslegung findet.

Es wird darin von dem «Tempel seines Leibes» gesprochen. (Johannes 2,21) Wenn Johannes Jesus von dem Tempel reden lässt, so lässt er ihn von dem Verhältnis des Göttlichen zum Weltlichen reden. Er lässt ihn in einem Gleichnis von etwas reden, was symbolisch zum Ausdruck bringen soll, dass die göttliche Kraft zum Materiellen herunterstieg, um dann den Weg zur Gottheit wieder zurückzufinden. Alles, was er sagt, will Johannes esoterisch aufgefasst haben.

Wir werden noch sehen, was es zu bedeuten hat, wenn Johannes der wahre Augenzeuge genannt wird, der zu bekräftigen hat, was er als Zeuge gesehen hat. (Johannes 21,24 und 10,41-2)

Von dem Johannes-Evangelium hängt der Bestand des Christentums ab. Das Christentum hat es zugeben müssen, dass es sich um eine rein geistige Auffassung handelt, als sich die «Vorhersagungen» nicht erfüllt haben.

Bei den seichten Aufklärern ist diese Erklärung zu finden: «Bei Johannes werden wir es noch erleben, dass das Reich Gottes kommt» (vgl. Johannes 21,23) – so dachte man. Aber auch bei Johannes hätte man es nicht erlebt und so wäre man notgedrungen zu einer «geistigen» Auffassung gekommen!

Das, was gemeint war, war die *esoterische Auffassung des Christentums!* Das Reich Gottes wird «unerwartet» (wie ein Dieb) kommen. «Wachet und betet» (Matthäus 26,41), damit ihr es nicht versäumt, wenn das Reich Gottes kommt. Wenn er uns vom Erleben des Kommens des Reichs erzählt, dann müssen wir zugeben, Johannes hat (richtig) verstanden, was der Meister gesagt hat. Er hat gewusst, dass es etwas ist, was der Meister ihm (geistig) mitgeteilt hat, und nicht eine exoterische Auffassung über das Judentum.

Nun möchte ich eine weitere Grundlage schaffen, die uns zu dem Tieferen hinführen wird, zu dem Geistigsten des Christentums. Ich möchte auf Tatsachen hinweisen, die im Grunde genommen einfach liegen, aber gewöhnlich nicht beachtet werden.

Wir haben gesehen, dass in der Zeit, als das Christentum sich ausbreitete, es die Therapeuten in Nordägypten und die Essäer in Palästina gab. Und wir haben die Lehren und auch die Lebensweise der Essäer kennen gelernt.

Die Essäer haben zweifellos mit ihren ganzen Anschauungen einen tief gehenden Einfluss auf die Lehren des ersten Christentums ausgeübt. Und wenn wir die Evangelien durchnehmen, die uns als synoptische Evangelien überliefert sind, wenn wir sie uns vorhalten, dann werden wir sehen, dass wir es in den einzelnen synoptischen Evangelien durchaus mit Lehren zu tun haben, die ihren Ursprung in der Essäersekte haben.

Ein Beispiel dafür ist das 10. Kapitel des Matthäus (7-10): *«Gehet aber und predigt und sprecht: Das Himmelreich ist nahe herbeigekommen. Machet die Kranken gesund, reiniget die Aussätzigen, wecket die Toten auf, treibet die Teufel aus. Umsonst habt ihrs empfangen, umsonst gebet es auch. Ihr sollt nicht Gold noch Silber noch Erz in euren Gürteln haben. Auch keine Tasche zur Wegfahrt, auch nicht zween Röcke, keine Schuhe, auch keinen Stecken. Denn ein Arbeiter ist seiner Speise wert.»*

Diese Worte gewinnen ein ganz besonderes Interesse, wenn wir sie mit einer Stelle des jüdischen Geschichtsschreibers Josephus[7] zusammenhalten, wo die Lebensweise der Essäer innerhalb ihrer Gemeindebildung uns wie folgt geschildert wird. «Sie haben nicht eine Stadt inne, eigentlich wohnt jeder in vielen Städten. Den Ordensbrüdern steht das Haus jedes Ordensbruders offen wie das eigene. Sie gehen daher ein bei Leuten, die sie bis dahin nicht kannten, als ob sie sie schon lange kannten. Sie wechseln weder Kleider noch Schuhe. Sie kaufen und verkaufen nicht untereinander. Jeder gibt und nimmt, was er hat und wessen er bedarf.»

Wir könnten diese Stelle damit vergleichen und ferner mit der Stelle in Lukas, 9. Kapitel (1-3) vergleichen: *«Er forderte aber die zwölf zusammen und gab ihnen Gewalt und Macht über alle Teufel, und dass sie Seuchen heilen konnten und sandte sie aus, zu predigen das Reich Gottes und zu heilen die Kranken. Ihr sollt nichts mitnehmen auf den Weg, weder Stab noch Tasche noch Brot noch Geld. Es soll auch einer nicht zween Röcke, keine Schuhe und keinen Stecken haben.»* Denn ein Arbeiter ist seiner Speise wert. (vgl. auch Lukas 10,1-12.)

Wir sehen, dass die Lebensweise, welche Josephus uns schildert, diejenige ist, welche Jesus den Jüngern zur

Annahme empfiehlt. Gleichzeitig wissen wir, dass eine solche Lebensweise unter Juden nicht aus dem Judentum stammen kann. Es handelt sich hier also um eine Wiedergabe essenischer Lehren. Jesus spricht zu ihnen als einer der Essäergemeinde, der bestrebt war, Essäerlehren unter seinen Jüngern zu verbreiten.

Aber noch manches andere können wir vergleichen. Da gibt es eine Tatsache, welche wir von den Essäern auch wissen: Sie haben nicht am *jüdischen Opferdienst* teilgenommen. Sie haben zwar Opfertiere nach dem Tempel geschickt, um der politischen Macht ihren Tribut abzustatten, aber sie selber gingen nicht in den Tempel der Juden. Sie haben nicht an der jüdischen Religion teilgenommen, insofern sie durch die Pharisäer und die Sadduzäer vertreten war.

Sie selber hatten steinerne Hallen, in denen ihre Lehrer die Lehren gelehrt haben, aber wir finden auch da wieder die Lehren, die wir im Johannes-Evangelium finden. Wir hören da vom «Tempel» reden und wissen, dass damit der Leib des Menschen gemeint ist. Und dann wieder das Zusammengehörigkeitsgefühl, das Gemeinschaftsgefühl der Essäer. Die Essäer empfanden es als einen Götzendienst, einen anderen Tempel zu haben als diesen.

Wir können noch einer ganzen Reihe von Stellen die-Essäerlehre entnehmen. Die Essäer hatten eine Abneigung gegen die Opfer der Juden, weil sie den Leib des Menschen und der Menschheit als Gottes Tempel ansahen. Dies tritt uns im Johannes-Evangelium entgegen. («Tempelreinigung», Kap.2,13-22) Auch in den Paulusbriefen können wir finden, dass essenische Einflüsse wirksam waren und dass der Leib als Tempel Gottes aufgefasst werden sollte.

Wir finden ferner bei verschiedenen Schriftstellern der ersten Jahrhunderte merkwürdige Andeutungen, die wir uns kaum erklären können, die als selbstverständlich hingenommen werden und für welche die ersten christlichen Schriftsteller (selbst) schon keine rechte Empfindung mehr haben, weil sie ihren Ursprung nicht mehr kennen.

Es wird uns erzählt, dass die Christen ihr Antlitz beim *Morgengebet* nicht wie die Juden nach dem Tempel von Jerusalem wenden, sondern zum Sonnenaufgang. Die christlichen Kirchenschriftsteller erachten es als selbstverständlich, dass die Christen das Antlitz gegen Osten richten.

Die Essäer opferten nicht nach dem Judentum. Sie richteten auch nicht das Antlitz nach dem Tempel in Jerusalem, sondern nach Osten. Von hier ab bis zu dem Buch des Jakob Böhme *Die Morgenröte*, bis zu *Faust*, wo dieser die Morgenröte bewundert, führen alle diese Vorstellungen zurück auf die alte essenische Vorstellung vom Richten des Antlitzes nach Osten beim Gebet.

Noch eine andere Sache: Bei Clemens von Alexandrien[8] finden wir über die Kleidung der ersten Christen eine Auslassung. Wir hören, dass die Farbenpracht der *Kleidung* die Menschen verdirbt, die Üppigkeit fördert, weil sie zur Augenlust anregt. Denen aber, welche rein sind, kommt es zu, weiße ungefärbte Kleider zu tragen. Auch diese Stelle bezüglich des Tragens der weißen Kleider bei den ersten Christen können wir auf die Gepflogenheiten der Essäer zurückführen.

Dann sind auch die *Taufe mit Wasser* und das *Abendmahl* Abkömmlinge echter Essäer-Gebräuche. Die Essäer tauften mit Wasser, und sie kannten kein anderes Opfer als die gemeinsame Mahlzeit. In dem «Opfer», das Jesus einsetzte, sehen wir nichts anderes als das essäische Mahl, das wir bei den Essäern an jedem Sabbat feiern sehen.

Dann kommt noch die Vorstellung von der *Heiligkeit des Öls*, welche zu einem Sakrament, zur Salbung mit Öl, geführt hat. Sie entspricht ganz der Anschauungsweise der Essäer: Diese glauben, dass die Salbung mit Öl eine mystische Handlung sei, welche demjenigen, dem sie gegeben wird, mystische Kraft gibt.[*] Die eigentümliche Scheu vor

---

[*] Im Öl ist reine Sonnenkraft auf Erden. Priester, Könige und Propheten wurden mit Öl gesalbt: Sie sollten alles Persönliche abstreifen und als Stellvertreter des Sonnengeistes lehren und handeln. Das Sonnenwesen selbst wurde als der große «Gesalbte» (hebräisch: Meschiach, griechisch: Christos) des Vatergottes bezeichnet. Später wird im Kirchenchristentum dem Menschen die Fähigkeit abgesprochen, sich schon während des Lebens mit Sonnen- und Christuskräften zu durchdringen. Nur nach dem Tod wird er das können – daher die «letzte Ölung».

«Öl halten sie [die Essäer] für Schmutz, und wenn einer wider seinen Willen gesalbt worden ist, so wischt er seinen Körper ab.» (Flavius Josephus, *Der Jüdische Krieg*, 2. Buch, Kap.8,3). Diese Stelle bei Flavius Josephus bestätigt das von Steiner Ausgeführte: Für die Essäer waren die Öl-(Sonnen-)Kräfte heilig, es durfte kein profaner Gebrauch davon gemacht werden. Der Außenstehende weiß nicht was «dahinter steckt» und meint, die Essäer behandeln das Öl wie «Schmutz».

dem Öl bis in unsere Zeit ist durchaus auf eine essenische Auffassung zurückzuführen und sie ist nur aus einer solchen heraus zu begreifen.

Und nun möchte ich, um diese Betrachtung des Verhältnisses des Essäertums zum Christentum wenigstens zu einem gewissen Abschluss zu bringen und dadurch eine Grundlage für die Betrachtung des «Meisters» selbst gewonnen zu haben, auf einige alte Mitteilungen hinweisen – was zunächst als Andeutung erscheinen könnte –, die wir nämlich bei Schriftstellern der ersten christlichen Jahrhunderte finden.

Vor allem möchte ich auf eine Stelle bei *Eusebius*[9] hinweisen, auf eine alte Tradition von dem «Bruder des Jesus», von Jakobus. Wir haben diese Mitteilungen nicht direkt, sondern auf Umwegen erhalten. Es wird uns mitgeteilt, dass er eine Lebensweise von besonderer Art geführt hat. Die wird uns dann näher beschrieben: Es ist keine andere als genau die Lebensweise, welche uns Philon von den Essäern beschreibt. Jener hat so gelebt wie diese. Wir verstehen diese ganze Erzählung nur, wenn wir annehmen, dass bei den Essäern eine solche Lebensweise ganz selbstverständlich war.

Wir sehen Jesus selbst zu seinen Jüngern so sprechen, als wenn er ihnen Anweisungen geben wollte, wie sie in der Essäergemeinde überall gegeben wurden. Johannes der Täufer taufte im Sinne der Essäergemeinde. Die ersten christlichen Lehren und Anschauungen waren wie bei den Essäern.

Ferner finden wir ein deutliches Bewusstsein bei Persönlichkeiten, die einen tieferen Einfluss auf das erste Christentum ausgeübt haben. Bei *Epiphanius*[10] finden wir eine neue Stelle, welche mir bedeutender erscheint als manchem anderen. Wir lesen da: «Anfangs hießen alle Christen Naziräer, doch hatten sie den Namen nur für eine kurze Zeit, ehe zu Antiochia der Ausdruck ‹Christianer› aufkam».

So haben wir hier eine Andeutung, die wir noch vertiefen werden, darüber, wie dort das Bewusstsein vorhanden war, dass die «Christen» oder «Christianer», wie man sie nannte, nichts anderes waren als eine Fortsetzung der Essäer oder Essener. Wir haben es also mit den ersten Zeiten unserer Zeitrechnung zu tun und da mit der Anschauung, dass in Palästina innerhalb des Judentums der essenische Einfluss immer größer und größer geworden ist – und sich als eine neue religiöse Strömung auslebte. Wir haben das Bewusstsein, dass die ersten Christen Essäer waren und später dann den Namen «Christianer» angenommen haben.[11]

Nun gibt es ein Zeugnis, das sich jeder selber bilden kann, das aber nicht ganz zu verachten ist: Klar ist es, dass es Essäer gegeben hat, das ist nicht wegzuleugnen; klar ist es auch, dass sie einen großen Einfluss auf das Christentum genommen haben. Wir hören im Neuen Testament von Pharisäern und Sadduzäern erzählen; das ganze Neue Testament enthält kein Wort über die Essäer.

Die Schriftsteller der ersten Jahrhunderte, selbst Philon, enthalten nichts über die Christen. Wir haben nichts, wir lesen nichts über ein «Christentum» und in den ersten Schriften des Christentums nichts über die «Essäer». Das ist eine wichtige Tatsache. Diese Tatsache ist nicht anders zu erklären als aus dem einfachen Umstand, dass die Ersten, welche im Sinne des Christentums geschrieben haben, sich bewusst waren, dass sie nur von anderen, nicht aber von sich selbst gesprochen haben. So erklärt es sich, dass von den ersten Christen nicht der Name «Essäer» und von Philon nicht der Name «Christen» genannt wurde. Man sprach von den anderen, nicht aber von sich selbst.

Wenn wir in irgendeiner Zeit leben und hören, dass von diesem oder jenem etwas erzählt wird, so müssen wir uns denken: Der hat uns das erzählt, aber er würde nicht so ausführlich von sich selber sprechen. Wir werden die Überzeugung gewinnen, dass er nicht von sich spricht, sondern dass es der andere ist.

So können wir (daraus) schließen, dass damals das Bewusstsein vorhanden war, dass der Essenismus und das Christentum ein und dasselbe waren. Und dieses wird uns den Quellpunkt des Christentums für das nächste Mal eröffnen.

Sechzehnter Vortrag

Der Christusgedanke
und seine Beziehung zum ägyptischen
und buddhistischen Geistesleben

Berlin, 22. Februar 1902

Sehr verehrte Anwesende!

Ich möchte heute, bevor ich zu meinem weiteren Thema übergehe, an einige Bemerkungen anknüpfen, die namentlich mit Rücksicht auf den neulichen Vortrag und überhaupt auf die ganze Betrachtungsweise gemacht worden sind.

Ich möchte an zwei Tatsachen der neueren Geistesentwicklung anknüpfen und dabei zeigen, welches eigentlich unsere Aufgabe hier ist. Ich möchte zeigen wie, wenn man diese Aufgabe erfasst, dann aus der tiefsten Erfassung des mystischen und geisteswissenschaftlichen Gehalts der verschiedensten – ich sage nicht bloß Religionssysteme, sondern «Weltlehren» –, wie aus diesem Gehalt das eigentliche Bewusstsein hervorgeht, das der Mensch im Laufe seines Lebens auszubilden hat.

Ich möchte eben deshalb an zwei Ereignisse im Leben von bedeutenden Menschen aus der letzten Zeit der Entwicklung des Geisteslebens anknüpfen, die in einem bestimmten Augenblick ihres Lebens erkannt haben, dass es ein Höheres, ein Aufwärtssteigen gibt, dass das Erkennen nicht etwas ist, was uns ein für alle Mal in einer bestimmten Gestalt vorliegen kann, sondern dass es nichts anderes ist als das *Betreten eines Pfades*, welcher die Perspektive nach dem Ewigen eröffnet.

Es muss ein großer Augenblick gewesen sein, als der deutsche Philosoph Johann Gottlieb *Fichte* in Jena sein Bewusstsein mit starker Kraft und tief dringenden Worten in dem Augenblick aussprach, als sich ihm das enthüllte, was man die eigentliche Geistschicht des Bewusstseins nennt. Das wird von den Geschichtsschreibern der Philosophie nicht begriffen.

Ich möchte die Worte, die er damals zu seinen Schülern sprach, hier anführen. «*Das, was man Tod nennt, kann mein Werk nicht abbrechen, denn mein Werk soll vollendet werden, und es kann in keiner Zeit vollendet werden, mithin ist meinem Dasein keine Zeit bestimmt – und ich bin ewig. ... Ich hebe mein Haupt kühn empor zu dem drohenden Felsengebirge und zu dem tobenden Wassersturz, und zu den krachenden, in einem Feuermeere schwimmenden Wolken und sage: Ich bin ewig, und ich trotze eurer Macht!*»[12]

Das ist die eine Tatsache, die ausdrücken soll, welche Wirkung auf einen Menschen ausgeübt wird, der von der Überzeugung durchdrungen ist, dass er mit der Erkenntnis die Unendlichkeit betritt – eine Tatsache, welche ausdrücken soll, welchen Einfluss das auf die Persönlichkeit hervorbringt.

Die andere bezieht sich auf *Goethe,* der in einer anderen Weise zur selben inneren Wirkung gekommen ist, dem es auch in einem Augenblick blitzartig aufleuchtet, dass in den Erscheinungen der Welt ein Buch uns vorliegt, aus dem das Göttliche zu lesen ist. Als er in Italien vor den Kunstwerken stand, da schrieb er an seine Freunde die Worte: *«Ich habe eine Vermutung, dass sie* (die Griechen) *nach eben den Gesetzen verfuhren, nach welchen die Natur verfährt und denen ich auf der Spur bin.»*[13] (Und später:) *«Da ist die Notwendigkeit, da ist Gott.*[14] Das Gottesbewusstsein ging Goethe im Jahr 1787 in Italien auf, als er vor den Kunstwerken stand, in welche uralte Geheimnisse der Mysterien «hineingeheimnisst» waren.

Auch ihm ging die Erkenntnis auf, dass nur der das Göttliche sehen kann, der den guten Willen und den Glauben hat. Nur der kann es erkennen. Für den Menschen, der «Glauben» hat, tritt im Leben der Augenblick ein, wo sich ihm das Feld unseres Lebens blitzartig erleuchtet und wo er den Pfad des Ewigen betrit.

Diese Gewähr, welche aus solchen Tatsachen fließt, muss uns leiten, wenn wir in dasjenige eindringen wollen, was die Religionen aller Zeiten, was aber auf mehr oder weniger elementarer Stufe auch die anderen Lehren beigetragen haben und was wir kennen müssen, wenn wir wahrhaft in den mystischen Gehalt und in die Realität des Christentums eindringen wollen. Wenn man so eindringen wird, so wird man dem Christentum nichts nehmen.

Es ist nicht meine Aufgabe, Religiöses zu lehren, noch auch ist es meine Aufgabe, Theologisches zu lehren. Meine Aufgabe ist nur, mystisch-geisteswissenschaftliche° Lehren auseinanderzusetzen.

Das könnte ich nicht, wenn ich nicht davon durchdrungen wäre – ebenso wie es bei Goethe war, wo er sagt: «Jetzt geht mir erst das Göttliche in diesen Kunstwerken auf, jetzt erst verstehe ich die uralten Mysterien» –, wenn ich nicht so sehr davon überzeugt wäre, dass in einem bestimmten Moment etwas aufleuchtet, das es möglich macht, das Ewige, das Göttliche zu erkennen, könnte ich nicht so sprechen.

Nichts wird dem Kunstwerk genommen, wenn wir in ihm mehr sehen als das, was wir mit unseren Augen und Ohren vernehmen. Nichts wird den Evangelien genommen, wenn wir sie nicht nur geschichtlich betrachten.

Wenn wir das Tiefere haben wollen, *das Göttliche*, so müssen wir weit über das Geschichtliche hinausgehen. Wenn Goethe schon *in den Kunstwerken*, welche in der äußeren Sinnenwelt sind, das Göttliche sieht, dann muss es auch eine Betrachtungsweise geben, welche das Göttliche auf einer höheren Stufe sieht, wo es sich *als Leben in den initiierten Persönlichkeiten* zum Ausdruck bringt. Es würde wie ein «Wunder» vor uns stehen, wenn wir es nicht in dem ganzen notwendigen Zusammenhang begreifen könnten, in dem ewigen Weltengang durch die verschiedenen Gliederungen, durch alles Materielle, hindurch, bis wieder zu dem Göttlichen zurück.

Ich bin vom Bewusstsein des Ewigen in einer einzelnen Menschenseele – bei Johann Gottlieb Fichte – ausgegangen. Und ich kann auf keine andere Weise den tieferen Grund im Christentum zeigen, als dieses Bewusstsein in einer sehr alten Zeit zu verfolgen, in der Zeit der *alten ägyptischen Religionslehren* – und Ihnen dann zeigen, wie diese Lehren der alten Ägypter in den Lehren der Essäer aufleuchten, um beweisen zu können, dass in dem Augenblick, als *der Gottmensch* den Menschen erschien, tatsächlich nur in einer solchen Bruderschaft Menschen da sein konnten, die genügend vorbereitet waren, um das zu verstehen, was sich da ereignete.

Johannes der Täufer, der wohl dem Essäerbund angehörte, war vorbereitet. Das kann man aus den Worten seiner Predigt erkennen: «*Tut Buße, das Himmelreich ist nahe herbeigekommen. Bereitet den Weg dem Herrn und machet richtig seine Steige.*» (Matthäus 3,2; 4,17; Markus 1,15) Auf die Frage: «*Bist du Christus?*», antwortet er: «*Ich bin nicht Christus.*» (Johannes 1,20; 3,28) «*Der ist's, der nach mir kommen wird, welcher vor mir gewesen ist, des ich nicht wert bin, seine Schuhriemen aufzulösen.*» Es kommt einer nach mir, der ist stärker als ich. (vgl. Johannes 1,15-27)

Wenn diese Worte auf das hindeuten sollen, was im Christentum erscheint, dann müssen wir erst die Vorbedingungen kennen lernen, welche imstande waren, «Johannes» die Augen zu öffnen. Nicht darum handelt es sich, die (äußerlichen) Ereignisse in der Geschichte zu verfolgen, sondern darum, die göttlichen Ideale (geistigen Ideen?) zu erkennen.

In der religiösen Entwicklung treten uns zuerst in den paulinischen Lehren der Tod und die «Auferstehung» entgegen, und sie treten uns entgegen, bevor wir den übrigen geschichtlichen Gehalt der Lehren kennen lernen. Wir verstehen sie nur, wenn wir zurückgehen auf die Lehren, welche jahrtausendelang im ägyptischen Mysterienleben auch wieder nichts anderes darstellten als jene Überwindung des irdischen Lebens durch den Tod. Das heißt mit anderen Worten die Möglichkeit, Tod und Leben als die größten Symbole des Werdens aufzufassen, als diejenigen Symbole, welche gerade den tiefsten Bestand, das tiefste Sein in der Weltentwicklung zeigen.

Wir haben heute die Möglichkeit auch geschichtlich in die Lehren der *ägyptischen Mysterien* einzudringen. Wir wissen, welche Vorstellungen sich die ägyptischen Priester über den Übergang vom Leben zum Tod gemacht haben. Wir wissen aber auch, dass die ägyptischen Priester das ganze menschliche Leben derjenigen, welche den Erkenntnispfad betreten wollten, so einzurichten versuchten, dass ein solcher sich auf den Erkenntnisweg begebender Mensch für jene Stufen der Entwicklung vorbereitet war, die der ägyptische Mysterienlehrer vorführt, wenn der Schüler durch das Tor des Todes geht. Jene Prüfungen, die da gefordert wurden, werden uns in alten Urkunden geschildert.

Mir hat sich aus der Betrachtung der ägyptischen Lehren, soweit sie nach unserer abendländischen Erkenntnis zu verfolgen sind, ergeben, dass wir es mit einem Ausdruck für die tiefsten Geheimnisse des menschlichen Lebens zu tun haben – für dieselben Geheimnisse, welche auch die griechische Mysterienlehre hat. Ja, es hat sich mir ergeben, dass dieser (Lehre) *praktische Mysterienübungen* zugrunde liegen, welche auch in den ägyptischen Priesterschulen geübt worden sind.

Was mit diesen Prüfungen gemeint ist, das wird sich uns aus einzelnen Stellen ergeben, die ich Ihnen vorlesen möchte. Es wird sich Ihnen zeigen, was für ein Bekenntnis der Mensch nach Anschauung der ägyptischen Priester abzulegen hat, um einzugehen in die höheren Welten, um die höheren Stufen des Daseins zu erklimmen. Es wird sich uns zeigen, welche Vorbedingungen er erfüllt haben muss.

Aber innig verknüpft mit allen diesen ägyptischen Lehren ist eine Vorstellung der ägyptischen Priesteranschauung, dass der Mensch selbst dahin kommt, wo er dann von den Göttern mit dem Namen des Gottes angesprochen werden kann, der dem Gott Ra am allernächsten steht: Mit dem Namen «Osiris» wird der Mensch (selbst) angesprochen.[*]

Das Osiris-Werden ist es, was uns im alten Ägypten mitgeteilt wird. Nachdem der Mensch durch die Prüfungen durchgegangen ist, nachdem er den praktischen Pfad betreten hat und immer höher aufsteigt, wird er ähnlich demjenigen Gott, den die Ägypter als Mittler ansehen zwischen dem höchsten Gott, zwischen Ra selbst, dem Ausdruck des unendlichen Geistes, und dem Materiellen, dem Irdischen, dem Menschlichen.

Der Sohn des höchsten Gottes, Osiris, hat nach der ägyptischen Sage zugrunde gehen müssen, sein Leib hat

---

[*] Nur vor diesem ägyptisch-geisteswissenschaftlichen Hintergrund sind auch die Worte des Christus: *«Ihr seid Götter»* (Johannes 10,34) zu verstehen.

zugrunde gehen müssen. Die Stücke sind da und dort «begraben» und er sitzt «zur Rechten Gottes». Der Mensch ist berufen, jene Entwicklung durchzumachen, die ihn zum Osiris macht. Beim Eingang durch das Tor des Todes hat er das Bekenntnis abzulegen, das ihn befähigt, den Pfad weiterzuwandeln, der ihn zu Osiris führt.

Ich möchte Ihnen nun zunächst aus diesem Bekenntnis einige Stellen mitteilen. Sie werden sehen, zu welchen großartigen, gewaltigen Anschauungen diese tausend und abertausend Jahre alten Mysterienlehren führen.

Er (der Verstorbene) ruft den Gott an, um Anteil zu erhalten an dem höheren Leben. Es werden Worte vorkommen, die zu erklären zu weit führen würde. Es kommt nur auf den Geist an.

- *«Heil dir, höchster Gott, der sich seine Gestalt selbst gibt.»*
- *«Strahlend ist dein Aufgang.»* (Sonnenaufgang)
- *«Am Horizont erleuchtest du die zweifache Erde mit deinen Strahlen. Alle Wesen sind in Freuden, wenn sie dich schauen mit der Schlange auf dem Haupte, der Krone des Südens und des Nordens auf deiner Stirn, und sie setzen sich dir gegenüber und arbeiten an der Form der Barke, um physisch dich und alle deine Feinde zu vernichten.»* Die Barke ist der Wagen des Sonnengottes.
- *«Die Bewohner von Tieraugen ziehen deiner Majestät entgegen. Ich komme zu dir. Erneuern mögen sich meine Glieder ...»* und so weiter.

- «*Großes Licht ist hervorgegangen aus dem Einen. Du erhältst das Dasein der Menschen durch den Strom, der von dir ausgeht.*» Dieser Strom wird uns auch in der christlichen Mystik begegnen.
- «*Beschütze den Osiris N.N.*» Da wurde der Name des Betreffenden (des Toten) genannt.
- «*Lasse ihn eingehen in die Ewigkeit, lasse ihn bezwingen das Böse. Reihe ihn ein in die Seligen.*»

Ein Kapitel: «Um einzugehen in das Tor der zweifachen Gerechtigkeit» – und so weiter. (Das Gedicht wird vorgelesen.)

«*Ich kenne die Namen der 42 Götter.*»[15] – Nun wird er geprüft, ob er tatsächlich die Namen der 42 Götter kennt. Nachdem er die Läuterung durchgemacht hat, muss er schildern, in welcher Weise er die 24 Götter kennen gelernt hat.

Nun will ich Ihnen zeigen, wie er den Göttern dankt, nachdem sie ihn als würdig erkannt haben. Unsichtbare Mächte treten ihm entgegen und stellen sein Wissen auf die Probe, bevor er in den Schoß des Osiris eingehen kann. Er hat sich sein mystisches Wissen durch Beschaulichkeit *unter dem Feigenbaum* angeeignet. Was hast du gesehen? (wird er gefragt).

Beim Eintritt hat er am Tor den Wesen die Namen zu sagen: «Beschützer des Osiris, Kinder der Schlange» ist der äußere Name. «*Tritt vor, du hast die Prüfung bestanden. Brot ist hier. Der Osiris N.N. lebt wahrhaft ewig.*»

Das sind Gebote, wie sie sich mit diesem Wendepunkt des Menschen verknüpft haben und die dem auferlegt wurden, der den Weg gehen wollte. Er musste auch die Zeremonien der Initiation durchmachen und durch sein Leben sich vorbereiten, um den wahren Lebenskern (Wesens-?) dieser Lehren zu verstehen.

Nachdem ich Ihnen die Vorstellungen gezeigt habe, welche in Ägypten durch Jahrtausende hindurch geherrscht haben, nachdem ich Ihnen gezeigt habe, dass Tod und Leben nur zwei Ausdrücke für ein und dasselbe sind, gezeigt habe, dass der Gott Osiris nichts anderes darstellt als das Ziel, das der Mensch selber anzustreben hat – nachdem ich Ihnen gezeigt habe, dass *jeder berufen ist, ein Osiris zu werden* und dass jeder auf den Pfad des Osiris zu bringen ist –, will ich abspringen zu einer Vorstellung, die im fernen Orient gebildet worden ist, welche eine innere Verwandtschaft damit zeigen wird, die sich darstellen wird als eine Art Fortsetzung, als etwas, was dies bis in die Erde selbst hinunterführt.

In den ägyptischen Mysterienlehren finden wir die Überzeugung, dass derjenige, welcher tatsächlich dem Osiris ähnlich geworden ist – welcher die Prüfung bestanden hat –, die Fähigkeit hat, selbst als ein *Gott auf der Erde* zu erscheinen, und dass er die Fähigkeit hat, auf der Erde so aufzutreten, dass wenn er die menschliche Gestalt annimmt, er von den Geheimwissern als eine verkappte Gottheit erkannt wird.

Überspringen wir die Zeit und denken wir uns jenes

große Totengericht vergegenwärtigt, welches zwischen Osiris und Ra abgehalten worden ist, und denken wir uns: Innerhalb dieses Totengerichts wird beratschlagt, *ob nicht ein Gott hinuntergesandt werden soll,* um den Menschen eine neue Lehre, eine neue Anschauung zu bringen, neue Vorstellungen, neue Ideen – ob nicht zu dem Mittel gegriffen werden soll, einen Osiris hinunterzuschicken und ihn Mensch werden zu lassen.[*]

Eine solche Vorstellung begegnet uns in der *indischen Lehre,* welche zuerst etwa im sechsten Jahrhundert vor unserer Zeitrechnung auftrat. Es wird also im Schoß der Götter beratschlagt, ob nicht unter die Menschen hinuntersteigen und geboren werden soll ein Erleuchteter, ein erhabenes göttliches Wesen selber.

Wenn man dies mit den Worten der ägyptischen Weisen ausdrücken soll, so müssen wir sagen: Ein Osiris soll hinuntersteigen und Menschengestalt annehmen, ein Erlöser, ein wahrhafter Arzt, ein in der Heilkunde wahrhaft Erfahrener soll unter die Menschen hinuntersteigen.

Und verkündigt soll werden einer Königin mit Namen «Maja», dass ein Erleuchteter geboren werden soll. Dieser König soll den Namen «Bhagavad» erhalten, der Herrliche. Er wird später als der Erlöser, der «Buddha», erkannt werden. Es wird gesagt, dass er in Gestalt eines

---

[*] Im ägyptischen Totenbuch wird geschildert, wie durch den Tod der *Mensch Gott wird* – Osiris wird. Im Leben Buddhas ist die Rede vom umgekehrten Weg: Wie durch die Geburt *Gott Mensch wird.* Es ist die Fortsetzung der ägyptischen Vorstellung: Der zum Gott gewordene Mensch wird wieder geboren.

weißen Elefanten geboren werden soll – das ist nach den alten Weisheitslehren die Gestalt, in der sich Gott verkörpern kann. Er wird ein hoch gesinnter König sein, ein König der Könige. Er wird die Region des Lichtes verlassen, um *aus Liebe für alle* in diese Welt einzutreten. Er wird geehrt werden als König der drei Welten.

Sie sollte sich erfüllen, diese Prophezeiung, an dem Gotama aus dem Geschlecht der Siddhartha. Brahman selbst schenkte dem in das Irdische eintretenden Göttlichen einen Tautropfen. Könige und Priester erscheinen mit Gaben vor dem Kind. Himmlische Heerscharen erscheinen und erklären: «Die Welt ist im Wohlsein, Glück ist befestigt im All. Ein Meister der Weisheit ist geboren.»

Das alles erzählt uns die indische Erzählung, dass es geschehen sei, als Buddha geboren wurde. Und von einer anderen Seite wurde gesagt: *Dieses Kind wird zum Buddha werden.*

Mit zwölf Jahren wird es im Tempel dargestellt. Hier lächelt das Kind und erinnert sich an seine Göttlichkeit. Es wird von ihm gesagt, dass ein König geboren ist, dessen «Reich nicht von dieser Welt» (Johannes 18,36) ist. Der zwölfjährige Buddha ist «verloren gegangen». Er wird von den Angehörigen im Wald «wieder gefunden», wo er zwischen den Sängern der Vorzeit sitzt, in himmlische Regionen entrückt – und wie er diesen alten Weisen die alten heiligen Bücher auslegt, wie sie erstaunen über seine Weisheit. Das Bewusstsein seines Berufes erwacht in ihm.

Ich lese zu dieser Stelle aus dem Evangelium des Lukas, aus dem 2. Kapitel den Vers 40 und folgende – aus dem Grund, den Sie selbst sehen werden, wenn Sie diese Verse verfolgen. *«Aber das Kind wuchs und ward stark im Geist, voller Weisheit; und Gottes Gnade war bei ihm. Und seine Eltern gingen alle Jahre gen Jerusalem auf das Osterfest. Und da er zwölf Jahre alt war, gingen sie hinauf gen Jerusalem nach Gewohnheit des Festes. Und da die Tage vollendet waren, und sie wieder nach Hause gingen, blieb das Kind Jesus in Jerusalem und seine Eltern wussten es nicht. Sie meinten aber, er wäre unter den Gefährten und kamen eine Tagesreise weit, und suchten ihn unter Freunden und Bekannten. Und da sie ihn nicht fanden, gingen sie wiederum gen Jerusalem und suchten ihn. Und es begab sich, nach dreien Tagen fanden sie ihn im Tempel sitzen mitten unter den Lehrern, dass er ihnen zuhörte und sie fragte; und alle waren verwundert, die ihm zuhörten, über seinen Verstand und seine Antworten.»*

Der neunundzwanzigjährige Buddha wird durch den Anblick des menschlichen Elends, durch den Anblick des Leides und der Krankheit, durch den Anblick des Übels auf der Erde veranlasst, Weib und Kind zu verlassen, um im einsamen Leben zu sehen, welchen Weg er zu wandeln habe. Und wir hören, dass er, auf seinem Weg durch die Einsamkeit, aus dem Kreis derer, die die Einsamkeit schon gewählt haben, sich Jünger wirbt, und dass er dann eine Anzahl «Seligpreisungen» spricht.

Wir hören aus dem Mund des dreißigjährigen Buddha: «Selig sind die Einsamen. Selig sind die, die frei sind von jeglicher Lust. Selig sind die, die sich erheben über die

Gedanken (Begierden?) des eigenen Ich» und so weiter. «Wahrlich, dies ist höchste Seligkeit. Selig deine Mutter, selig dein Vater, selig deine Gattin», ruft die Menge auf der Straße. Er aber sagt: «Selig sind nur die, welche in Nirwana sind.»

Daneben Evangelium Lukas, Kapitel 11, Vers 26-27: *«Und wenn sie hineinkommen, wohnen sie da und es wird hernach mit demselben Menschen ärger denn zuvor. Und es begab sich, da er solches redete, erhob ein Weib im Volk die Stimme und sprach zu ihm: Selig ist der Leib, der dich getragen hat, und die Brüste, die du gesogen hast. Er aber sprach: Ja, selig sind, die das Wort Gottes hören und bewahren.»*

Wir hören von Buddha, dass er fünf Schüler angeworben hat. Er wird, badend im Fluss, von den Göttersöhnen gefeiert. Er geht unter den *Feigenbaum*. Hier wird ihm dann die Erleuchtung, das mystische Wissen, das durch Beschaulichkeit erlangt wird.

(Dazu) Johannes 1, 45-48: *«Philippus findet Nathanael und spricht zu ihm: Wir haben den gefunden, von welchem Mose im Gesetz und die Propheten geschrieben haben, Jesum, Josephs Sohn von Nazareth. Und Nathanael sprach zu ihm: Was kann von Nazareth Gutes kommen? Philippus spricht zu ihm: Komm und sieh es. Jesus sah Nathanael zu sich kommen und spricht zu ihm: Siehe, ein rechter Israeliter, an welchem kein Falsch ist. Nathanael spricht zu ihm: Woher kennst du mich? Jesus antwortete und sprach zu ihm: Ehe denn dich Philippus rief, da du* unter dem Feigenbaum *warst, sah ich dich.»*

Der Versucher «Mara» naht sich Buddha und fordert ihn auf, ihn anzubeten, indem er ihm ein Königreich verspricht. «Ich begehre kein weltliches Königreich», antwortet ihm Buddha. Die Tochter Maras erscheint, Buddha kommt ihr entgegen mit den heiligen Büchern der Inder. Als Mara sah, dass Buddha ihr mit göttlicher Weisheit entgegentrat, sprach er: «Meine Weisheit (Macht) ist dahin».

Markus 1, 12-14: *«Und alsbald trieb ihn der Geist in die Wüste. Und er war allda in der Wüste vierzig Tage und ward versucht von dem Satan und war bei den Tieren, und die Engel dienten ihm. Nachdem aber Johannes überantwortet war, kam Jesus nach Galiläa und predigte das Evangelium vom Reich Gottes.»*

Nunmehr wirbt er Schüler. Zwei Brüder sind seine ersten Schüler, von denen der eine einer der bedeutensten ist. Vergleichen wir Johannes 1, Vers 45-48: Fünf weitere Schüler finden sich jetzt bei seinen Lehrwanderungen.

In der ersten Buddha-Biographie hören wir von zwölf Jüngern und seinem «Lieblingsschüler» Ananda. Wir hören weiter aus der Buddha-Biographie, dass Buddha durch Gleichnisse die Gespräche verständlich machte, dass er alle seine Lehren in solchen Gleichnisreden zum Ausdruck brachte.

Eine der wichtigsten Lehren möchte ich vorführen, weil sie mir besonders wichtig erscheint: Das Ewige, das Göttliche, wird in allen Wesen zum Ausdruck gebracht. Der Regen strömt herab auf Gerechte und Ungerechte. Der Brahmane, welcher die Erleuchtung nicht hat, gleicht einem blinden Mann. Er kann nur für Blinde Lehrer sein.

Dazu gehört das Wort Matthäus 15, 12-14: *«Da traten seine Jünger zu ihm und sprachen: Weißt du auch, dass sich die Pharisäer ärgerten, da sie das Wort hörten? Aber er antwortete und sprach: Alle Pflanzen, die mein himmlischer Vater nicht pflanzte, die werden ausgereutet. Lasset sie fahren. Sie sind blinde Blindenleiter. Wenn aber ein Blinder den andern leitet, so fallen sie beide in die Grube.»*

Noch einige Buddha-Worte: Der Lieblingsjünger Buddhas (Ananda) wollte ein verachtetes Mädchen nicht heranlassen, als es an Buddha herantreten wollte. Da antwortete dieser im Beisein des Lieblingsschülers: «Ich frage nicht nach deiner Kaste, nicht nach deiner Familie, meine Schwester.»

Vergleichen wir dies mit der Stelle Johannes 4, 1-7: *«Da nun der Herr inneward, dass vor die Pharisäer gekommen war, wie Jesus mehr Jünger machte und taufte denn Johannes (wiewohl Jesus selber nicht taufte, sondern seine Jünger), verließ er das Land Judäa und zog wieder nach Galiläa. Er musste aber durch Samaria reisen. Da kam er in eine Stadt Samarias, die heißt Sichar, nahe bei dem Feld, das Jakob seinem Sohn Joseph gab. Es war aber daselbst Jakobs Brunnen. Da nun Jesus müde war von der Reise, setzte er sich also auf den Brunnen; und es war um die sechste Stunde. Da kommt ein Weib aus Samaria, Wasser zu schöpfen. Jesus spricht zu ihr: Gib mir zu trinken.»* (Vgl. auch Lukas 7,36-50)

Ferner da, wo Buddha seine Jünger aussendet mit Worten, die uns wie eine Art von Pfingstpredigt innerhalb der buddhistischen Lehren entgegentreten. Buddha selbst spricht zu seinen Jüngern: «Jeder Hirte soll in seiner eigenen Sprache sprechen. Liefert die Lehre nicht aus an Verächter und Spötter und nicht an solche, welche von Begierde berauscht sind.»

Und dazu Matthäus 7, Vers 6: *«Ihr sollt das Heiligtum nicht den Hunden geben, und eure Perlen sollt ihr nicht vor die Säue werfen, auf dass sie dieselben nicht zertreten mit ihren Füssen und sich wenden und euch zerreißen.»*

Nun sagt er noch als eine seiner letzten Lehren, dass er bei seinen Jüngern sein werde, solange sie seine Lehre verbreiten. Er wird ihnen unsichtbar gegenwärtig sein. Die entsprechenden Stellen sind in Matthäus (28,20) und Johannes. (vgl. 14,3·20·28)

Er weissagt, nach ihm werde einer kommen in himmlischer Glorie (vgl. Johannes 16,12-15) und der Böse und sein Reich werden dann vollends überwunden sein. Wir hören, dass sie (die Jünger) vereinigt wurden, nachdem der Buddha wieder zu dem Göttlichen eingegangen war, nachdem er seinen Tod selbst hat herankommen sehen und sich zurückgezogen hat in die Einsamkeit.

Von seiner Weisheit wurde sein Leib ein glänzender Leib. Bei seinem Tod fiel ein Meteor, die Erde stand in Flammen, ein Donner machte die Welt erbeben. Er war «hinabgestiegen zur Hölle», um die darin Versammelten zu trösten. Das ist eine Art von Fortsetzung dessen, was die alten Ägypter in ihrem Gang vom Leben zum Tod haben.

Ich musste dies alles vorausschicken, bevor ich fortfahren kann. Ich kann nicht auf einmal ganz klarmachen, warum ich das alles zeigen musste, weil die Zeit schon zu vorgeschritten ist. Ich musste zeigen, welcher *Zusammenklang in den Weisheitslehren und religiösen Vorstellungen* Jahrhunderte vor unserer Zeitrechnung vorhanden war. Ich musste zeigen, was Positives darin vorhanden war. Diese Betrachtungsweise wird uns dahin führen, dasjenige wahrhaftig zu verstehen, was sich um die Wende unserer Zeitrechnung zugetragen hat.

Fragenbeantwortung

Das Buch von Rudolf Seydel *Buddha und Christus*[16] ist sehr gut, aber geschichtlich. Es bringt wesentliche Momente zusammen, weiß aber nichts damit anzufangen. Von Oldenburg[17] gibt es auch ein sehr gutes Buch.

Siebzehnter Vortrag

Der Christusgedanke im ägyptischen Geistesleben

Berlin, 8. Februar 1902

Sehr verehrte Anwesende!

Es wird kaum etwas einen so erhabenen Eindruck machen können wie der Ewigkeitsgedanke der Ägypter – dass der Mensch den Pfad der Ewigkeit betreten kann.

Und auf der anderen Seite wird es kaum eine Übereinstimmung von zwei Persönlichkeiten des geistigen Lebens in allen Einzelheiten so geben, wie wir sie zwischen Buddha auf der einen Seite und der Persönlichkeit des Christus auf der anderen Seite verfolgen konnten.

Allerdings, wer noch weiter zurückgehen wollte in die alten Vorstellungen der indischen Religion, der würde finden, dass der Buddha als Persönlichkeit, so wie er uns entgegentritt und wie er auch nach den Vorstellungen der indischen Religion vorliegt, nur der letzte Buddha ist. Es handelt sich da also mehr um eine Wiederholung als um ein erstes Auftreten einer Persönlichkeit solcher Natur. Bei den Christen ist dieser Gedanke verloren gegangen, da sie nur den Einen kennen.

Wir können nicht die verschiedenen Buddhafiguren im Leben der indischen Religion verfolgen. Über die Entstehungsweise der christlichen Welt bietet sich uns erst ein Einblick, wenn wir uns über die Entstehung des Christusgedankens klar geworden sind, so weit das bei einer esoterisch-mystischen (geisteswissenschaftlichen) Vertiefung möglich ist. Namentlich werden wir uns klar werden darüber, wie der in der ägyptischen Religion lebende «Christusgedanke» sich zu einem historischen Ereignis umgewandelt hat.

Der *ägyptische Christusgedanke* tritt uns in der Form entgegen, dass jeder, welcher von der ägyptischen Priesterschaft geeignet befunden wurde, der durch seine Begabung die Fähigkeit erwerben konnte, den Aufstieg zu unternehmen, von den ägyptischen Priestern, den tief Eingeweihten, dem Prozess der Initiation unterzogen wurde.

Was bedeutet dieser *Prozess der Initiation?* Man muss sich erst klar sein, was die ganze Grundidee der Initiation ist. Nach den Anschauungen der ägyptischen Priesterschaft sollte sie den Menschen in die tiefsten Geheimnisse des Daseins, in die Urrätsel der Welt einführen.

Es handelt sich also dabei um die Einführung desjenigen, welcher zur Initiation zugelassen wurde, in das, was der großen Menge gegenüber von den ägyptischen Priestern sorgfältig verborgen gehalten wurde und was nur denjenigen mitgeteilt wurde, welche Fortschritte machen wollten.

Wer sich in den ägyptischen Priesterschulen und Kulten zu den höchsten Wahrheiten, die da vermittelt werden konnten, erheben wollte, wer zu der Tiefe der Welträtsel hinabsteigen wollte, der konnte es nur auf einem *genau vorgeschriebenen Weg* – weil man der Anschauung war, dass nur der, welcher die ganze Stufenfolge durchgemacht hat, jenes innere Leben haben kann, um gewisse Anschauungen lebendig in sich zu haben.

Das ist, abstrakt ausgedrückt, der Grundgedanke, welcher zur ägyptischen Initiation führte. Man glaubte, dass der Betreffende nicht bloß geistige Lehren, nicht bloß geistige Schalen übermittelt erhalten sollte, zu deren Aufnahme es genügte, wenn er logisch denken konnte. Nein, man glaubte, dass auch das ganze Körperliche so umgestaltet werden soll, dass seine ganze sinnliche Auffassung in viel höherem Grad dem Geist dient, als dies bei einem anderen der Fall ist.

Der geistige Vorgang, der sich abspielte, wenn der Jünger in die Mysterien eingeführt werden sollte, erinnerte vielfach an das *eleusinische Drama* bei den Griechen und an das alte *Osiris-Drama*. Der ganze Mythos des Osiris und der Isis – in welchen die alten Priester wahrhafte, ich sage nicht bloß Phantasie, sondern Imagination, Einsicht in die tiefsten Weltgeheimnisse gebracht haben –, der sollte praktisch ausführen, was in diese Weisheit hineinführen sollte.

Das Kosmologische, Physiologische, Astronomische (als Lehre) hielt man nicht für genügend. Man glaubte, der ganze Körper des Menschen müsse umgeprägt werden. Man glaubte, dass der Mensch eine ganz andere Anschauung bekommen müsse.

Man hatte nicht den Glauben, dass der Mensch mit voll entwickelten Fähigkeiten zur Welt kommt, wie die abendländische Wissenschaft es glaubt. Man glaubte, dass der Mensch, so wie er sich stufenweise bis jetzt entwickelt hat, auch noch weitergeführt werden müsse, damit das Leben nicht verloren sei. Es handelt sich also darum, Körper und Geist so umzubilden, dass der Mensch die höchsten Erkenntnisse nicht nur logisch, abstrakt verstehen könne, sondern dass er das tiefste Leben der Welt miterleben könne.

Der Priester stellte in drei Symbolen die ganze Weltentwicklung dar:

- Zunächst in dem Symbol der *Pyramide*. Sie hat vier Seiten, diese entsprechen den *vier Elementen*: Erde, Feuer, Wasser, Luft. Oben laufen diese Seiten in eine Spitze zusammen. Jede Seite wird also durch ein Dreieck repräsentiert, in welchem der Priester äußerlich die drei Welten dargestellt sah. In der Pyramide sah er die physische Natur, die Urelemente und ihre Zusammensetzung.
- In der *Sphinx*, wo Tier und Mensch verbunden sind, sah er das Symbol der *Menschwerdung*. Dass eine organische Entwicklung von Tier zu Mensch stattgefunden hat, ist auch heute wieder geisteswissenschaftliche Anschauung.
- Endlich in dem Vogel *Phönix*, der sich im Feuer verzehrt und dann aus der Asche wieder emporsteigt. Er ist das Symbol der *Seele*: Sie setzt sich zusammen aus dem mathematischen Urgeist, dem mathematischen Skelett der Welt, aus dem rein natürlichen Dasein der Zwischenstufen und der menschlichen Seele, welche gleichsam den Geist wieder aus der Natur erlösen soll.

In drei Stufen stellt sich die Entwicklung dar: in Urgeist, menschlicher Seele und in der Natur. Der einzelne Mensch ist nun eingeschlossen, eingegliedert in diese ganze Entwicklungskette. Und er soll sein Leben nicht nur, wie der ägyptische Priester sich klar war, dazu benutzen, um die Welt zu erkennen, sondern um sie ein Stück vorwärts zu bringen. Sie glaubten nämlich, dass wenn der Mensch sich seiner ungeheuren Verantwortlichkeit gewiss ist, er das Leben nicht bloß hinzunehmen hat, sondern dass er es dazu zu verwenden hat, göttliche Taten zu tun, wenn er arbeitet, dass er die Taten der Götter weiterführt.

Mit dem, der auf genügend hoher Stufe war, der so weit war, wie ich es eben angedeutet habe, wurde *die Initiation* vorgenommen. Diese Initiation bedeutet nichts anderes als eine Wiederholung des alten Mythos von Isis und Osiris.

Wir wissen, dass Osiris einer der ältesten Götter des Himmels und der Erde ist. Mit der Isis regiert er Himmel und Erde. Osirisse können sich auch in menschlicher Gestalt inkarnieren, so dass sie einmal als wirkliche Menschen gelebt haben. Sie sollen auf unserer Erde geherrscht haben, bevor die Hyksos[18] eingefallen sind. Sie waren daher mit den inkarnierten Gottheiten identisch. Später aber hatten sie sich alle in den Gottesdienst zurückgezogen. Das, was früher weltlich war, zog sich zurück und wurde im Gottesdienst verehrt:

> *Osiris* wird von seinem Bruder *Seth-Typhon*, der der Gott des Abgrunds und des Feuers ist, ermordet. Durch Hinterlist wurde es zuwege gebracht, dass der

> Gott Seth-Typhon den Osiris mit einem Schlag ermordete. Dann wurde er zerstückelt und hinausgeworfen in alle Welt.
>
> Als *Isis* das merkte, rüstete sie ein Schiff aus und suchte die Stücke wieder zusammen. Wo sie ein Stück fand, setzte sie eine «Kirche» darauf, wo dieses Stück verehrt werden konnte. Dann hatte sie auch das Herz wieder gefunden und konnte es durch ihre Liebe wieder beleben.

Es ist gerade so wie in der griechischen Dionysossage, wo auch das Herz des Dionysos die Entwicklung weitergeführt hat.

> Noch einmal wird der Gott Osiris durch die Liebe der Isis auferweckt, noch einmal sieht sie sein Antlitz, noch einmal leuchtet ihr ein Strahl des Lichtes.
>
> Durch den Strahl des Lichtes und der Liebe gebiert sie ihren Sohn *Horus*, der also gewissermaßen ein «jungfräulich geborener» Sohn ist. Er ersetzt seinen Vater: Isis und Horus regieren weiter (zusammen). Isis kann sogar seine «Auferstehung» in einem neuen Leib feiern. Über seinem Sarg vollzieht sich etwas, was als eine Art von Gottesdienst immer wieder vollführt worden ist – so wird uns erzählt –, während ihr Sohn Horus die Menschen auf der Erde beherrscht, obwohl er, dem Aufenthalt nach, seine Wandelbahn auf der Erde vollendet hat, gleichsam «zur Rechten des Vaters» sitzt.

Ich meine, der Gott *Horus* erscheint uns als derjenige, welcher in geistiger Art die ganze Welt durchdringt und nach der Anschauung der ägyptischen Priester die «Seele der Welt» ausmacht.

Dies ist eine Anschauung, welche nicht nur als Mythe lebte, sondern die auch tatsächlich in einer ungeheuer großartigen und feierlichen Weise denjenigen dramatisch vorgeführt wurde, welche in das ägyptische Priestertum aufgenommen werden sollten.

Wenn dann in bildlicher Weise die Einbildungskraft geschult war und der menschliche Geist diejenige Form angenommen hatte, in der der Gott Osiris wie im Weltenstaub ganz aufgehen, aufsteigen und auf der anderen Seite wieder geboren werden konnte – wenn der Schüler sich eingelebt hatte in diese Vorstellungen, dann erst konnte er über den Mythos hinausgeführt werden. Dann wurde ihm gezeigt, was im Mythos enthalten ist, dann wurde ihm gesagt, dass es nichts anderes ist als der Logos selbst, der sich in das unendliche Weltmeer ausgegossen hat.[*]

Zum Zeichen, dass der Geist in das unendliche Weltmeer ausgegossen ist – die Materie wurde als See, als Meer vorgestellt –, wurden die Zeremonien an Orten vorgenommen, wo ein See vorhanden war: Der stellte das Weltmeer dar, in welchem der Weltgeist Materie geworden ist.

---

[*] Wie es auch im Johannes-Evangelium (1,14) heißt: «Und der Logos ist Fleisch geworden».

Horus sollte nichts anderes als die göttlich-menschliche Seele sein, die in die Materie ausgegossen ist und die die Materie wieder in ihr Urdasein zurückbringen soll.

Diese kosmologische und auf den einzelnen Menschen bezogene Wahrheit wurde dem Schüler überliefert. Wenn er sie nicht bloß in abstrakter Weise aufgenommen, sondern sich so recht in sie eingelebt hatte, dann wurde er für würdig gehalten – da er es nicht bloß als äußere Verstandessache auffasste, sondern die große Heiligkeit der Kosmologie als etwas Erhabenes begriff, wodurch er selbst besser geworden zu sein glaubte.

Wenn der Schüler so weit war, dann erst wurden die realen Vorgänge mit ihm vorgenommen, dann erst sollte er erfahren, dass er als Mensch nicht nur dazu berufen ist, zu erkennen, nur in die Erkenntnis eingeführt zu werden, sondern dass diese Erkenntnis Leben zu gewinnen hat.

Dies ist in einem tiefsinnigen Symbol im Osiris-Mythos und namentlich im Kultus ausgedrückt. Isis und Horus wurden darin als Personen dargestellt, welche auf dem Boden liegend die Hände seitwärts ausstreckten. Darunter legten sie ein «Kreuz» – so kann man es ohne weiteres nennen. Das war das Symbol für die Wiedererweckung von dem, was dem Weltenstaub verfallen war.

Im Kreuz haben wir dieselbe Vorstellung, wie wir sie bei der platonischen Philosophie haben, in welcher Gott, der Allgeist, auf dem Weltleib «gekreuzigt» ist.[19] Hier wirkt es als Symbol und zu gleicher Zeit als Erwecker. Durch das Kreuz hindurchgehend, wird der Schüler vom

Sarg des Osiris auferstehen und dann von neuem Herrscher sein.

Dieser Vorgang spielte sich jahrhundertelang in den ägyptischen Tempeln ab. Der junge Priester wurde tatsächlich in eine neue Welt eingeführt. Bloßes Erkennen wäre etwas Egoistisches. Aber in dem Augenblick, wo der Mensch sich darüber klar wird, rückt er ein Stückchen in der Entwicklung vorwärts. Er kommt zu der Einsicht, dass er lebensvoll dazu beizutragen hat, die Gottheit aus ihrer Umhüllung in ihre ursprüngliche Gestalt zurückzuholen.

Sobald er hier angekommen war, sollte dem angehenden Priester gezeigt werden, dass er nicht nur zu erkennen, sondern dass er die Materie selbst zu durchdringen hat, dass er die Materie zu vergöttlichen hat – dass er den Geist nicht bloß für sich behalten darf, sondern dass er vom Geist auszugehen hat zur Rettung der Materie –, dazu hat er davon auszugehen.

Das ist einer der wichtigsten Akte, der unauslöschlich eingetragen, eingeschrieben werden sollte in eine Seele, welche Initiation suchte. Erst wenn dieser Akt absolviert war, erst wenn der Mensch in physisch-geistiger Weise begriffen hatte, dass er ein Symbol darzustellen hat – ein Symbol, das nach ägyptischer Vorstellung den Inhalt der Ewigkeit darzustellen hat –, erst wenn der Schüler begriffen hatte, dass er als Mensch hier in diesem Leben nichts anderes darzustellen hat als ein Symbol dieser ewigen Weltvorgänge, dann war er fähig und würdig, den Pfad anzutreten, welcher der Pfad der ägyptischen Initiation war.

Dieser Vorgang bestand tatsächlich darin, dass der Mensch den Vorgang der Wiedererweckung auch im Physischen an sich vollziehen ließ.

Das ist der Akt, zu dem die ägyptischen Priester vorgeschritten sind, und das ist es auch, wodurch sie den tiefsten Eindruck bei ihren Schülern gemacht haben. Sie haben den Schüler in einen *dreitägigen Schlaf* versetzt. Sie haben den Organismus völlig freigemacht. Der Geist sollte für sich leben und dann von neuem von seinem Körper Besitz ergreifen.

Und dann, wenn er vom Körper wieder Besitz ergriff, hatte er den Körper in einer neuen, vergeistigten Weise. Deshalb bat man den, der die Initiation suchte, dass er sich auf ein Holzkreuz legte oder sich einfach auf den Boden legte und die Arme ausbreitete. In dieser Lage ließ man ihn drei Tage verharren.

Dass er sich selbst als lebendiges Symbol des Wiederauferstehens betrachtete, das wurde dadurch symbolisiert, dass er der *aufgehenden Morgensonne* entgegengetragen wurde. Die aufgehende Morgensonne erweckte den drei Tage lang dem Leben Abgestorbenen zu einem neuen Dasein.

Jetzt müssen wir den Mitteilungen Glauben schenken, welche wir haben. Denn das, was ich jetzt sage, ist nicht «experimentell» zu beweisen. Jetzt war der Schüler *durch die Pforte des Todes hindurchgegangen*. Jetzt war er würdig, in die tiefsten Mysterien eingeweiht zu werden. Dieser Vorgang, der den Menschen zum Symbol machte und wodurch das einzelne, kleine Ich ausgelöscht war, dieser

Vorgang war es, der ihn in den Dienst der göttlichen Weltordnung gestellt hat. Er war selbst zum Symbol für die ewige, große Welttatsache geworden.

Dadurch hat der Mensch praktisch das erlebt, was Jakob Böhme mit den Worten sagen wollte: «Wer nicht stirbt, bevor er stirbt, der verdirbt, wenn er stirbt.» Dadurch, dass sein Geist den Körper verlassen und wieder von ihm Besitz ergreifen konnte, konnte er in ganz anderer Weise den Weg zu der Vergottung antreten, selber zum Osiris werden.

Wir haben gesehen, wie sich nach den Vorstellungen des ägyptischen Totenbuchs die Ägypter das ewige Leben im Gegensatz zum physisch-sinnlichen Dasein vorstellten, wir haben gesehen, wodurch diese Initiation herbeigeführt wurde.

Jetzt handelte es sich darum, den neuen Priester zu einem *Diener der Menschheit* zu machen. Man brachte ihn schon in diesem Leben auf dem Osirispfad ein Stück weiter, so dass er nicht bloß Wahrheit überlieferte, sondern seinen Geist so präparierte, so umwandelte, dass dasjenige, was für die anderen bloß äußere Wahrheit ist, für ihn eine heilige Wahrheit war, die mit ganz anderen Gefühlen und Empfindungen verknüpft war.

Tatsächlich war ein ägyptischer Priester etwas ganz anderes als ein anderer Mensch. Er war ein Mensch, welcher in seinem Leben ein vergeistigtes, ein verinnerlichtes Leben führte, weil er den Prozess des «Hinabsteigens zu den Toten» durchgemacht hatte.

Er hatte seinen Körper verlassen und war in den Gefilden der Unendlichkeit gewesen. Nach drei Tagen hatte er wieder von seinem Körper Besitz ergriffen, erweckt durch die aufgehende Sonne, durch den Vater des Himmels und der Erde, durch den Gott Ra.

Dieser Vorgang, der die Initiation auf der untersten Stufe bedeutet, war zweifellos das, was auch bei den Essäern in einem höheren Grad gelebt hat. Sie haben den Initiationsvorgang gekannt und zweifellos mit den Anschauungen und Gebräuchen von Ägypten herübergenommen.

Die Frage ist nun: Wie kam es, dass dazumal die Vertiefung dieser alten Religionsform so eingetreten ist, dass der zweifellos viel exoterischere Gottesdienst der Juden wieder angenähert worden ist (im Christentum) an den großartigen Gottesdienst der Ägypter?

An geschichtlichen, äußeren Anhaltspunkten findet sich zunächst nichts. Dieselbe Grundlage hat soundso viel hundert Jahre davor zur Geburt eines «Buddhas» geführt und dieselbe Grundlage hat später zur Geburt eines «Christus» geführt.

Wir müssen uns klar darüber sein, dass das ganze jüdische Geistesleben aus dem ägyptischen Geistesleben herausgewachsen ist.[*] Wer die ersten Kapitel der Genesis und die Gebote im ägyptischen Totenbuch verfolgt, der findet dieselbe frappierende Übereinstimmung wie die zwischen Buddha und Jesus, die ich neulich angeführt habe.

---

[*] Beim Auszug aus Ägypten gehen die Juden dem Neuen entgegen und fügen es dem Alten – dem Ägyptischen – hinzu.

Er findet in den fünf ersten Kapiteln der Genesis (1.Buch Mose) dasjenige, was in der ägyptischen Priesterwelt gang und gäbe war. Nur müssen wir uns klar darüber sein, auf welchem Weg die Genesis zu den Juden gekommen und wie sie von diesen fortgepflanzt worden ist.

Das eine muss dem klar sein, der die Genesis zu lesen versteht: Dass Moses wohl den Dekalog (die Zehn Gebote) in der Form kannte, wie er ihn gegeben hat, wie wir sie im Dekalog haben, das ergibt eine großartige Übereinstimmung mit den Geboten des ägyptischen Totenbuchs. Und wir müssen uns klar sein, dass man im alten Ägypten auf keine andere Weise das vermittelt bekommen hat als dadurch, dass man eingeweiht worden ist.

Moses war ein Initiierter. Seine Aufgabe war, in der jüdischen Priesterschaft andere Initiierte zu schaffen. Ich will nun zeigen, wie selbst in Äußerlichkeiten eine Ähnlichkeit zwischen der Genesis und den alten ägyptischen Mythen besteht. Ich will einen äußeren Zug angeben, der genügend für das Ganze sprechen wird. Sie werden sehen, in welcher Weise die Mythen umgewandelt worden sind. Eine Beweisführung würde aber hier viel zu weit führen.

Der Osiris-Mythos kennt Osiris auf der einen und Seth-Typhon auf der anderen Seite. Sie sind eine Art von Bruderpaar und sie sind einander feindlich. Beide stammen sie vom Himmel ab, sie sind Söhne des Himmels. Sie werden als inkarnierte Gottheiten vorgestellt.

Neben Osiris haben wir Seth-Typhon: Dieses Bruderpaar haben wir auch in der Genesis als *Kain und Abel*.

Dass wir in der Genesis noch Spuren aus der ägyptischen Priesterreligion haben, das beweist die Stelle im 5. Kapitel, das vom Menschengeschlecht handelt. Adam war 130 Jahre alt, zeugte einen Sohn und hieß ihn *Seth*. (1.Mose 5,3) Es ist dieselbe Figur wie Seth-Typhon. Sie haben in ihm einen echten Sohn Adams.

In «Adam» haben wir nur eine Art Gottmensch zu erkennen, eigentlich nur eine mehr ins Menschliche übersetzte Figur des Ra, des höchsten Himmelsgottes. Seine Söhne sind gleichzustellen mit den Söhnen des Ra. In Abel-Seth haben wir Osiris-Seth zu erkennen. Diese Übereinstimmung ist keine zufällige. Es ist klar, dass wir es mit einer tief gehenden Übereinstimmung zu tun haben.

Ich habe dies nur angeführt, um die Methode zu zeigen: Man kann in der Genesis die alte ägyptische Priesterreligion wieder erkennen. Auf diese Weise entstand die Genesis.

Die ägyptische Priesterreligion war verloren gegangen, ist aber später aus dem durch die Tradition Fortgepflanzten wieder aufgebaut worden. Daher kommt es, dass wir nur schwer aus dem, was Moses uns überliefert hat, die ursprüngliche Gestalt zu erkennen vermögen. Aber innerhalb der ägyptischen Priesterreligion können wir das. Wenn wir sie uns rekonstruieren, so stimmt sie mit den alten Mythosformen überein, mit den ältesten Formen. So dass wir in der Tat darüber ebenso überrascht sind, wie wir durch die Übereinstimmung des Buddhalebens mit dem Leben des Christus überrascht waren.

Diese Betrachtung wird uns den Ausblick auf den eigentlichen Grund der Entstehung der Christus-Figur eröffnen.

Wenn wir zurückgehen auf die heiligen Bücher der Inder, die zweitausend Jahre vor unserer Zeitrechnung abgeschlossen worden sind, dann finden wir eine höchst merkwürdige Sage, die uns in der Gestalt der indischen Veden-Literatur entgegentritt. Sie führt uns in die ganze indische Weltanschauung ein. Sie finden da die Sage von *Ad(a)mi und Hades:*[*]

> Die beiden wurden als Menschen auf Ceylon, im Paradies, geschaffen. Sie werden uns vorgestellt in voller Unschuld. Zu ihnen tritt eine *Schlange*. Sie sagt ihnen: «Warum wollt ihr innerhalb dieser Gefilde bleiben?» Sie wandern dann durch diese Gebiete und *Admi* sagt zu *Hades*: «Wir wollen doch einmal sehen, was das für ein Land ist, das wir in der Ferne sehen.» Die Schlange hat sie auch dazu aufgefordert und gesagt: «Ihr werdet, wenn ihr dahin kommt, wie Brahman sein und die tiefsten Geheimnisse der Welt erkennen.» Großartig erscheint ihnen das alles. Aber als sie hinkommen, löst sich das Ganze in eine Art Fata Morgana auf und sie

---

[*] Eine östliche Version des Sündenfalls: Hades, die Seele des Menschen (Admi-Atman-Adam) führt ihn aus dem Paradies der geistigen Welt herunter in die physische Welt (Hades), in die Welt, wo nur Schein (Fata Morgana) und Täuschung (Maja) erlebt werden.

> sind in rauen, öden Gefilden. Sie werden aber getröstet von Brahman, welcher ihnen sagt, nachdem ihnen die Welt als wesenlose Spiegelung erschienen war: «Ich will euch *Vishnu* senden.»

Es ist dasselbe, was wir in der Genesis finden als die Weissagung Gottes, der das Kommen des «Christus» vorhersagt. Sie können auch die Sagen der alten Vedenliteratur in der Genesis finden!

Diese Sage steht in innigem Zusammenhang mit der indischen Weltanschauung. Dieser Adam- und Eva-Mythos ist im tiefsten Einklang mit der Lehre, welche bis herauf zum Buddhismus sich fortgepflanzt hat und in Buddha zum Persönlichen geworden ist – mit der Weltanschauung, dass das, was wir mit unseren Sinnen wahrnehmen, im Grunde genommen eine Fata Morgana ist, ein Schein, ein trügerisches Bild, und dass der Mensch ein ganz anderes Ziel hat – im Ewigen, im Nirwana. Was außer dem Nirwana ist, ist nichtiger Schein (Maja).

Gott selber hat sich zum Menschen gemacht – das ist der Sinn der alten Mythen.

Brahman schafft nach seinem Bild den ersten Menschen. Es ist Brahman selbst, welcher sich im Urmenschen inkarniert. Das Urmenschenpaar steigt dann weiter herunter: Es verbindet sich weiter mit der Materie und aus dem Einprägen des Geistes in den Staub entsteht jenes Leben, das wir als menschliches Leben kennen.

Nichtig ist dieses menschliche Leben, da es nur den Zweck hat, das Göttliche wieder zu gebären. Aber ein

Opfer ist es, sich hinunterzubegeben, um die Materie zu durchdringen. Das Göttliche muss hinuntergehen, um zu seinem wahren, großen Leben zu gelangen. Das drückt sich in dem alten indischen Mythos aus und das ist auch in der indischen Weltanschauung ausgedrückt, welche alles in der Welt als trügerisch anschaut.

So haben Sie also eine ähnliche Harmonie auch zwischen dem alten Mythos der Veden und der jüdischen Weltanschauung. Sie stimmen vollständig miteinander überein.

Diese Anschauung von der Nichtigkeit, von der bloßen Scheinbarkeit der Welt zu begreifen – das war mit eine derjenigen Erkenntnisse, welche den Initiierten in lebendiger Art und Weise beigebracht werden sollte. Dasjenige, was in grober, derber Weise zu sehen ist, das sollte er nicht sehen. Dasjenige, was die Menschen aber nicht sehen, das sollte er sehen.

Da, wo zurückgegangen wird auf die mystischen Quellen, sei es in den alten Veden oder in der Genesis, überall da, wo ein tieferes Verständnis vorhanden ist, da ist auch die Anschauung vorhanden – wie im Indischen –, dass wir es mit einer bloßen Fata Morgana zu tun haben, und dass sie nur werden kann, was sie werden muss, wenn die Gottheit in ihrer wahren Gestalt erscheint und wenn der Mensch nicht nur dazu beiträgt, Erkenntnisse in die Welt zu bringen, sondern auch die Materie mit Geist zu durchdringen, damit nicht nur der Geist lebendig wird, sondern auch die Materie zugleich mit dem Geist lebendig wird.

Dass Gott selbst zu Staub geworden ist, das ist die «Schuld der Schlange», die immer und immer wieder Staub aufnehmen muss. (vgl. 1.Mose 3,14-15) Das Staubgeborene ist nichts anderes als die in der Materie sich inkarnierende und aus ihr wieder herausstrebende Gottheit.

Wir haben es hier mit etwas zu tun, was nicht nur ein Abfall, sondern ein Opfer ist. Die Gottheit selbst gießt sich aus, um wieder erlöst werden zu können. Dieses Opfer wird uns dargestellt.

Die Schlange ist nichts anderes als das Gegenbild der Gottheit, sie *ist die Gottheit in anderer Gestalt.* Deshalb ist die Schlange in allen Religionen das Symbol für den Initiationsvorgang. Dieser besteht darin, dass der Mensch nicht nur erkennt, sondern erkennend die Materie vom bloßen Materiesein erlöst, dass er aus der bloßen Materie heraus den Geist gebiert. Für diesen Vorgang ist die Schlange das Symbol.

Goethe hat im *Märchen* ebenfalls das Symbol der Schlange gebraucht, aber erst in der Zeit, als er die mystischen Symbole gekannt hat.

In dem *Sündenfall-Mythos* haben wir es mit einer Anschauung zu tun, die wir sowohl in den alten ägyptischen Priesteranschauungen als auch in der Genesis verfolgen können. Wir haben es da zu tun mit uralten Anschauungen, aus welchen sich dann der Buddhismus und das Christentum erheben. Und wenn wir auf die ägyptische Priesterreligion sehen, so haben wir es mit einer Gottwerdung des Menschen zu tun – wie bei Heraklit.

Dieses Unsterblichwerden, dieses Gottwerden war die Aufgabe, welche mit der dreitägigen Grablegung und dem Auferstehungsvorgang symbolisiert werden sollte. Diesen Vorgang sehen wir in der Christus-Geschichte als geschichtliches Ereignis wieder aufleben. Wir sehen das, was jeder, der in die ägyptischen Geheimnisse eingeweiht werden wollte, durchmachen musste – das Lebendigwerden nach der Aufnahme des Kreuzsymbols –, in aller Öffentlichkeit an einem Einzelnen hervortreten.

Es konnte sich das nur in einer Zeit und in einer Gemeinschaft abspielen, welche vorgearbeitet hatte, welche verstehen konnte, was sich da abspielte – wie im Essäertum. Daran sehen wir, dass sich ein notwendiger Vorgang abspielte, wie er sich bei Johannes dem Täufer abspielte, ein Vorgang, der immer eintreten muss, wenn man sagen kann: «Das ist ein Christus» – wie es der Brahman bei Buddha sagen konnte. Es musste also vorgearbeitet werden.

In dem Essäertum lebte der Glaube, dass derjenige Mensch göttlich werden konnte, der hintrat vor die Richterstufen des Osiris, um selbst Gott zu werden. Diese höchste Aufgabe, welche sich der Mensch stellt, einmal als geschichtlichen Vorgang vor sich zu haben, als etwas Bleibendes – das ist es, was uns auf dem Grund des Essäertums entgegentritt.

Nun kommen wir dazu, das weiterzuverfolgen. Sie müssen sich vor Augen halten, dass dasjenige, was in den ägyptischen Priestern Jahrhunderte früher vorgegangen war, was sich bei unzähligen Menschen abspielte, sich in einem einzelnen Vorgang abspielte, aber so, dass wir darin genau den Plan des ägyptischen Ewigkeitsgedankens wieder erkennen.

Diesen einen Zug lassen Sie mich noch einfügen, um einen Anknüpfungspunkt für das nächste Mal zu haben, nämlich dass der, welcher den Eingang durch die Todespforte suchte, um in das Land des Osiris zu kommen, eine Reihe von Prüfungen durchzumachen hatte.

Vor 42 Totenrichter wird er geführt. Diese sind im Totenreich nichts anderes als die «Osiris» gewordenen Menschen, Menschen, die einmal gelebt haben und schon Osiris geworden sind. Vor diesen erscheint der Schüler, so dass derjenige, welcher die jenseitige Welt aufsucht, vor seinen vornehmsten Ahnen erscheint. Und der, welcher berufen ist, ein Osiris zu werden, ist nichts anderes als eine erneuerte Gestalt, ein neues Glied in der 42-gliedrigen Reihe.

Diese Reihe spielt in der Essäergemeinde eine (wichtige) Rolle. Sie ist nichts anderes als dasjenige, was hier auf der Erde schon vorhanden war. Diese 42 Totenrichter treten uns nun im Evangelium gleich anfangs in veränderter Gestalt entgegen.

Sie sind nichts anderes als die 42 Vorfahren des Jesus. Er ist Osiris geworden, der Zweiundvierzigste in der Reihe. Er ist es, der dazu berufen ist, «die Lebendigen und die Toten zu richten». (vgl. 1.Petrus 4,5; Apostelgeschichte 10,42; 2.Timoteus 4,1; Apokalypse 11,18) Deshalb werden die wichtigsten Stammväter des Menschengeschlechts auch als Stammväter des Jesus angeführt. Es ist eine direkte Übertragung einer Essäertradition, die unmittelbar in dem Evangelium des Matthäus zu verfolgen ist. Es ist nichts anderes als die Übersetzung der Totenrichter in der ägyptischen Anschauung.

Dass daneben die Menschwerdung des Jesus uns entgegentritt, unmittelbar nachdem das Geschlechtsregister vorgeführt wurde: *«Matthan zeugt Jakob, Jakob Joseph»* und so weiter (Matthäus 1,15-16), kann uns auffallen. Den Grund davon wollen wir das nächste Mal durchnehmen und kennen lernen.

Fragenbeantwortung

Ich wollte nur darauf hinweisen, dass wir es mit zwei Geschlechtsregistern zu tun haben. Das eine ist durch die Essäeranschauung durchgegangen und das andere, von Lukas, gehört einer anderen Vorstellungsreihe an und hat sich damit verknüpft.

42 Glieder = 3 mal 14 = 6 mal 7 – an der Grenze der sechsten Runde und am Eingang der siebten Runde.[20] Es sind die sieben Teile, in welche die alten Ägypter den Menschen einteilen. Die Zahl 7 ist nicht deshalb heilig, weil sie eine Siebenzahl ist, sondern weil sie darin das Weltgeheimnis erkannten. Es ist also kein Aberglaube.

Entwicklung ist ein fortwährendes Überwinden der Materie durch den Geist. Wie der Erdball früher keine Menschen getragen hat, jetzt aber Menschen darauf leben, so werden diese Menschen sich immer mehr entwickeln und zu immer größerer Geistigkeit fortschreiten.

Achtzehnter Vortrag

Das Matthäus-Evangelium und seine Beziehung zum ägyptischen und modernen Geistesleben

Berlin, 8. März 1902

Sehr verehrte Anwesende!

Das letzte Mal schloss ich mit der Hindeutung auf den Beginn des Matthäus-Evangeliums. Ich möchte heute an diese Bemerkung anknüpfen, dass das Matthäus-Evangelium mit der Zurückführung der Geburt Christi auf einen 42-gliedrigen Stammbaum beginnt.

Tatsächlich zeigt uns dieser Anfang des Matthäus-Evangeliums, wie die Wesenheit des Christus Jesus von denen aufgefasst worden ist, welchen Matthäus seine Anschauung über diese Wesenheit eigentlich entnommen hat. Die 42-gliedrige Vorfahrenreihe kann nur verstanden werden, wenn wir es dahin bringen, einzusehen, dass wir es mit der ägyptischen Anschauung von den 42 Totenrichtern zu tun haben, vor welchen der zu erscheinen hat, welcher zur Göttlichkeit aufsteigen will, welcher also «Osiris» werden will.

Dies ist ein Faktor auch in der Essäerlehre. Die Essäer kennen diese Reihe, welche durchgemacht werden muss. Auch nach der Anschauung der Essäer ist jeder Mensch, der auf dem Pfad der Gottwerdung ist, im Begriff, diese 42 Stufen zu durchlaufen – sie symbolisieren die 42

Durchgangspunkte. Wenn der Mensch dann bei der 43. Stufe angelangt ist, ist er bereits in den höheren Sphären, wo das Gottwerden schon beginnt, oder – wenn ich mich in ägyptischer Sprechweise ausdrücke – wo er Osiris wird. Dass es auch da noch Gliederungen gibt, das kann uns vorerst wenig interessieren.

Vor allem handelt es sich darum, dass der Mensch nun auf einer Stufe erscheint, in der er Osiris, ein göttliches Wesen ist. Ich habe gesagt, dass es sich da um Anschauungen handelt, die Matthäus einfach übernommen hat. Das geht daraus hervor, dass Matthäus von 3 mal 14 Vorfahren = 42 Vorfahren spricht.

Da er aber zuletzt nur 13 wirklich aufführt, so darf man annehmen, dass er sich wohl bewusst war, dass die Zahl 42 eine große Rolle spielt, dass er auf unbewusste (bewusste?) Weise die letzte Stufe ausgelassen hat. Wir haben weniger darauf zu sehen, wie die Sache im Einzelnen sich ausdrückt.

Wir haben es also bei Matthäus mit der Anschauung zu tun, dass der Mensch auf seinem Pfad 42 Stationen zu den Vorfahren hat und dass er, wenn er sie durchgemacht hat, in die Göttlichkeit eintritt.

Auf viele Leben können diese Stationen, diese Vorfahren verteilt sein. Aber erst derjenige, welcher 42 Stationen passiert hat, kann in die Welt eintreten als «Buddha» oder als «Christus» – es ist ganz dasselbe.

Auch Buddha hat dieselbe Vorfahrenreihe durchzumachen gehabt. Bei Buddha haben wir ebenfalls 6 mal 7 = 42 Stufen oder Verkörperungen. Es ist also so, dass wir nicht bloß eine tiefe Ähnlichkeit zwischen Jesus und Buddha zu verzeichnen haben, sondern dass wir auch in der transzendenten (geistigen) Jesus-Natur dasselbe vor uns haben, was in der Buddha-Natur ist.

Wir haben es zu tun mit einem Menschen auf höherer Entwicklungsstufe, welcher alle diejenigen Stadien durchgemacht hat, die man durchmacht, wenn man das Leben mit allen seinen Prüfungen überstanden hat und wenn man selbst eingetreten ist in das Stadium, wo man selbst «Totenrichter» sein kann.

Er wird wieder zurückkehren, um, nachdem er heruntergekommen ist, «zu richten die Lebendigen und die Toten». Er wird in das Reich der Totenrichter eingehen, er, der Jesus, der die 42-gliedrige Kette der Totenrichter durchlaufen hat. Es ist geradeso, wie es in der buddhistischen Legende steht, wo der Buddha 42 Stufen durchlaufen hat. Er ist dann eingetreten in das Stadium, wo er selbst «Gott» geworden ist.

Der Gott gewordene Mensch ist nun nicht mehr darauf angewiesen, durch die eherne Notwendigkeit der Glieder durchzugehen.[*] Er erscheint auf einen göttlichen Ratschluss hin. Darum wird uns bei Jesus und Buddha gesagt, dass sie durch göttlichen Ratschluss und nicht durch den Willen des (menschlichen) Vaters gesandt sind (vgl.

---

[*] Gemeint sind die Wesensglieder des Menschen: physischer Leib, Ätherleib, Astralleib und Ich. Jesus inkarniert sich nicht mehr nach dem individuellen Karma eines Menschen (Jesus), sondern nach der Weisheit und der Liebe des ihn durchdringenden göttlichen Wesens (Christus).

Johannes 1,13). Die einzelnen Glieder der Kette der Vorfahren sind nach der Weltordnung vor sich gegangen.

Wir haben es also mit einer Wesenheit zu tun – bei den Essäern mit einem «Christus» (Messias), bei den Buddhisten mit einem «Buddha» –, welche, nachdem sie alle Prüfungen, die durchzumachen sind, durchgemacht hat, unter den Menschen als *ein Gott gewordener Mensch* erscheint. Es ist uns damit nichts anderes gesagt als die Anschauungsweise der Ägypter und auch die der Buddhisten. Wir haben es also hier mit einem wirklichen Buddha und mit einem wirklichen Christus zu tun.

Das ist nur aus dieser Anschauungsweise zu begreifen. Man wird durch sie verstehen, wie Matthäus dazu gekommen ist, die (42-gliedrige) Vorfahrenkette und den natürlichen Stammbaum von Jesus nebeneinander zu stellen. Er sagt im 1. Kapitel, Vers 17: *«Alle Glieder von Abraham bis auf David sind vierzehn Glieder. Von David bis auf die Babylonische Gefangenschaft sind vierzehn Glieder. Von der Babylonischen Gefangenschaft bis auf Christus sind vierzehn Glieder.»*

Bis zum Vers 16 haben Sie den *natürlichen* Stammbaum des Jesus gegeben und unmittelbar hinterher wird Ihnen erzählt, wie Joseph vom Engel verkündigt wird, dass da eine *übernatürliche* Geburt zugrunde liegt und dass es sich darum handelt, dass Jesus durch den «Heiligen Geist» zur Welt kommt. Dies ist grobsinnlich gesehen ein vollständiger Widerspruch. Es ist jedoch eine Lehre, wo es sich darum handelt, die Wiederverkörperung einer Persönlichkeit anzudeuten, die schon ins Osiris-Stadium vorgedrungen ist. Eine solche Persönlichkeit erlebt eine *zweifache Geburt*.

Es ist ungeheuer schwierig, darüber zu sprechen. Für die Geisteswissenschaft,° für einen wirklichen Geisteswissenschaftler° ist dieses Schwierige elementar. Für diejenigen, welche schon etwas tiefer in die geisteswissenschaftlichen° Lehren eingedrungen sind, erscheint es begreiflich, wenn es heißt, auf der 42. Stufe angelangt zu sein. Für andere aber ist das ganz unverständlich.

Vielleicht darf ich mich dadurch verständlich machen, dass ich einen Weg andeute, den fast jeder modern denkende Mensch wird jedenfalls gehen müssen, wenn er aus den modernsten Anschauungen in die Geisteswissenschaft° hineinkommen will. Dieser Weg wirft ein gewichtiges Licht auf all diese Dinge.

Wir müssen tatsächlich sagen, dass es für das Abendland, wenigstens für unsere europäische Bildung, keinen einleuchtenderen Weg gibt, zu denjenigen Dingen zu kommen, die wir hier in so schwer verständlicher Weise ausgesprochen finden, als den aus der *Naturwissenschaft* heraus. Das ist auch der Weg, der zu demselben führt, was dem zugrunde liegt, woraus Matthäus geschöpft hat. Ich bin überzeugt, dass mehr als alle abendländischen Religionen dazu imstande sind, dieser Weg zum Ziel führen wird – denn die naturwissenschaftlichen Lehren müssen in die Geisteswissenschaft° einmünden.

Nur mit ein paar Schlaglichtern möchte ich den Weg

beleuchten, welchen die Naturwissenschaft nehmen wird, um aus sich selbst heraus dort anzulangen, wo die Geisteswissenschaft° steht, wenn sie aus alten Weisheitslehren schöpft.

Wir dürfen nicht ganz pessimistisch in die Entwicklung unseres abendländischen Geisteslebens hineinblicken, auch wenn wir sehen, wie von manchen die Religionsbekenntnisse missachtet werden, auch wenn wir sehen, wie dilettantisch die neuesten Erscheinungen sind. Das ist deshalb so, weil sie keine Ahnung davon haben, was esoterisch in diesen Schriften steht. Erst vor einem Jahr erschien eine ausführliche Besprechung des Messias-Bewusstseins, von Wrede[21] – nicht August Wrede.

Vorher konnte man ja pessimistisch sein. Aber die Wissenschaft kann nicht mehr anders als dort einmünden, wohin die Geisteswissenschaft° die abendländische Menschheit zu bringen sucht.

Es ist dies nicht gar zu schwer zu sagen. Aber um den Gedanken völlig durchzuführen, um sich damit ganz zu durchdringen, um seine ganze Tragweite zu verstehen – da, wo er hineinleuchtet in das ganze Geistesleben, wo er uns nicht mehr loslässt, wenn wir ihn einmal gefasst haben –, dazu ist es nötig, an den naturwissenschaftlichen Vorstellungen gelitten zu haben, sie selbst als Bekenner herumgetragen zu haben. Dazu ist vielleicht eine Umstellung notwendig, ein Metamorphosen-Prozess für den, der mit Gemüt durch die Naturwissenschaft unserer Tage hindurchgeht, aber ohne sich in diesen Materialismus völlig zu verfangen.

Wer dem Materialismus gegenübergestanden hat und – wie Goethe zu sehen wusste – mit geistigen Augen sieht, wer diese Mysterien in ihrer vollen Tragweite zu sehen und zu verstehen vermag, der wird doch, auch wenn er namentlich die Naturwissenschaften des letzten Jahrzehnts betrachtet, keine pessimistischen Anschauungen hegen können.

Mit der Naturwissenschaft habe ich persönlich die besten Erfahrungen gemacht. Ich habe im Jahr 1889 einen Aufsatz geschrieben, in dem ich ausgesprochen habe, dass nach unseren naturwissenschaftlichen Ergebnissen die Begriffe von Stoff, Materie und Kraft in jener nüchternen, geistlosen Auffassung von Kraft und Stoff, wie sie bei Büchner, Strauß und so weiter vorliegen, nicht einmal naturwissenschaftlich klar sind.

Wer die Tatsachen der Natur wissenschaftlich durchdringt, der kommt zu dem Ergebnis – unmittelbar als Ergebnis –, dass die Naturwissenschaft uns den Beweis liefert, dass es keinen Stoff gibt, sondern dass alles, was wir Stoff nennen, nichts anderes ist als eine andere Form des Geistes. Der Stoff ist nur eine scheinbare, in einer gewissen Art und Weise sich ausprägende Form des Geistes. *Die Welt ist Geist* – das wird unser Bekenntnis werden müssen.

Zu dieser Erkenntnis kommt derjenige, der mit den Augen des Geistes die Naturwissenschaft zu betrachten versteht. Dazumal habe ich ausgesprochen, dass das, was die Naturforscher als «Stoff» sich vorgestellt haben, nicht existiert, dass Stoff nichts anderes ist als die niederste Manifestation, die niederste Form des Geistes, und dass die

Naturwissenschaft selbst zu dieser Erkenntnis kommen wird. Bald danach ist, bei der breit zersplitterten Literatur der Naturwissenschaft, ein Naturforscher mit einer Arbeit hervorgetreten, in welcher er fast mit denselben Worten genau dieselbe Sache ausgesprochen hat wie ich.

Wer sich darüber klar ist, dass die Wissenschaft nur ein Faktor im Geistesleben, nur ein Teil des Geisteslebens sein kann, der muss erfreut sein, wenn ein Chemiker kommt, der erklärt, dass das, was man als Stoff angesehen hat, naturwissenschaftlich nicht zu rechtfertigen ist, solange der Stoff als Träger der Naturwissenschaft gilt.

Ernst Haeckel konnte sich leider nicht durchwinden, um das aufzunehmen, was aus unserer Naturwissenschaft ersprießt. Es ist zweifellos, dass wir es nicht mehr mit der alten Stofflehre zu tun haben. Nur wird der Chemiker und auch der Physiker sagen, er habe es mit «Energien» zu tun, er habe nur mit Kraftäußerungen zu tun. Der andere aber sieht darin Geist.

Die Naturwissenschaft wird ihren Weg gehen, um zuletzt sich zu der Anschauung zu erheben, dass auch das, was einem scheinbar stofflichen Vorgang zugrunde liegt, nichts anderes ist als das, was den indischen Weisheitslehren zugrunde liegt: Dass es nichts anderes ist als das, was den Logos materialisiert.

Pessimismus haftet uns heute nicht mehr an: Die Naturwissenschaft hat uns ein großes Gut einverleibt, nämlich die *Idee der Entwicklung*. Die Naturwissenschaft hat diese Idee für sich auf dem Gebiet der Biologie wieder entdeckt. Sie hat da ein spezielles Kapitel in der Weise behandelt, in der die Geisteswissenschaftler aller Zeiten die Geistwesen betrachtet haben. Sie hat die Lebewesen aus dem Gesichtspunkt der Entwicklung betrachtet. Und worin besteht diese Entwicklung?

Sie brauchen nur die Anschauungen eines Naturforschers des achtzehnten und die eines des neunzehnten Jahrhunderts zusammenzustellen. Linné sagt, es sind so viele Pflanzen- und Tierarten auf der Erde, als ursprünglich durch soundso viele Schöpfungsakte geschaffen worden sind. Die Naturwissenschaftler des neunzehnten Jahrhunderts haben die nebeneinander stehenden Formen nacheinander, hintereinander, entstehen lassen. Was später entstanden ist, ist aus dem Früheren heraus entstanden.

Die Naturwissenschaft hat auf diese Weise «das Wunder» aus der Welt geschafft. Früher hatte man nur nebeneinander stehende Wunder. Die Geisteswissenschaft stand von jeher auf diesem Standpunkt, sie verwandelte alles Nebeneinander in ein Nacheinander. Wenn ein höheres Lebewesen auf ein früheres Lebensprodukt zurückführt, so sieht der, der es vom geistigen Standpunkt aus betrachtet, Entwicklungsstadien.

Der Mensch, der auf einer höheren Stufe angelangt ist, der einen höheren Vollkommenheitsgrad erlangt hat, hat dies nicht durch eine vom Himmel gefallene Genialität. Das Genie, von dem diejenigen am meisten sprechen, die nicht wissen, was es ist, ist nichts anderes als das auf die Naturwissenschaft übertragene «Wunder». Die Naturwissenschaft hat diesen Begriff, der heute noch immer, namentlich bei den so genannten Ästhetikern, im Gebrauch ist, auf ihrem

Gebiet längst beiseite gelegt, längst zu den Akten geworfen.

Die Geisteswissenschaft hat *das Genie* nie als Wunder angesehen, sondern als eine höhere Entwicklungsstufe. Sie hat darin nichts anderes als eine Persönlichkeit gesehen, die genau dasselbe durchgemacht hat wie jede andere Individualität. Nur hat sie das, was eine andere Individualität in diesem Zeitraum durchmacht, in einer früheren Entwicklungsstufe durchgemacht.

Das, was heute für mich Erfahrung ist, was heute in mir sich aufspeichert, das erscheint in mir später als etwas Selbstverständliches, als das reife Produkt, scheinbar wie ein «Wunder». Es ist aber nur das, was ich mir (früher) erworben habe. Ich habe lange üben müssen, bis ich mir, sagen wir, einen Handgriff aneignete, den ich dann unbewusst vollziehe. Ich habe ebenso jahrelang lernen müssen, um Mathematik zu erfassen. Wenn ich den Begriff aber einmal habe, dann ist er mir bald auch Gewohnheit geworden. Das ist Geisteswissenschaft.

Übertragen Sie das auf das große Weltganze, auf das große Weltgeschehen. Was Sie als Erfahrung aufgenommen haben, erscheint wieder als das, was auf einer höheren Stufe erscheint. So können wir die mannigfaltigsten Erfahrungen des Lebens und der Naturwissenschaft durch geistige Einsicht und Vertiefung erklären und für die Geisteswissenschaft fruchtbar machen.

Durch die Gegenüberstellung von zwei Persönlichkeiten werden Sie sehen, dass es für eine große Anzahl von Dingen und Erscheinungen des gewöhnlichen Lebens eine *geistgemäße Erklärung* gibt, und dass wir es dabei im

Grunde genommen nicht mit etwas anderem als mit Aufmerksamkeit und einem geistigen Erfassen zu tun haben. So können Sie in naturwissenschaftlichen Büchern die Ansätze zur Geisteswissenschaft° sehen.

Nehmen Sie vielleicht ein Elementarbuch der Naturwissenschaft – wie zum Beispiel eine Anthropologie – zur Hand, in dem klargelegt ist, wie die einzelnen Organismen sich entwickelt haben. Da wird uns erzählt, wie zuerst die untersten Stufen der Organisation sich entwickelt haben. Dann kommt man zum Tier, zum Affen und zum Menschen. Auch Haeckel hat über diese Dinge geschrieben. Er hat aber etwas dabei vergessen, er hat vergessen, den Unterschied zwischen einem mehr und einem weniger entwickelten Menschen zu machen.[22]

Sie können also die Anthropologie für den Geist weiterschreiben. Sie können überhaupt das, was der Naturforscher unternimmt, auf das Geistige übertragen. Es gibt ja unzählige Grade (der Entwicklung auch) im geistigen Leben. Wenn man dies betrachtet, dann wird es einem klar, um was es sich handelt.

Goethe und Schiller sind die zwei Persönlichkeiten, die ich meine. Sie besuchten eine Versammlung von Naturforschern in Jena. Batsch hatte eine Vorlesung gehalten, die aber Schiller und Goethe wenig befriedigte. Im Grunde genommen fehlte darin für Schiller und Goethe «das geistige Band», der große Überblick. Das hat Schiller verspürt, und als er mit Goethe aus der Versammlung herausging, da sagte er: «Es ist trostlos, so Pflanze an Pflanze nebeneinander gereiht zu bekommen, ohne einen

Überblick über das Ganze zu sehen. Es muss doch in allen Pflanzen etwas Gemeinsames sein».

Goethe antwortete ihm darauf, indem er von der «Urpflanze» sprach, von der alle anderen (alle Pflanzen) nur besondere Ausgestaltungen sind. Dann sagte er: «Das kann man aber noch anders deutlich machen» – nahm seinen Bleistift und zeichnete mit ein paar Strichen die «Urpflanze» auf, indem er bemerkte: «Es gibt diese nicht, aber in jeder Pflanze kann man diese Urpflanze erkennen.» «Ja», sagte Schiller darauf, «das ist aber keine Erfahrung, das ist eine Idee. Das kann man nur erreichen, wenn man alle Pflanzen durchgeht und untersucht, was sie gemeinschaftlich haben. Dann bekommt man die allgemeine Idee heraus.» «Wenn das eine Idee ist», erwiderte darauf Goethe, «dann sehe ich meine Ideen mit Augen!»

Goethe brauchte in der Tat nicht alle Pflanzen zu kennen. Er brauchte nur das Wesentliche in den einzelnen Pflanzen zu «sehen». Er sah den Geist, das Wahre der Pflanze. Schiller hat ganz Recht von seinem Standpunkt aus, wenn er sagt, dass es eine Idee war. Und Goethe hat auch Recht, wenn er sagt, dass er diese Idee sieht, die Sache mit einem Blick überschaut. Er steht auf einer höheren Stufe.

Das ist auch das, was Schiller neidlos anerkannt hat. Aus den Briefen Schillers ist das zu entnehmen, wo er Goethes Natur in großartiger Weise beschrieben hat. Wir können daran sehen, dass auch ein solcher Geist seine Arbeit durchmachen musste. Sie können das am ganzen goetheschen Leben studieren. Es war seine ganze Auffassung so geartet, den Geist in der Natur zu sehen. Ein siebenjähriger Knabe macht sonst nicht das, was Goethe in diesem Alter gemacht hat.

Die Verkörperung Goethes ist eine weitere, eine höhere Entwicklungsstufe, die Schiller erst noch am Leben Goethes durchmachen musste. Der siebenjährige Goethe nimmt die Steine aus der Mineraliensammlung (des Vaters) und baut sich damit auf dem Musikpult einen Altar. Er nimmt ein Räucherkerzchen und bringt es beim Scheinen der Sonne durch ein Brennglas zur Entzündung, weil er so seinen Gottesdienst darbringen will.

Warum sieht Goethe die Idee der Urpflanze und Schiller nicht? Entweder sehen wir das Geistige nicht in derselben Weise (wissenschaftlich, entwicklungsmäßig), oder aber wir müssen unbedingt unsere Naturanschauung auch auf das Geistige ausdehnen. Dann kommen wir zu jener *geistigen Entwicklung*, die ein Inhalt (der Geisteswissenschaft) aller Zeiten ist.

Denjenigen, die die geisteswissenschaftliche° Literatur kennen, brauche ich nicht zu sagen, dass die geisteswissenschaftlichen° Autoren in genau derselben Weise uns (nicht) «Wunder» darstellen wie die Naturwissenschaft des neunzehnten Jahrhunderts uns die einzelnen Pflanzen und Tiere und ihre Gattungen als (keine) «Wunder» darstellt. Durch die Fähigkeit, das Geistige ebenso zu beurteilen wie das Physische, sind die Anschauungen der fortentwickelten Naturwissenschaft des neunzehnten Jahrhunderts auf den geisteswissenschaftlichen° Standpunkt übergegangen. Es handelt sich hier darum, das Geistige in derselben Weise beurteilen zu können wie das Physische.

Es ist zweifellos, dass bei einem konsequenten Denken und wenn die Naturwissenschaften durch jüngere Kräfte ergänzt werden, wie das auf dem Gebiet der Chemie bereits geschehen ist, aus der Natur-Wissenschaft heraus eine *Geistes-Wissenschaft* sich anbahnen wird. Wer naturwissenschaftlich denkt und den inneren Mut hat, diese *naturwissenschaftliche Denkweise auf die geistige Welt auszudehnen* und nach Erweckung der geistigen Sinnesorgane sie (die geistige Welt) zu beobachten, der muss von der Naturwissenschaft zur Geisteswissenschaft° und ihren Anschauungen hinübergeführt werden.

Wenden wir uns nun wieder zu der Anschauung des Matthäus über die Persönlichkeit, die Wesenheit des Jesus. Wir haben es da mit der Anschauung zu tun, welche Jesus als eine Persönlichkeit ansieht, die hervorgegangen ist nach Erlangung der größtmöglichen Zahl von Wiederverkörperungen.

Sie ist eine auf der höchstmöglichen Stufe der Entwicklung angelangte Persönlichkeit, welche alles dasjenige, wozu andere Persönlichkeiten erst auf dem Weg sind, als eine fertige Anlage mit zur Welt bringt. Aus der wird das schon herausgeboren, was andere sich erst erkämpfen müssen. Dasjenige, was als Geistiges auftritt, wenn der Übergang von der 42. auf die 43. Station stattfindet, das ist das Angelangen beim *Übergehen des Menschlichen in das Göttliche.*

Wie das rein Physische und Chemische in dem Organismus eine höhere Beschaffenheit und Anschauung hat, so hat auch das Menschliche auf der Stufe der Göttlichkeit eine höhere Beschaffenheit und Anschauung. Der physische Körper, die physische Organisation ist nicht mehr das, was sie war. Was sie (jetzt) ist, verschwindet gegenüber dem geistigen Vorgang. Es ist tatsächlich so, dass sie eine metaphysische, transzendente Vergangenheit in sich hat. Sie ist – ebenso wie sie aus dem Fleisch geboren ist – *aus dem Göttlichen heraus geboren.*

Wir müssen uns klar darüber sein, dass hier eine neue, höhere Entwicklungsstufe der Materialität erreicht ist und dass das Materielle selbst sich zu einer höheren Stufe vergeistigt hat. So dass wir es nicht mit einer Geburt aus dem Physischen heraus zu tun haben, sondern mit einem Aufnehmen der physischen Geburt durch höhere göttliche Mächte.

Wir haben es also mit einem unmittelbaren Hervorgehen aus der Urmaterie zu tun, die erst in dem Moment weltlich wird, wo die Geburt eintritt. Da geht diese Urmaterie, die noch nicht verkörpert war, die noch im reinen Geistigen beschlossen war, erst in das Materielle über. Wir haben es also im 43. Grad, auf der 43. Station, mit einem Herausgeborenwerden aus der Urmaterie zu tun, die noch nicht die Verbindung mit der physischen Materie eingegangen ist.

Dies bezeichnet die alte Lehre: Bei den Ägyptern wird von der Geburt des Horus gesagt, dass das Auge des Osiris über der Isis leuchtete, dass also eine *rein geistige Geburt* sich vollzieht. In der Geburt des Horus haben Sie die Geburt des Gottes *aus der noch jungfräulichen Materie heraus.*

Wenn wir zurückgehen zu dem ägyptischen Mythos, so haben wir es mit drei ewigen großen Symbolen zu tun, mit dem, was wir bezeichnen mit dem Vater, der Mutter und dem Kind. Dieses Nebeneinanderstehen von Osiris, Isis und Horus ist das ursprüngliche Symbol.

Am christlichen Kreuz ist das Kind geblieben. Das Materielle ist auf der einen Seite zum bloß «Bösen» geworden, das Vaterprinzip auf der anderen Seite zum bloß «Guten». Auf Golgotha sehen wir das also in den drei Kreuzen symbolisiert: Links haben wir das Böse, rechts das Gute und in der Mitte das Kind. Das Symbol hat sich umgestaltet, ist zu etwas anderem geworden.

Nun komme ich zu einer ganz wichtigen Sache. Das Auffällige, das uns da entgegentritt, ist das Folgende: Wir können im christlichen Mythos der ersten Zeiten noch die Herkunft des christlichen Symbols aus dem ägyptischen Symbol nachweisen. Ich möchte Sie aber darauf aufmerksam machen, dass in der ganzen zeitgenössischen übrigen Literatur außer in den Evangelien selbst – obgleich dieser Mythos in der verschiedensten Weise besprochen wird, auch bei jüdischen Mystikern besprochen wird – wir eines nicht finden, was wir tatsächlich nur bei Matthäus und Lukas finden, nämlich den «Heiligen Geist». Dies ist etwas, was tatsächlich nicht vorhanden ist, das kommt hinzu.

Dieser *Heilige Geist* ist nichts anderes als die verwandelte Isis. Dies ist dadurch gekommen, dass die eigentliche jungfräuliche Geburt – die im Osiris-Mythos noch unvermittelt ist – durch die wirkliche, natürliche Geburt ersetzt wurde. Gott-Vater hat durch seinen magischen Einfluss diese jungfräuliche Geburt so bewirkt, dass diese Geburt auf der einen Seite durch den Vater vermittelt ist, auf der anderen Seite durch den Heiligen Geist, der jetzt der Stellvertreter des (Gott-)Vaters ist.

Diesen Heiligen Geist treffen wir in der ersten Zeit des Christentums drüben, wo die christliche Anschauungsweise entsteht. Wir können daher sagen: Weil der Heilige Geist erst im Christentum auftritt, so haben wir darin eine Spaltung des ursprünglich weiblichen Prinzips des Weltsymbols zu sehen.

Wir haben einen («Heiligen») Geist, der dem Kind den Ursprung gibt. Dieser Ursprung aus dem göttlichen (Stamm-)Baum entstand innerhalb der Essäergemeinde, wo man tatsächlich auf dem Standpunkt der Askese gestanden hat, wo man in dem Geschlechtlichen schon etwas Böses an sich gesehen hat – nicht so wie im alten Ägyptertum. Da war es unmöglich geworden, das Weibliche in der Weise aufzufassen, wie es beim Osiris-Dienst der Ägypter der Fall war. Da wurde das Überstrahlen der Isis durch Osiris in die *Überschattung durch den Heiligen Geist* umgestaltet.

Dies ist ein Aushilfsmittel, durch welches sich die alte ägyptische Lehre in die christliche umgestaltet hat. Wir konnten somit sehen, dass wir es tatsächlich mit derselben Anschauungsweise zu tun haben. Die christliche Anschauung sieht in der Christus-Persönlichkeit einen vergöttlichten Menschen in genau derselben Weise, wie der Mysterienkult immer wieder diese vergötterten oder vergöttlichten Menschen gesehen hat.

Was für Lehren mögen dieser ganzen Anschauungsweise zugrunde gelegen haben? Wer die Evangelien wirklich zu lesen vermag, der sieht in ihnen geradezu nichts anderes als einen, ich möchte sagen, ausführlicheren Bericht des Rituals, welches dazu bestimmt war, die Mysten in die Mysterien einzuweihen.

Und wenn wir uns vergegenwärtigen, worum es sich bei der Einweihung handelt, wenn wir uns klar werden wollen, was ein solcher Myste erreichen wollte, erreichen sollte – warum er, der Einzuweihende, der Myste, auf ein Kreuz gelegt worden ist, warum er in einen todähnlichen Zustand versetzt worden ist –, so müssen wir uns daran erinnern, dass es sich um die Erweckung einer höheren Lebenskraft handelte, dass es sich darum handelte, ihn am dritten Tag wieder zum «Auferstehen» zu bringen.

Und wenn wir uns fragen, wodurch die Einweihung für die Mysten vollzogen worden ist, so müssen wir uns sagen: Es handelt sich darum, dass die mystische Anschauung sich klar darüber war, dass der einzelne Mensch den ganzen Schöpfungsprozess in seinem eigenen Leib durchzumachen hat. Das wurde als eine Rückkehr zur Gottheit, als eine fortwährende Vergottung der Welt dargestellt.

Die Materie ist dasjenige, in was der Geist sich ausgießt, um auf dem Umweg durch die Materie hindurch wieder zur Göttlichkeit zu kommen, zurückzukommen – um als «Seele» das zu sein, was er ursprünglich als «Geist» war. Da bekommen wir den Weg.

Der Myste soll in sich die Materie so weit zum Absterben bringen, dass nicht mehr die Materie in ihm das

Herrschende ist. Es sollte seine Seele «wieder geboren» werden, so dass auch sein materieller Leib auf eine höhere Stufe zu stehen kommt. Beide sollten auf höheren Stufen vergeistigt werden.

Nicht eine höhere wissenschaftliche Durchbildung war es, was für den Mysten angestrebt wurde, sondern es handelte sich für ihn darum, die Materie zu vergeistigen, die Materie um eine Entwicklungsstufe weiterzubringen. Alles, was der Myste durchzumachen hatte, hatte zum Ziel das Auferstehen mit einem «geistigen Leib», mit einem wieder geborenen Leib.[23]

Diesen Weg des Zurückkehrens der Seele zu der Gottheit musste der Myste durchmachen. Es wurde ihm auch klargemacht, dass er das, was er durchmacht, nicht für sich durchmacht, sondern als Teil des großen Weltalls, das in ihm einen Grad der Entwicklung durchmacht. Wir wissen, es wird uns der ganze Vorgang bei der Einweihung so geschildert, dass wenn am dritten Tag die Sonne den Mysten erweckt, der Donner rollt – so wie es bei der Auferstehung des Christus Jesus war. Diese Ereignisse werden uns als Bestandteile des mystischen Prozesses erzählt.

Dem Mysten sollte damit klargemacht werden, dass der eigene (Entwicklungs-)Prozess seine Begründung im kosmischen Weltprozess hat, dass der Gott mit Hilfe des Schöpferwortes, des Logos, den Weltprozess vollzogen hat, dass er selbst (der Myste) dieser Gott ist, und dass der Weltprozess in Realität, in Wirklichkeit, in dem Mysten vollzogen wird – dass der Prozess, welchen der Mensch durchzumachen hat, wie der Weltprozess ist.*

Der Weltprozess ist gleichbedeutend mit der Beschreibung des Weges, den die mystische Individualität durchzumachen hat. Das war ein wichtiger Teil – nicht nur bei den Ägyptern – von dem, was den Mysten zuerst vorgeführt und dann «in Fleisch und Blut» übergegangen ist.

Nehmen Sie zusammen, was einzeln mitgeteilt wird, was wir aber zusammenhalten müssen. Nehmen Sie den ganzen Parallelismus zwischen den Evangelien und dem Alten Testament, dann werden Sie, wenn Sie die Sache so verfolgen, in der Tat sehen können, dass die gläubigen Bekenner des Christentums (noch) in den späteren Jahrhunderten tatsächlich Spuren davon hatten, dass der menschliche Prozess der große kosmologische Weltprozess ist.

An manchen Stellen der *Bekenntnisse* des heiligen Augustinus finden Sie solche Spuren und Hinweise. Sie sind vielleicht nicht ganz klar, aber er zeigt, dass in den einzelnen Vorgängen des Christus – wie Geburt, Verklärung, Himmelfahrt und so weiter – er nichts anderes vor sich hat, als eine Wiederholung des kosmischen Prozesses.

So sagt er an einer Stelle: «Gott schuf auch den Christus unserer Erde. Unsere Erde war wüst und leer. Es lastete Unwissenheit über uns. Wir verließen unsere Finsternis und wandten uns zu dir. Wir waren einst Finsternis, jetzt aber sind wir Licht im Herrn».[24] Er beschreibt die Auferstehung des Jesus Christus mit den Worten der Genesis.

---

* So in Rudolf Steiners *Geheimwissenschaft im Umriß*, wo die Entwicklung des Menschen und die der Welt ein und dasselbe sind.

Hier war also noch das Bewusstsein von dem vorhanden, was in den Mysterien selbst war.

In den Mysterien gab es keinen Unterschied zwischen dem Prozess, dem sich der Myste zu unterziehen hatte, und dem kosmischen Prozess. Deshalb war auch jedes Ritual in derselben Weise wie die Beschreibung der Weltschöpfung abgefasst. Wir würden, wenn wir die Beschreibung des Pfades der ägyptischen Mysten innerhalb der ägyptischen Lehre vergleichen könnten, sehen, dass es ein und dasselbe ist wie der kosmische Entwicklungsprozess. Es ist, ins Mikrokosmische übersetzt das, was sich im Makrokosmischen vollzogen hat.

Ich möchte darauf aufmerksam machen, dass in der Tat nicht nur bei Augustinus solche Spuren zu finden sind. Wir finden sie auch durchaus bei anderen Kirchenlehrern, wenn sie uns das Leben Jesu beschreiben. Wir müssen da allerdings zurückgehen in das vierte Jahrhundert, wo die Beschreibungen noch flüssiger waren. Wir müssen sogar zurückgehen in das dritte und zweite Jahrhundert. Wenn wir da Beschreibungen lesen oder hören, welche von dem ganzen Werdegang im Leben (Jesu) gemacht werden, wenn wir von der Auferstehung und Himmelfahrt erzählen hören, dann hört sich das für denjenigen, der diese Dinge zu beurteilen vermag, so an wie die Übersetzung des Mysterien-Einweihungsprozesses.

Es ist ja an den Evangelien, die später maßgebend wurden und in denen man die Anschauungsweise kristallisiert, festgemacht hat, nachher nichts mehr zu deuten. *Eusebius* war noch Myste.[25]

Ich meine also, wenn wir die Evangelien uns vornehmen, so werden wir an dem Stil noch sehen können, dass etwas von diesen alten Einrichtungen, von der Übereinstimmung zwischen dem kosmologischen Prozess und dem Initiations- oder Einweihungsprozess zurückgeblieben ist.

Nehmen Sie das Johannes-Evangelium: Was ist es anderes als ein Verrat des Mystischen (?) – in Stil und Anlage nichts anderes als individualisierte Kosmogonie. «Im Anfang war das Wort und das Wort war bei Gott» und so weiter.

Dieser Anfang des Johannes-Evangeliums fängt genauso an wie die Genesis. Wir haben es da mit einer «Genesis» (Geburt, Schöpfung) zu tun. Diese Erscheinungen zeigen uns direkt die deutlichen Spuren davon, dass wir es tatsächlich in den Evangelien mit Einweihungsschriften zu tun haben – die es aber in dem ersten Jahrhundert der christlichen Zeitrechnung noch nicht gegeben hat. Es war damals nur Tradition (Überlieferung durch Bürgschaft) vorhanden. Die Evangelien verdanken wir im Wesentlichen dem zweiten Jahrhundert.

Wenn wir das alles zusammenhalten, so werden wir selbst in den Evangelien sehen, wie diese Spur von der Übereinstimmung der kosmogonischen mit der individuellen Entwicklung noch vorhanden ist. Es kann eine solche Sache, wie sie im Matthäus-Evangelium angeführt wird, gar nicht begriffen werden, wenn sie nicht geisteswissenschaftlich gedeutet wird, wenn darin nicht dasselbe gesehen wird, was die Buddhisten in 42 Stufen durchgemacht haben. Wir werden von Gott absorbiert und wieder aus ihm heraus geboren.

Derjenige, welcher innerhalb des Essäertums diese Anschauungsweise entwickelt hat, die aus den ersten Lehren herausgetreten ist, muss von dieser Tatsache, bevor sie herausgetreten ist, tief durchdrungen gewesen sein. Ihm muss durch eine höhere Offenbarung klar vor Augen gestanden haben, was sich jeder andere Mensch erst mühsam zusammentragen muss. In einem einzigen großen Blick muss es ihm aufgegangen sein.

Nun haben wir in den Evangelien – und das ist die Frage, die ich noch aufwerfen muss – die Hindeutung darauf, dass wir es mit einer Persönlichkeit zu tun haben, welche in einem einzigen Blick alles dasjenige umspannt hat, was man als Lehren der Vergangenheit, als Ergebnis der Erfahrungen der Vergangenheit bezeichnen kann.

In einer einzigen Vision (in der Verklärung) haben wir den Inhalt im Evangelium. Und nun müssen wir fragen: Handelt es sich in diesem Zeitabschnitt um eine reale Wiedererneuerung des sonst im Symbol vorliegenden Weltmysteriums – dieses Weltmysteriums, das uns vorliegt in Vater, Mutter und Kind? Gibt es einen solchen Blick?

Ich glaube, dass es die ganze Persönlichkeit, die reale Persönlichkeit ist, welche dem zugrunde liegt, welche herausstrahlt und das Vergangene wie erneuert. Das scheint mir die Erscheinung auf dem heiligen Berg zu sein, die Erscheinung, die Jesus hatte, als er nur seine intimsten Jünger bei sich hatte – Petrus, Jakobus seinen Bruder und Johannes – und als Erscheinung Moses und Elias.

Wenn wir diese Erscheinung uns vergegenwärtigen, wenn wir sie so auffassen und ausdeuten, dann wird es uns klar, um was es sich hier handelt. Nur von dieser Erscheinung aus kommt man zu einem vollen Verständnis dessen, was diese Persönlichkeit ist, durch die das Christentum in die Welt gekommen ist. Wir können nun verstehen, was vorgegangen ist.

Und haben wir das verstanden, dann kommen wir zu einer mystischen Auffassung des Christentums. Das ist der wichtigste Moment – diese Vision –: wo tatsächlich der Gründer des Christentums nicht etwas Einzelnes ist, sondern etwas, in welchem das tiefste Mysterium des Daseins beschlossen ist, in welchem sich konzentriert die tiefste Erfahrung des Menschen.

Es ist unmöglich, da die Zeit zu weit vorgerückt ist, noch zu zeigen, was von da in den Lehren und in dem Leben Jesu ausgestrahlt wird. Wenn wir diese Erscheinung verstehen, wird sich uns das nötige Licht verbreiten.

Neunzehnter Vortrag

Darstellung des Initiationsprozesses: die Auferweckung des Lazarus

Berlin, 15. März 1902

Sehr verehrte Anwesende!

Unsere Aufgabe wird es sein, in den wenigen Stunden, die uns in diesem Winter noch verbleiben, so gut das geht, die mystischen Anschauungen der christlichen Zeit womöglich bis zu Scotus Erigena zu führen.

Von heute an haben wir noch sechs Stunden: 15., 22., 29. März, 4., 19., 26. April. Bis zum neunten Jahrhundert nach unserer Zeitrechnung hoffe ich vorwärts schreiten zu können und die Konsolidierung des Christentums zu berühren, als der heilige Augustinus die christliche Lehre vertiefte.

Wenn wir auf das zurückblicken, was wir in diesem Winter an uns haben vorüberziehen lassen, so waren es mystische Anschauungen, die sich im griechischen und ägyptischen Altertum vorbereitet haben.

Wir haben gesehen, dass die hervorragendsten der griechischen Philosophen aus dem geschöpft haben, was wir Mysterien genannt haben. Wir haben gesehen, dass die ganze griechische Sagenwelt eine mystisch vertiefte Erfahrung war – das heißt, dass dasjenige, was äußerlich vorgestellt wurde, in den Mysterien innerlich erlebt wurde.

Wir haben gesehen, wie diese mystischen Erlebnisse philosophisch in die Lehren des Heraklit und in die Lehren des Platon umgegossen worden sind. Und wir haben gesehen, wie bei den ägyptischen Priestern die praktische Seite ausgebildet worden ist, wie innerhalb der ägyptischen Priesterschaft ein Geheimpfad kultiviert (gepflegt) worden ist, durch welchen der Mensch schneller nach dem Ziel hingeführt werden konnte, als wenn er sich dem Schicksal überlässt und wartet, bis es kommt.

Die ägyptischen Mysterien und Mysterienpriester haben ihren Höhepunkt in der Initiation erreicht. Der Initiationsprozess gehörte auch den Kulten der indischen Religion an und wurde auch da vollzogen.

Der Prozess hat darin bestanden, dass das große *Osiris-Drama als Einweihungsprozess* an der einzelnen Persönlichkeit vollzogen worden ist. Die einzelne Persönlichkeit musste sich einem Vorgang unterwerfen, wodurch die Sinnlichkeit, das Leibliche, so weit gereinigt wurde, dass sie die Welt auf geistige Weise begreifen konnte.

Der Prozess wurde innerhalb der ägyptischen Priestermysterien so vollzogen, dass man denjenigen, welchen man für reif hielt, einer *Ätherisierung des Leibes* unterwerfen konnte, ihn in eine Art höhere Hypnose versetzte, ihn in einen Sarg, in ein Grab legte. Mit ausgestreckten Händen lag er da im mystischen Schlaf, aus dem er am dritten Tag erweckt werden sollte. Das Erwecken aus dem mystischen Schlaf wurde dadurch vollzogen, dass es durch die aufgehende Morgensonne geschah.

Jetzt hatte aber dieser ganze Vorgang auf ihn einen so großen Eindruck gemacht, dass er ein tatsächlich neues Leben führte, wenn er diesen Prozess durchgemacht hatte. Jetzt konnte er es verstehen, wenn die ägyptischen und indischen Weltanschauungen behaupten, dass das Irdische ein Nichts ist und dass die Sinnenwelt nichts mehr bedeutet. Goethes Worte dafür sind: «Stirb und werde».

Wer die mystischen Schriften studiert, wird dieses «Stirb und werde» öfters finden – da, wo das Geistige erwacht und das Niedere, das greiflich Wirkliche verdunstet. Das Niedere, Greifliche wird zum Nichtigen gegenüber dem Höheren, das in uns erwacht. Daher dieses mystische Bekenntnis in der verschiedensten Weise.

Wer mystische Schriften studiert, wird häufig diesen Ausdruck gefunden haben. So ist er zum Beispiel bei Jakob Böhme zu finden, der ihn in die Worte fasste: «Wer nicht stirbt, bevor er stirbt, der verdirbt, wenn er stirbt.» Für den, der dies nicht erreicht hat, ist die Sache so, dass er den Prozess auf höheren Ebenen oder in einem nächsten Leben durchmachen muss.

Dieser Initiationsprozess war es, welcher die Menschen hinaufläutern sollte zu ihrem Ziel, sie ein Stück weiterbringen sollte auf dem Weg zur Göttlichkeit. Der Mensch war dazu ausersehen, die grobsinnliche Welt in eine rein ätherische zu verwandeln.

Es wird uns gesagt, dass der Mensch dann einen «neuen Leib» angenommen hat, dass er mit einem neuen Leib begabt, dass er «verklärt» worden ist. Ein solcher Initiationsprozess wird uns so beschrieben, dass er unter gewaltigen Naturerscheinungen sich vollzog, dass es donnerte und blitzte. Dieser Prozess war es, der dem Menschen das Erlebnis, die Erkenntnis des Geistigen vermittelte. Wenn er dieses errungen hatte, dann sah er ein, dass nicht die Materie das Wirkliche ist, sondern das Geistige.

Wer ein mystisches Erleben durchgemacht hat, der wird uns dies an irgendeiner Stelle immer verraten.

Bei Goethes «Faust» möchte ich das zeigen. Sie werden bei ihm Anspielungen auf das «Morgenrot» finden. Sie brauchen nur nachzuschlagen die Stelle, wo Faust vor der Beschwörung des Erdgeistes die Worte spricht: *«Jetzt erst erkenn' ich, was der Weise spricht: ‹Die Geisterwelt ist nicht verschlossen; dein Sinn ist zu, dein Herz ist tot! Auf, bade, Schüler, unverdrossen die ird'sche Brust im Morgenrot!›»*. Das Morgenrot ist das Licht, woran der Initiierte wieder erwacht. Als Faust, in Lethes Flut gebadet, heraustritt, da sieht er wieder das Morgenrot.

Auch im «Prolog im Himmel» haben wir eine solche Stelle: *«Die Sonne tönt, nach alter Weise, in Brudersphären Wettgesang, und ihre vorgeschriebne Reise vollendet sie mit Donnergang»* und so weiter. Alle Dinge sind, so wie Goethe sich ausgedrückt hat, so zu nehmen, dass sie zunächst auch für den verständlich sind, der nicht in die Tiefen dringt. Aber der Eingeweihte wird sehen, dass dahinter noch etwas steckt – das sind Goethes eigene Worte.

Der Initiationsprozess ist es also, der uns im Christentum als Inhalt des christlichen Glaubensbekenntnisses vorliegt. Von hier aus müssen wir wieder eindringen. Wir werden dann sehen, dass wir gewisse Partien des Christentums nur so verstehen können.

Wenn wir das Matthäus-Evangelium aufschlagen, so werden uns gewisse Stellen nur von diesem geisteswissenschaftlichen Ausgangspunkt aus verständlich. Das letzte Mal schon habe ich gezeigt, wie die Essäer durch das Leben die Vertreter dieser Anschauung gewesen sind. Wir finden da die Lehre von der Nichtigkeit des Materiellen. Wenn wir das, was uns über die Essäer übermittelt ist, zu lesen verstehen, dann finden wir, dass sich durch das Essäertum diese Geheimlehre in das Judentum hereinverpflanzt hat, dass der Mensch eine innere Vertiefung erfahren kann – und dass zu gleicher Zeit die Anschauung sich gebildet hat, dass sie durch den Initiationsprozess gefördert werden kann.

Fragen wir uns nun: Tritt uns auch im Neuen Testament der Initiationsprozess entgegen?

Wenn dies der Fall wäre, dann müssten wir uns sagen, dass wir es in Jesus von Nazareth mit einem Geheimlehrer zu tun haben, der es auf sich genommen hat, der in sich die hauptsächliche Sendung gesehen hat, *keinen Menschen mehr auszuschließen* – wenigstens von einer Ahnung dieses mystischen Prozesses –, der es nicht über sein Herz bringen konnte, die Tiefen dieser Wissenschaft nur geheim zu betreiben.

Nun wollen wir sehen, ob wir Spuren entdecken können, dass Jesus zu den so genannten Eingeweihten gehört hat.

Nach dem Matthäus-Evangelium, ohne Frage. Wir sehen, dass wir es zu tun haben mit einem auf höherer Stufe der Reinkarnation stehenden Menschen, mit einem «Buddha» oder «Christus».

Ein solcher aber konnte nach der ganzen Sache, um die es sich handelt, kein anderer als ein Mitglied der Essäer-Gemeinschaft sein. Er konnte auch kein anderer als ein solcher sein, der zu den Eingeweihten des Alten Testaments gehörte. Christus sah die Welt verschwinden gegenüber dem, was er als Vision sah – Visionen sind im Anfangsstadium keine Wirklichkeiten, es handelt sich da um den Inhalt, der in einer solchen Vision vermittelt wird.

Nehmen wir die Vision, die der Christus hatte mit Elias und Moses zur Seite, die ihn zur vollkommenen «Verklärung» brachte, wo nicht bloß er, sondern auch seine Kleidung verklärt wurde. Das war und ist die höchste Offenbarung, die einem Menschen zuteil werden kann – die Teilnahme an der Göttlichkeit selber. (vgl. Matthäus 17, 1-13; Markus 9,2-10; Lukas 9,28-36)

Von da an zeigte es sich auch klar, dass er nicht bloß ein Sendbote Gottes, sondern *ein inkarnierter Gott* war. Die essäische Anschauung macht es möglich, zu begreifen, dass der Mensch diese Stufe erringen kann.

Im Neuen Testament wird das ausgedrückt, wenn Christus den Jüngern zeigen will, was er durchlebt hat, was er sie ahnen lassen will, ahnen lassen muss, indem er sie darauf aufmerksam macht, dass sich das Göttliche wie ein Dieb in der Nacht einschleichen könnte: Der «Tag der

Auferstehung» (Johannes 11,24) wird erscheinen, eine Erweckung wird stattfinden. Dieses Bewusstsein will er in jedem Menschen erwecken.

Und dieses Bewusstsein zu erwecken, das war seine Sendung. Es war dasjenige, was die Essäer selbst wollten. Die Essäer wollten Einzelne zu Auserwählten machen. Auch Jesus war nur als einzelner Auserwählter dazu zu bringen, und nur denen, die den guten Willen hatten, konnte er den Pfad zeigen. Und dies konnte auch nur einer, der Eingeweihter unter den Eingeweihten war.

Wer das Schrifttum in den ersten christlichen Jahrhunderten verfolgt, namentlich der ersten Zeit, der wird sich über die Frage nach der «Unfehlbarkeit» klar werden. Da gab es schon damals die Möglichkeit verschiedener Auslegung bei den verschiedensten Persönlichkeiten. Das Wesen der Persönlichkeit Jesu konnte jeder nach seiner Art auslegen. Das ist begreiflich, wenn wir uns erinnern, dass wir es mit Menschen zu tun haben, die auf verschiedenen Stufen standen. Auch wenn wir die Gnostiker verfolgen, so finden wir, dass wir es dabei mit einer Geheimlehre zu tun haben – ebenso wie es bei den Mysten der Fall war.

Der Priester fühlte sich als Träger einer Geheimlehre. Er wusste, dass die Menschen nur stufenweise zu den Geheimlehren zu führen sind. Er wusste, dass er sie in einer Form zu geben hatte, dass jedem das Herz aufgehen konnte, dass aber trotzdem der Sinn übermittelt wurde. Wir können annehmen, dass der, welcher die Mitteilungen aufgeschrieben hat, auch den Sinn verstanden hat.

Jesus war außer ein großer Volksredner zugleich Geheimlehrer. Man braucht auch nur das Gleichnis zu haben, um in ihm eine höhere Wahrheit zu erkennen. Der aber, welcher das Gleichnis gab, konnte nur eine eingeweihte Persönlichkeit sein.

Die Gleichnisse haben ihren Ursprung aus dem Tiefsten der Weltseele heraus. Jesus hatte eine Einsicht in die Geheimnisse der geistigen Welt. Er wusste, um was es sich bei dem Initiationsprozess handelt. Er war ein solcher (Mensch), der durch die Offenbarung des eigenen Inneren die Geheimnisse der geistigen Welt erfahren, erleben konnte.

Dadurch, dass er auf der Stufe der vollkommenen Inkarnation stand, war er ein solcher, welcher selbst die Initiation vollziehen konnte und sie auch tatsächlich vollzogen hat.

Das ist etwas, was allerdings nur die mystische Lehre verstehen kann. Nur die mystische Lehre kann gewisse Partien der (Heiligen) Schrift in richtiger Weise lesen. Sie können die Stellen verfolgen: Es werden immer Rätsel bleiben, wenn man sie nicht im mystischen Sinne, im Zusammenhang mit dem ägyptischen Initiationsprozess begreift.

Jesus ist aus dem tiefen geistigen Boden der Essäer hervorgegangen, um im Sinne der Essäerweisheit zu wirken. Er konnte auch die Initiation so vollziehen, wie sie zweifelsohne zum Essäerkultus gehört hat. Da muss man aber das Evangelium zu lesen verstehen, und zwar bei «Johannes», der auch ein Eingeweihter war. Er erzählt es uns in sehr maskierter (verschleierter) Form.

Die, welche das Evangelium begriffen haben, werden immer den Punkt finden, sie werden den Punkt nämlich hervorgehoben finden, welcher die *Veranlassung zum Tod Jesu* gebildet haben muss.

Es ist das der Punkt, wo Renan[26] in ziemlich materialistischer Weise ein gewisses unbehagliches Gefühl bekommt, wo es der Kreuzigung zugeht und wo er sich nicht erklären kann, dass das wichtigste Wunder, die Auferweckung des Lazarus, so tief gewirkt haben soll, warum sie zusammengehangen haben mag mit der Kreuzigung Jesu.

Die Geschichte von der *Auferweckung des Lazarus* ist für denjenigen, der sie so nimmt, wie sie gegeben wird, nicht zu verstehen, sie ist exoterisch nicht zu verstehen.

Wer in der Auferweckung des Lazarus ein bloßes «Gleichnis» (Sinnbild) sehen wollte, der würde nicht zurechtkommen. Auch der nicht, der es in realistischer Darstellung auffasst, wie das mit dem Feigenbaum geschah. Der eine hat es als Gleichnis aufgefasst und erzählt, der andere, Markus, erzählt es als wirkliches Wunder.

Mit all diesen «Wundern» hat die Auferweckung des Lazarus nichts gemeinsam gehabt, welche zweifellos das wichtigste der Wunderwerke ist, welche Jesus vollzogen hat. Die Auferweckung des Lazarus kann nur verstanden werden, wenn sie esoterisch aufgefasst wird. Sie ist ein Initiationsvorgang, der uns in verhüllter Weise geschildert wird.

Wenn wir die Auferweckung des Lazarus vor uns haben und wissen, dass es sich um den Initiationsprozess handelt, der uns nur in etwas maskierter Weise erzählt wird, so haben wir darin auch den Grund, weshalb die Kommentatoren so schwül (unbehaglich) gestimmt sind von dem Augenblick an, wo dieser Initiationsprozess hinausgetragen wurde in alle Welt.

Er wurde ein großes Symbol.* Von jetzt an glaubte man an Jesus. Man wusste jetzt, um was es sich handelte – um einen großen Geheimlehrer, der aller Welt das «Evangelium» verkündigen wollte.

Nun wollen wir den Initiationsprozess selber betrachten. Solche Dinge verraten sich uns dadurch, dass Töne angeschlagen werden, welche mystische Symbole bedeuten. Und wenn man mystische Symbole zu verstehen weiß, wenn man gewohnt ist, mystische Schriften zu lesen, dann wird man darauf hingewiesen – wie ein Freimaurer darauf hingewiesen wird, dass er es mit einem anderen Freimaurer zu tun hat. Man wird darauf hingewiesen, wenn ein tief mystisches Thema angeschlagen wird, so wie wenn im Johannes-Evangelium die Auferweckung des Lazarus erzählt wird. (Johannes, Kap.11)

Er liegt an einer Krankheit darnieder. Sie bezieht sich (nicht?) nur auf sein vorhergegangenes Leben. Es ist der Initiationsprozess, der bei ihm von dem Christus selbst

---

* *«Er tut große Zeichen»*, heißt es in Johannes 11,47. Das größte aller Zeichen, aller geistigen «Wunder», ist die Einweihung selbst.

vorgenommen werden soll. Man hat es mit einem Kranken zu tun, der schon dem Tod verfallen ist – die Übersetzung ist nicht schlecht.

Es handelt sich dann aber auch darum, dass uns die zwei Schwestern *Maria und Martha* vorgeführt werden. Maria bedeutet nicht nur einen Eigennamen, «Maria» ist dasselbe wie «Maja» in der indischen Weltanschauung. Sie bedeutet nichts anderes als die Materie, die jungfräuliche Materie, in die der Geist sich ausgießen muss, um durch die verschiedenen Stufen der Verkörperung hindurchzugehen, durch die Stufen der anorganischen Natur, des pflanzlichen und tierischen Lebens – und des Menschen – zurück zur Göttlichkeit.

Diese Maria ist die Welt, aus der der Geist geboren werden muss als aus der noch nicht vermischten Materie.

Wir haben es also zu tun auf der einen Seite mit Maria und auf der anderen Seite mit ihrer Schwester Martha. Wir werden sehen, in welchem bedeutenden Gegensatz diese Schwestern zueinander stehen: *«Es geschah, dass sie wandelten. Da war ein Weib namens Martha. Sie nahm ihn auf in das Haus.»* (Lukas 10, 38)

Maria ist das Symbol für das materielle Dasein, für das, aus dem der Geist wieder herausgeboren werden muss. Und Martha ist diejenige, welche «Dienste leistet», welche den Geist weiterführt auf seiner Bahn. Sie ist die Schwester des Materiellen, das eigentliche Symbol des Geistigen.

So wie der Mensch zwischen dem Materiellen und dem Geistigen in der Schwebe wandelt, so wandelt Lazarus zwischen den beiden Schwestern, zwischen «seinen»

Schwestern. Maria war diejenige, welche den Herrn gesalbt und ihn mit ihren Haaren getrocknet hat. (vgl. Johannes 12,1-8; 11,2)

Das Ganze wird uns dann als eine Art von Krankengeschichte geschildert. «*Die Schwestern ließen ihm sagen: ‹Herr, siehe, der, den du lieb hast, der liegt krank.› Da Jesus das hörte, sprach er: ‹Die Krankheit ist nicht zum Tod, sondern zur Ehre Gottes.›*» (11,3-4)

Die Krankheit ist zum Gegenteil (des Todes), zum neuen Leben. Er will also den Initiationsprozess an Lazarus vollführen. «Zur Ehre Gottes» ist die Krankheit: auf dass der Mensch zur Göttlichkeit geführt wird.

«*Jesus aber hatte Martha und Maria lieb. Er blieb zwei Tage fort – da, wo er war.*» (11,5-6) Der Initiationsprozess hatte drei Tage zu dauern und am vierten Tag war der wie tot Schlafende aufzuwecken.

Dann sprach er zu den Jüngern: «*Lazarus, unser Freund, schläft*» – derjenige, den Jesus lieb hatte –, «*aber ich gehe hin, dass ich ihn aufwecke.*» (11,11) Die Jünger missverstanden das. Jesus sagte (dann), er schläft jenen «Schlaf», der durch den wirklichen Tod hindurchgeht: «*Lazarus ist gestorben*» (11,14) – den mystischen Tod hat er durchlebt. Thomas sprach zu den Jüngern: «*Lasst uns mitziehen, dass wir mit ihm sterben.*» (11,16) Vier Tage war Lazarus im Grab.

Ein solcher Geheimlehrer konnte natürlich von den jüdischen orthodoxen Lehrern nur verfolgt werden. Die ganze Erzählung ist, wie gesagt, maskiert, verhüllt. Sie bezeugt uns aber, dass wir es mit einem Initiationsprozess und mit der «Auferstehung» am vierten Tag zu tun haben. Wenn wir diese Geheimlehren verfolgen, wird uns klar, dass man in den ersten christlichen Jahrhunderten wusste, womit man es zu tun hatte.

Der, welcher mit dem «Initiationsprozess» eingeweiht war, war auch in die «Apokalypse» eingeweiht. Auch da wird uns in der verschiedensten Weise hinlänglich angedeutet, womit wir es zu tun haben. Wenn wir sie unter den jetzt geschaffenen Voraussetzungen lesen, wird uns wörtlich gesagt, dass wir es mit Christus als einem Initiator zu tun haben.

Das Tier ist die sinnliche Natur des Menschen. *«Ihre Leichname werden liegen auf der Straße.»* (Apokalypse 11,8) *«Und nach dreieinhalb Tagen fuhr der Geist in sie und sie traten auf ihre Füße.»* (Apokalypse 11,11) Hier haben Sie den Initiationsprozess in mehr dogmatischer Weise. Um auf eine (Einweihung in die) Apokalypse hinzuweisen, wird uns gesagt: *«Ich bin die Wurzel des Geschlechts David, der helle Morgenstern.»* (22,16)

Dies alles zu verstehen ist notwendig, wenn wir verstehen wollen, wie Jesus die Auferweckung des Lazarus, den Initiationsprozess, bewirkt hat. Wenn Sie sich das, was drum und dran hängt, vor Augen führen, dann werden Sie von selber sehen, dass es sich um nichts anderes handeln kann – schon nach der ganzen Stimmung, die rings um diesen Initiationsprozess sich ausbreitet.

Ich möchte noch einmal die Frage aufwerfen: Was war das schwerste Verbrechen nach den Anschauungen des jüdischen Gerichtshofs? Wir wissen es aus Andeutungen der griechischen Geschichte – aus Plutarch und so weiter –, welche ungeheure Schuld derjenige auf sich lud, der die Mysterien öffentlich machte.

Plutarch sagt, dass er sich hüten wird, etwas von den Mysterien öffentlich zu verraten. *Jesus war es, welcher sich zuerst die Anschauung bildete, dass in jedem Menschen diese Ahnungen erweckt werden müssen.* Die Juden konnten das nicht. Sie hatten das Gesetz, «den Glauben». Die Mysterien wurden als schlecht betrachtet, da den Menschen dadurch der Glaube genommen wurde. Das war das große Verbrechen: dass Jesus den Initiationsprozess öffentlich gelehrt hat.

Worauf kam es bei der Verurteilung hauptsächlich an? Man fragt, ob er eine Geheimlehre hätte. Er sagt, seine Lehre sei keine geheime Lehre, sondern es sei seine Aufgabe, sie vor aller Welt zu lehren. Er wurde ausdrücklich darüber vernommen, ob er seine Lehre vor aller Welt gelehrt hätte oder ob er das Mysterienhafte bewahrt hätte.[*]

Nach der Anschauung derjenigen, welche Jesus zu richten hatten, war es eine Art von Verräterei, dass er das

---

[*] *«Der Hohepriester befragte nun Jesus über seine Jünger und über seine Lehre. Jesus antwortete ihm: Ich habe frei und offen vor aller Welt geredet. Ich habe allezeit gelehrt in der Synagoge und im Tempel, wo alle Juden zusammenkommen, und habe nichts im Verborgenen geredet. Was fragst du mich? Frage die, die gehört haben, was ich zu ihnen geredet habe. Siehe, sie wissen, was ich gesagt habe.»* (Johannes 18,19-21)

mitgeteilt hatte, was den Menschen nach der Anschauung derjenigen, die ihn verurteilten, nicht hätte mitgeteilt werden dürfen.

So sehen wir, dass tatsächlich jenes Unbehagen, das bei verschiedenen Kommentatoren auftritt, einen tiefen Grund hat. Und wir sehen auch, dass nach «Johannes» bei der Auferweckung des Lazarus wir es in Jesus mit einem hervorragenden Initiator zu tun haben.[27]

Fragenbeantwortung

- Die Kirche hat den Initiationsprozess zum «Inspirationsprozess» gemacht. Dadurch hat die Kirche ihre Mission für die Jahrtausende möglich gemacht.
- Das Christentum ist eine Religion für die breite Masse und auch für die Eingeweihten.
- Die Mystiker sehen ein, dass die Offenbarung *in* ihnen ist. (vgl. Lukas 17,21)
- Wenn die Wissenschaft zu den Naturgesetzen vordringt, dann kommt auch eine Zeit, wo der Glaube nicht mehr wirksam ist – und sie (die Wissenschaft) schließlich auf das Geisteswissenschaftliche° zurückführt.
- Die Kirche sollte diese Arbeit der Initiation ausführen und den großen Massen zugänglich machen.
- Die Kirche kann nicht mehr die Geisteswissenschaft° verstehen, aber die Geisteswissenschaft° kann die Kirche verstehen.

- Im Judentum durfte nur das reine Gesetz gelehrt werden, obgleich im Talmud auch Geheimlehren enthalten sind.
- Was Christus von sich und seiner Mission sagt? «Ich weiß, dass du mich immer hörst, aber um des Volkes willen mache ich das.» (Johannes 11,42 – bei der Auferweckung des Lazarus)

Zwanzigster Vortrag

Die Apokalypse:
Entwicklung in christlicher Deutung

Berlin, 22. März 1902

Sehr verehrte Anwesende!
Wir haben das letzte Mal gesehen, dass der Initiationsprozess das Gegenbild der großen Weltlehren von der Entstehung des Kosmos im geistigen Sinn ist, dass eine strenge Entsprechung zwischen kleiner und großer Welt stattfindet, so dass wir geradezu sehen können, wie die Bilder der Genesis – welche es mit kosmologischen Anschauungen, mit Betrachtungen des Weltalls, zu tun haben – in der Geschichte des Erlösers (im Initiationsprozess) wiederkehren.

Die Persönlichkeit Christi ist in einer so entschiedenen Weise in den Mittelpunkt zu stellen, dass es nicht nur eine Folge des Messias-Bewusstseins Christi selber war, sondern dass es auch etwas war, was in der ganzen Zeit damals lag.

Die ganze Zeit hatte das Bedürfnis, eine Persönlichkeit, einen auf der Höhe der geistigen Entwicklung wieder geborenen Menschen in den Mittelpunkt der ganzen Weltbetrachtung zu stellen. So dass nicht nur bei denjenigen ein tief gehendes Bedürfnis da war, von denen die Gründung des Christentums ausging, sondern auch in dem Zeitgeist – in der Messias-Erwartung nicht nur des jüdischen Volkes, sondern auch der heidnischen Völker.

So war auch der Drang vorhanden, dieser Persönlichkeit gegenüberzustehen, sie zu sehen. Wir sehen, dass der eine oder der andere (Mensch) dafür gehalten werden kann. Das Heidentum hat in *Apollonius von Tyana* geradezu ein Gegenbild geschaffen. Er ist im Heidentum vielleicht eine so interessante Erscheinung wie Sokrates, Platon und so weiter. Aber er hat noch ein besonderes Interesse dadurch, dass tendenziös (parteiisch) eine heidnischmenschliche Gottheit geschaffen werden sollte, welche dem Christus gegenübergestellt werden sollte.

Es besteht aber ein deutlicher Unterschied zwischen der Gedankenwelt, welche sich an Christus, und derjenigen, welche sich an Apollonius von Tyana knüpft.

Apollonius wird mehr als ein von Gott geliebter Mensch angesehen. Im Grunde genommen ist es dieselbe Anschauung, die aus dem jüdischen Bewusstsein herauskam – ich möchte sagen, von der heidnischen Seite her gesehen. Während bei Christus mehr die Gottheit betont wird, wird bei Apollonius mehr gesagt, dass er ein bis zur Göttlichkeit gekommener Mensch ist, ein von Gott geliebter Mensch, nicht ein Gott.

Und dieser von Gott geliebte Mensch (Apollonius) erscheint uns nur als eine spätere Ausgestaltung des Sokrates, des Platon. Wie Platon zum Gott der Heilkunde, wie Sokrates zu Apollon, wie sie eine besondere Beziehung zu ihren Gottheiten gehabt haben, so auch Apollonius. Er war ein Heilkünstler, ein Weiser, und ebenso soll zu seinen Gaben die Prophetie gehört haben. Aus den pythagoräischen Ideen haben sich diese Vorstellungen gebildet. Wie diese im Volk fortlebten und mystische Vorbilder geheime (verborgene) Nachfolger hatten, so stellte man sich in Apollonius einen wieder geborenen Platon vor, einen Heiland.

Von Apollonius wird uns erzählt, dass er weite Reisen gemacht hat, auf denen er weniger seine eigene Weisheit zu bereichern suchte – die ihm ja zur Verfügung stand, da er auf einer höheren Stufe der Reinkarnation stand –, als die verschiedenen Religionen durch ein geistiges Band zu verbinden. Es wird ihm eine kosmopolitische Reformationstätigkeit zugeschrieben. Bei den Indern soll er gewesen sein, bei persischen Magiern und ägyptischen Priestern.

Bei den indischen Weisen wurde er sogleich als eine vergöttlichte Persönlichkeit erkannt. Es wird uns auch erzählt, dass er die ägyptische Religion in ihren verschiedenen Formen kennen gelernt hat, dass er aber den ägyptischen Priestern mehr hat sagen können, als sie ihm. Er konnte ihnen mitteilen, dass sie ihre religiösen Vorstellungen von Indien haben müssen. Er hat ihnen in dem Indischen ihr Eigenes wieder zeigen können.

So sehen wir, wie Apollonius bemüht ist, in den verschiedenen Religionen das Gemeinsame zu sehen. Und so erscheint er uns in dieser Zeit als der Träger eines wirklichen geisteswissenschaftlichen° Strebens. Er stellte sich geradezu die Aufgabe, in allen Religionen das Gemeinsame zu suchen. Daher erscheint uns seine Lehre, wenn wir uns in dieselbe vertiefen, als ein Extrakt aus allen damals bestehenden religiösen Lehren. Er hatte den Extrakt aus allen gesammelt – es ist auch eine reife Lehre. Es erscheint uns (auch) die Reinkarnation im alten pythagoräischen Sinn befruchtet.

Apollonius spricht von den Volksreligionen als von einem äußeren Symbol dessen, was es wirklich sein soll. Er macht auf eine sehr wichtige Vorstellung aufmerksam, die er nur aus heidnischer Mystik geschöpft haben kann. Er macht darauf aufmerksam, dass man es in den verschiedenen Kultushandlungen, welche mit dem Mysten vollzogen worden sind, nicht nur mit Ereignissen zu tun hat, welche den Weltprozess darstellen, sondern dass man es auch mit der Darstellung von (gegenwärtigen) Erscheinungen der Natur in symbolischen Handlungen zu tun hat.

Daher erscheint uns bei Apollonius ein höchst wichtiger Begriff, der uns hineinführt in das Verhältnis, welches zwischen dem Christentum und der damaligen Zeit besteht. Er zeigt, dass man alles dasjenige, was man um sich sehen kann, und auch das, was am gestirnten Himmel ist – die Gestirne –, als Symbol betrachten kann, dass alles das nichts anderes sei als Symbol für geistige Vorgänge, die den Weltkosmos beherrschen. Diejenigen, welche meinen vorgestrigen Vortrag über Goethes «Faust» gehört haben, werden sich erinnern, dass da etwas Ähnliches gesagt wurde: Alles Äußere, alles Vergängliche ist nur ein Gleichnis. Das spricht Apollonius also aus, es ist aber die gemeinschaftliche Anschauung des ganzen damaligen Zeitalters.

Ich muss hier auf ein Missverständnis aufmerksam machen, welches darin besteht, dass man glaubt, diese großartige Symbolik zwischen der kleinen und der großen Welt, zwischen dem Menschen, den kleinen Weltvorkommnissen im Menschen, und den großen Weltgeheimnissen sei ein Produkt der Phantasie.

In unserem neunzehnten Jahrhundert hat sich diese Lehre ausgebildet: «Wir sehen in den Volksreligionen das Religion schaffende Märchen, die Religion schaffende Phantasie, welche die Vorgänge in Luftkreis, Blitz, Donner und so weiter, in mannigfacher Weise personifiziert und sich daraus Götter bildet.» In den Gesetzen, welche die Sterne befolgen, wird (heute) nicht mehr der Ausdruck einer göttlich-geistigen Weltordnung gesehen.

Aber es war innerhalb der eigentlichen Geisteswissenschaft der Priester durchaus die Überzeugung vorhanden, dass wenn die Sonne bei ihrem Gang über das Himmelsgewölbe verfolgt wird, man nicht nur den (äußerlichen) Vorgang des Dahineilens über das Himmelsgewölbe zu sehen hat. Dieser Vorgang ist nur ein Symbol für den dahinter sich vollziehenden (geistigen) Vorgang. Das, was die Volksphantasie später in exoterischer Weise besessen hat, das wurde ursprünglich von dem Priester als «Symbol» gelehrt. Der sah in den Gesetzen – wir wissen, dass im assyrischen Reich eine hoch entwickelte Astronomie vorhanden war –, der sah in den Gesetzen nicht das trockene naturalistische Gesetz, der sah darin die Sprache der Gottheit, nur ein Symbol für den tieferen geistigen Vorgang.

Für Apollonius von Tyana stellte sich die Volkssymbolik nur als eine untergeordnete Stufe dar. Der darin Eingeweihte bekam später ein höheres Gleichnis. David Friedrich Strauß,[28] Darwin und so weiter haben darin gefehlt, dass sie gesagt haben, die Phantasie habe den durch die Wolken fahrenden Blitz als eine göttliche Tatsache vorgestellt, sie sei dann weiter fortgeschritten und bis zu den Göttern gekommen – zu Gott Zeus und so weiter. Das seien aber nur Vorstellungen der Phantasie, der Volksmythologie. Darum haben sie alles Religiöse abgestreift, die «Wahrheit» sei an seine Stelle getreten.

Aber niemals ist diese Sache innerhalb der mystischen Lehren vertreten worden! Auch wenn von der Volksreligion zum wissenschaftlichen Untersuchen des Gangs der Sterne aufgestiegen wurde, wurde hinter den Erscheinungen doch erst das Göttliche gesucht. Nicht für das, was der Mensch in sich aufnahm, sollte der äußere Vorgang ein Symbol sein, nein, gerade umgekehrt: Die ganze Natur wurde selbst ein Gleichnis (des Ewig-Göttlichen).

In der Mystik der damaligen Jahrhunderte haben wir es genau mit dem Umgekehrten zu tun, als dasjenige ist, was sich die materialistischen Gelehrten des neunzehnten Jahrhunderts vorstellen. Diese glauben, dass das, was die Alten sich ausgedacht haben, nur ein Gleichnis sei. Nein, gerade umgekehrt ist es: Die wissenschaftliche Vorstellung ist nur ein Gleichnis für das, was dahinter liegt!

Orientalische Gelehrte wussten, dass das Christentum aus derselben Quelle wie sie geschöpft hat. Sie haben daher das Christentum lange nur als persische Sekte betrachtet.

Klar und besonders tief aber tritt uns dieser ganze Zusammenhang der geisteswissenschaftlichen Lehre – von der ganzen Welt als einem Gleichnis für das Ewig-Göttliche hinter dem Gleichnis – in der *Apokalypse* entgegen, die nichts anderes ist als eine Interpretation der älteren Mysterien in christlicher Auffassung.

Zuerst habe ich aber noch etwas vorauszuschicken. Ich sagte, die ganze äußere Natur wurde als ein Gleichnis angesehen, wie das auch bei assyrisch-babylonischen oder persischen Gelehrten der Fall war. Diese hatten eine genaue Vorstellung von den Gesetzen, die am Lauf der Gestirne zu beobachten sind.

Weiteren Kreisen wird das auch einleuchtend sein, dadurch, dass der Vortrag von Professor Friedrich Delitzsch[29] über «Babel und Bibel» ihnen zu Ohren gekommen ist. Ich hätte ja auch von asiatischen Vorstellungen ausgehen können, man findet überall dasselbe. Wenn nun die Wissenschaft Dinge ausgräbt, von denen die Geisteswissenschaft aus anderen Gründen anderes behaupten muss, so werden wir doch durch die Ausgrabungen der babylonischen Altertümer eine Bestätigung sehen. Man findet die Ergebnisse der Ausgrabungen bei diesem Professor Delitzsch in leichter und feiner Weise zusammengestellt.

Ich sagte, aus morgenländischen Priesterreligionen ging ein Teil der Anschauungen hervor, welcher die Natur als Gleichnis für das Ewig-Göttliche ansieht. Man kann das verständlich machen, wenn man sich nach den orientalischen Religionen hinüberbewegt. Die Ägypter haben mehr auf große Denkmäler Wert gelegt und im Äußeren es niedergelegt, während die Orientalen mehr im theoretischen Gleichnis gesucht haben.

Wenn wir die Literatur der heidnischen Schriftsteller verfolgen, so sehen wir, wie das Bewusstsein sich immer klarer und klarer ausprägt, dass man es in den Lehren der Astronomie mit einer Sprache für das ewige Götterwort in der Welt zu tun hat. Nur auf einzelne Tatsachen will ich aufmerksam machen, wodurch die ganze Sache einleuchten wird.

Bei dem Schriftsteller *Apollonios Rhodios*,[30] dann auch bei Plutarch – obgleich da nur sporadisch – findet man genaue Hindeutungen darauf und auf die Sagenwelt wie die Herkulessage, die Sage vom Goldenen Vlies (Fell) und so weiter, die ich ja früher schon behandelt habe. Aber dass sich diese Sachen auch für die ersten Christen so darstellen, dass in ihnen große Weltwahrheiten sich verhüllen, das sehen wir auch bei ihren Schriftstellern.

Wir sehen, dass die Sonne bei ihrem jährlichen Lauf, bei ihrer jährlichen Bewegung, ein Symbol für die ewig sich verwandelnde, versinkende und sich wieder erneuernde Welt darstellt. Bei der Kürze der Zeit kann ich nur andeuten, worin der Hauptnerv liegt. Die zwölf Arbeiten des Herakles sind nicht ohne Grund auf die zwölf Sternbilder des Tierkreises bezogen worden. Es ist eine Wiederholung dessen, was auch oben am Himmel vorgeht. Das Obere und das Untere entsprechen sich.

Wenn wir diese Anschauungen verfolgen, so finden wir, dass großer Wert darauf gelegt wird, dass mit dem jährlichen Eintreten des Frühlings die Sonne, der Lichtgott, verehrt wurde – ganz wie bei der Geisteswissenschaft, welche in der Sonne das Licht und im Licht die Wahrheit «symbolisiert» sieht. Nicht die Sonne selbst wurde verehrt, sondern die Sonne war nur Symbol.

Die sich verjüngende Sonne wurde als Symbol für die sich ewig wiedergebärende Natur angesehen, für die geistige Wiedergeburt, für den Gott, der sich immer und immer wieder erneuert. Was der Ägypter am Himmelsgewölbe im Frühling gesehen hat, das wurde als die sich wieder erneuernde Sonne gesehen. Und dass die Sonne im Zeichen des Lammes, des Widders, stand, hieß: Die Sonne gewinnt durch das Lamm neue Kraft in der Weltordnung.

Dies wurde zum Symbol für den Welterlöser. Daher begegnet uns «das Lamm» (Johannes 1,29·36), welches die Wiedergeburt der Sonne im Frühling, die Wiedergeburt des neuen Gottes bedeutet. Deshalb wurde auch der Frühlingsanfang als derjenige Punkt bezeichnet, an dem der junge Gott geboren wird. Die Jungfrau zu Sais gebiert da den neuen Gott Herakles.

Da, wo die Sagen nicht vollständig stimmen, können wir nachweisen, woher die Veränderungen gekommen sind. Dieselben Sagen werden nämlich von heidnischen Schriftstellern in derselben Weise gedeutet: dass nichts anderes darin zu finden ist, als was man auch am Himmel lesen kann.

In der Schlange am Himmel sahen die Mysten jener Zeit das Symbol für den Untergang des Gottes in der düsteren Materie. Mit dem Durchgang der Sonne durch die Schlange sehen Sie das Symbol dafür wiedergegeben.

Am 21. Dezember, in der Mitte des Winters, wo die Tage wieder länger werden, steht die Sonne im Sternbild des Schützen. In der Mitte des Winters empfängt die Jungfrau das Kind. Zu Ostern ist eigentlich die Auferstehung, die Erlösung – da tritt die Sonne in das Sternbild des Lammes. Im Sommer haben wir den Gang der Sonne im Löwen widergespiegelt.

Was sich in den einzelnen Persönlichkeiten vollzieht, das ist zuerst am Himmelsgewölbe vor sich gegangen. In dieser Weise angesehen ist der Lebenslauf der einzelnen Persönlichkeiten ein Gleichnis des ewigen Gangs des Weltenlaufs.

Auch in den griechischen Mysterien, auch im Orient und in Persien verwandelt sich um diese Zeit Jupiter (Zeus) in das Goldene Vlies. Wir sehen also, dass uns der Durchgang der Sonne durch den Widder als Auferstehungsfest gegeben ist. Bei Nonnos[31] wird Zeus' Verhältnis zu seinem Sohn Dionysos erwähnt. Der soll zu seinem Vater aufsteigen und sich zur «Rechten seines Vaters» setzen.

Hier haben Sie die heidnische Fassung des christlichen Glaubensbekenntnisses. Christentum bedeutet die neue Form der Lehren des Heidentums. Bei einer großen Zahl von Christen ist es nachzuweisen, dass sie sich von heidnischer Mystik haben befruchten lassen. Diese Vorstellungen treten im Christentum immer wieder auf.

Es gibt selbst im Christentum eine Hindeutung darauf, dass vereinzelte Geister des Heidentums sich zum Christentum gewandt haben und dann einen symbolischen Ausdruck dafür gesucht haben und dass diese erst recht das Christentum haben verstehen können.

Der Ausdruck findet sich nämlich im Evangelium, dass Magier den Sternen folgen, um den Christus zu finden. (vgl. Matthäus 2,2) Sie haben in den Sternen gelesen und dem, was sie in den Sternen gelesen haben, brauchten sie nur zu folgen. Nachdem sie ihm (dem Stern) gefolgt sind, sehen sie, was im Christentum gegeben ist. Das Christentum ist da in einem einzelnen Menschen dargestellt. Daher sagte der indische Gelehrte: Wir haben es im Christentum mit nichts anderem als mit einer persischen Sekte zu tun.

Wenn man den *Sonnenmythos* nimmt und versucht, ihn ins Persönliche, als Lebensgang einer einzelnen Persönlichkeit, zu übersetzen, dann kann man nichts anderes sagen, als dass die Christen auf eine vermenschlichte Weise die Wahrheiten suchten, welche früher am Himmelsgewölbe gesucht wurden.

Dass zur Osterzeit die Sonne durch das Sternbild des Lammes, des Widders, hindurchgeht, ist ganz natürlich. Zu anderen, früheren Zeiten traten an die Stelle des Lammes der Stier, die Zwillinge, der Krebs und so weiter. Das hängt damit zusammen, dass sich diese Vorstellungen in einer Zeit ausgebildet haben, wo die Lage der Sternbilder eine andere war. Sie verschieben sich ja immer. Unsere astronomischen Angaben stimmen heute wieder nicht mehr.

Wir können also sagen, dass tatsächlich dieses Christentum aus den alten Mysterien und Religionen herausgeboren ist. Es ist dies keine Erniedrigung, sondern es wird damit nur gezeigt, dass es eine zeitgeschichtliche Notwendigkeit war.

Ich habe gezeigt, wie die einzelnen Lehren bereits im Morgenland vorgebildet waren. Was uns aber besonders interessiert, ist das Hereinspielen derselben in die *Apokalypse*. Wenn man den Grundgedanken nicht so fasst, ist sie nicht zu verstehen. Sie ist zu verstehen, wenn die Vorstellungswelt, die Summe der religiösen Gefühle schon vorhanden war und im Christentum in neuer Gestalt wieder auftritt.

Der Verfasser war sich dessen bewusst. Er wollte nichts anderes als die alten mystischen Geheimnisse wiedergeben. Er sagt, dass alles, was er da aus der Sternenwelt gelesen hat, sich jetzt im Lebensgang einer einzelnen Persönlichkeit als unmittelbares Erlebnis abgespielt hat. Er sagt: «Was ihr früher nur als kosmisch-geschichtlich sich abspielen saht, das ist zum Leben eines einzelnen Menschen geworden.» Das ist der Grundgedanke der Apokalypse.

Wir sehen, wie in den ganzen Beschreibungen die alten Priestervorstellungen uns entgegentreten: die sieben Posaunen, die sieben Siegel und so weiter. In all dem sehen wir nichts anderes als die Ausprägung uralter, längst vorhandener Mysterien. Das, was uns in der Apokalypse dargestellt wird, ist nichts anderes, als dass diese Sache im Christentum ihre Erfüllung gefunden hat.

An einer Stelle will ich zeigen, wie uns da diese alte Lehre selbst vorgeführt wird und wie dann die neue Lehre damit in Zusammenhang gebracht wird, wie die neue Lehre sich aus der alten herausentwickelt. Die früheren Kapitel werde ich später behandeln. Zuerst die ganze Stelle aus der Mitte heraus.

Das 11. Kapitel:
Messung des Tempels Gottes. Zwei Zeugen getötet und wieder lebendig. Die siebte Posaune.

1. Und es ward mir ein Rohr gegeben, einem Stecken gleich, und er sprach: Stehe auf und miss den Tempel Gottes und den Altar und die darin anbeten. 2. Aber den Vorhof außerhalb des Tempels wirf hinaus und miss ihn nicht. Denn er ist den Heiden gegeben, und die heilige Stadt werden sie zertreten zweiundvierzig Monate. 3. Und ich will meinen zwei Zeugen geben, dass sie sollen weissagen tausendzweihundertsechzig Tage, angetan mit Säcken. 4. Diese sind die zwei Ölbäume und zwei Fackeln, stehend vor dem Herrn der Erde. 5. Und so jemand sie will schädigen, so geht Feuer aus ihrem Munde und verzehrt ihre Feinde; und so jemand sie will schädigen, der muss also getötet werden. 6. Diese haben Macht, den Himmel zu verschließen, dass es nicht regne in den Tagen ihrer Weissagung, und haben Macht über das Wasser, es zu wandeln in Blut, und zu schlagen die Erde mit allerlei Plage, so oft sie wollen. 7. Und wenn sie ihr Zeugnis geendet haben, so wird das Tier, das aus dem Abgrund auf-

steigt, mit ihnen einen Streit halten und wird sie überwinden und wird sie töten. 8. Und ihre Leichname werden liegen auf der Gasse der großen Stadt, die da heißt geistlich «Sodom und Ägypten», da auch ihr Herr gekreuzigt ist. 9. Und es werden etliche von den Völkern und Geschlechtern und Sprachen ihre Leichname sehen drei Tage und einen halben und werden ihre Leichname nicht lassen in Gräber legen. 10. Und die auf Erden wohnen, werden sich freuen über sie und Wohlleben und Geschenke untereinander senden; denn diese zwei Propheten quälten die auf Erden wohnten. 11. Und nach drei Tagen und einem halben fuhr in sie der Geist des Lebens von Gott, und sie traten auf ihre Füße; und eine große Furcht fiel über die, so sie sahen. 12. Und sie hörten eine große Stimme vom Himmel zu ihnen sagen: Steiget herauf! Und sie stiegen auf in den Himmel in einer Wolke, und es sahen sie ihre Feinde. 13. Und zu derselben Stunde ward ein großes Erdbeben und der zehnte Teil der Stadt fiel; und wurden getötet in dem Erdbeben siebentausend Namen der Menschen, und die andern erschraken und gaben Ehre dem Gott des Himmels. 14. Das andere Wehe ist dahin; siehe, das dritte Wehe kommt schnell. 15. Und der siebente Engel posaunte: und es wurden große Stimmen im Himmel, die sprachen: Es sind die Reiche der Welt unsers Herrn und seines Christus geworden, und er wird regieren von Ewigkeit zu Ewigkeit.

Es soll hier geschildert werden, dass, während früher nur der einzelne Mensch zugelassen war, jetzt durch Christus allen Menschen die frohe Botschaft gebracht werden soll.

Das 12. Kapitel:
Das Weib mit der Sonne bekleidet und der Drache.
Streit Michaels mit demselben.

1. Und es erschien ein großes Zeichen im Himmel: ein Weib, mit der Sonne bekleidet, und der Mond unter ihren Füßen und auf ihrem Haupt eine Krone von zwölf Sternen. 2. Und sie war schwanger und schrie in Kindesnöten und hatte große Qual zur Geburt. 3. Und es erschien ein anderes Zeichen im Himmel, und siehe, ein großer roter Drache, der hatte sieben Häupter und zehn Hörner und auf seinen Häuptern sieben Kronen; 4. und sein Schwanz zog den dritten Teil der Sterne des Himmels hinweg und warf sie auf die Erde. Und der Drache trat vor das Weib, die gebären sollte, auf dass, wenn sie geboren hätte, er ihr Kind fräße. 5. Und sie gebar einen Sohn, ein Knäblein, der alle Heiden sollte weiden mit eisernem Stabe. Und ihr Kind ward entrückt zu Gott und seinem Stuhl. 6. Und das Weib entfloh in die Wüste, wo sie einen Ort hat, bereitet von Gott, dass sie daselbst ernährt würde tausendzweihundertundsechzig Tage. 7. Und es erhob sich ein Streit im Himmel: Michael und seine Engel stritten mit dem Drachen; und der Drache stritt und seine Engel, 8. und siegten nicht, auch ward ihre Stätte nicht mehr gefunden im Himmel. 9. Und es ward ausgeworfen der große Drache, die alte Schlange, die da heißt der Teufel und Satanas, der die ganze Welt verführt, und ward geworfen auf die Erde, und seine Engel wurden auch dahin geworfen. 10. Und ich hörte eine große Stimme, die sprach im Himmel; Nun ist das Heil und die Kraft und das Reich unsers Gottes geworden und die Macht seines Christus, weil der Verkläger unserer Brüder verworfen ist, der sie verklagte Tag und Nacht vor Gott. 11. Und sie haben ihn überwunden durch des Lammes Blut und durch das Wort ihres Zeugnisses und haben ihr Leben nicht geliebt bis an den Tod. 12. Darum freuet euch ihr Himmel und die darin wohnen! Weh denen, die auf Erden wohnen und auf dem Meer! denn der Teufel kommt zu euch hinab und hat einen großen Zorn und weiß, dass er wenig Zeit hat. 13. Und da der Drache sah, dass er verworfen war auf die Erde, verfolgte er das Weib, die das Knäblein geboren hatte. 14. Und es wurden dem Weibe zwei Flügel gegeben wie eines großen Adlers, dass sie in die Wüste flöge an ihren Ort, da sie ernährt würde eine Zeit und zwei Zeiten und eine halbe Zeit vor dem Angesicht der Schlange. 15. Und die Schlange schoss nach dem Weibe aus ihrem Munde ein Wasser wie einen Strom, dass der sie ersäufe. 16. Aber die Erde half dem Weibe und tat ihren Mund auf und verschlang den Strom, den der Drache aus seinem Munde schoss. 17. Und der Drache ward zornig über das Weib und ging hin, zu streiten mit den übrigen von ihrem Samen, die da Gottes Gebote halten und haben das Zeugnis Jesu Christi.

Der Strom aus dem Mund der Schlange symbolisiert nichts anderes als das (materielle) Element, durch das der Mensch zurückzugehen hat, um zu Gott zurückzufinden.

Das 13. Kapitel.
Siebenköpfiges Tier aus dem Meer.

1. Und ich trat an den Sand des Meeres und sah ein Tier aus dem Meer steigen, das hatte sieben Häupter und zehn Hörner und auf seinen Hörnern zehn Kronen und auf seinen Häuptern Namen der Lästerung. 2. Und das Tier, das ich sah, war gleich einem Parder und seine Füße wie Bärenfüße und sein Mund wie eines Löwen Mund. Und der Drache gab ihm seine Kraft und seinen Stuhl und große Macht. 3. Und ich sah seiner Häupter eines, als wäre es tödlich wund; und seine tödliche Wunde ward heil. Und der ganze Erdboden verwunderte sich des Tieres. 4. und sie beteten den Drachen an, der dem Tier die Macht gab, und beteten das Tier an und sprachen: Wer ist dem Tier gleich, und wer kann mit ihm kriegen? 5. Und es ward ihm gegeben ein Mund, zu reden große Dinge und Lästerungen, und ward ihm gegeben, dass es mit ihm währte zweiundvierzig Monate lang. 6. Und es tat seinen Mund auf zur Lästerung gegen Gott und zu lästern seinen Namen und seine Hütte und die im Himmel wohnen. 7. Und ihm ward gegeben, zu streiten mit den Heiligen und sie zu überwinden; und ihm ward gegeben Macht über alle Geschlechter und Sprachen und Heiden. 8. Und alle, die auf Erden wohnen, beten es an, deren Namen nicht geschrieben sind in dem Lebensbuch des Lammes, das erwürgt ist, von Anfang der Welt. 9. So jemand Ohren hat, der höre! 10. So jemand in das Gefängnis führt, der wird in das Gefängnis gehen, so jemand mit dem Schwert tötet, der muss mit dem Schwert getötet werden. Hier ist Geduld und Glaube der Heiligen.

Zweihörniges Tier aus der Erde.

11. Und ich sah ein anderes Tier aufsteigen aus der Erde; das hatte zwei Hörner gleichwie ein Lamm und redete wie ein Drache. 12. Und es übt alle Macht des ersten Tieres vor ihm; und es macht, dass die Erde und die darauf wohnen, anbeten das erste Tier, dessen tödliche Wunde heil geworden ist. 13. und tut große Zeichen, dass es auch macht Feuer vom Himmel fallen vor den Menschen; 14. Und verführt, die auf Erden wohnen, um der Zeichen willen, die ihm gegeben sind zu tun vor dem Tier; und sagt denen, die auf Erden wohnen, dass sie ein Bild machen sollen dem Tier, das die Wunde vom Schwert hatte und lebendig geworden war. 15. Und es ward ihm gegeben, dass es dem Bilde des Tieres den Geist gab, dass des Tieres Bild redete und machte, dass alle, welche nicht des Tieres Bild anbeteten, getötet würden. 16. Und es macht, dass die Kleinen und Großen, die Reichen und Armen, die Freien und Knechte – allesamt sich ein Malzeichen geben an ihre rechte Hand oder an ihre Stirn, 17. dass niemand kaufen oder verkaufen kann, er habe denn das Malzeichen, nämlich den Namen des Tieres oder die Zahl seines Namens. 18. Hier ist Weisheit! Wer Verstand hat, der überlege die Zahl des Tieres; denn es ist eines Menschen Zahl und seine Zahl ist sechshundertsechsundsechzig.

Das Geheimnis der Mysterien wurde verallgemeinert, es wurde allen Menschen gebracht. Dies ist deutlich ersichtlich in der Apokalypse an dem Symbol von den vier Tieren und von den drei Mächten, welche über den Tieren stehen, so dass uns da *sieben Mächte* entgegentreten. Dann wird uns gesagt, dass *zehn Könige*, die Könige des neuen Reichs, diese sieben alten Mächte überwinden. Nun müssen wir sehen, was dies alles bedeuten soll.

Zuerst möchte ich es so entwickeln, wie es in den alten Mysterien aufgeführt worden ist. Dann werden Sie es selbst erkennen.

Die Apokalypse sieht die Welt und den Menschen aus *sieben Prinzipien* aufgebaut. Die vier unteren oder niederen Prinzipien oder Mächte sind in den vier Tieren dargestellt. Diese müssen überwunden werden. Durch diese Überwindung des Niederen bauen sich die drei oberen auf.

Nachdem dies uns hingestellt ist, wird uns gezeigt, wie die gesamte *siebengliedrige Natur* der Welt und des Menschen im Feuer versenkt wird, dass der göttliche Blitz einschlägt und dass das ganze Materielle, in welches die siebengliedrige Natur eingetaucht ist, auf einmal überwunden wird. Als *achte Stufe* geht dann das eigentliche Materielle, das wirklich Böse zugrunde.

Es wird uns dann gezeigt, dass zu den drei geistigen Elementen als Überwinder das vierte, physische Element dazutritt. Das vierte, physische Element wird von den drei geistigen Elementen ergriffen – und dann auch die drei unteren.

Das vierte Element ist der Mensch selbst:

- Adler,
- Panther (Stier),
- Löwe und
- Mensch.

Der Mensch stellt nichts anderes als «Kamarupa»* dar. Das vierte, der Mensch, verbindet die drei unteren physischen Elemente mit den drei oberen und gebiert aus den drei physischen Elementen noch drei neue heraus. Die physischen Elemente werden geistig gleichsam wieder geboren. Wir haben also zehn (9+1) Elemente an Stelle der sieben.** Das will die Apokalypse mit den zehn Königen darstellen.

Das sind durchaus alte mystische Lehren, nichts anderes als das, was heidnische Vorstellungen auch schon kannten. Aus der Verwandlung und dem Sieg der zehn Könige können wir sehen, dass sie nichts anderes darstellen sollen als den Sieg des Geistigen über das Materielle, den Sieg der Mysterienlehre.

---

* Kama-Rupa heißt altindisch die Form oder der Körper, in dem Leidenschaft wohnt oder zum Ausdruck gebracht wird. Kama = Begierde; Rupa = Form.
** In Rudolf Steiners *Theosophie* baut das 4. Element, das Ich, drei Seelenglieder – Empfindungs-, Verstandes- und Bewusstseinsseele – als Umwandlung der drei Leibesglieder auf. So wird aus sieben neun – 3 Leiber, 3 Seelen-, 3 Geistesglieder – und das Ich kann als 10. Kraft gesehen werden.

Bei der Eröffnung der ersten vier Siegel sah er (der Apokalyptiker) vier Pferde:

- ein weißes Pferd,
- ein rotes Pferd,
- ein schwarzes Pferd und
- ein fahles Pferd.

Tod und Hölle folgt ihnen. «*Und da es das fünfte Siegel auftat, sah ich unter dem Altar die Seelen derer, die erwürget waren um des Wortes Gottes willen und um des Zeugnisses willen, das sie hatten.*» (6,9) Diese Tötung symbolisiert das im Geist Wiedergeborenwerden und das Töten der niederen Natur.

Der Mensch muss das Buch verschlingen (10,10), er muss mit dem Buch eins werden. Dasselbe wird auch angedeutet bei einem christlichen Mystiker, bei Angelus Silesius. Er hat gesagt: Diejenigen, welche dieses Buch verstehen wollen, die müssen das Buch werden. Damit schließt er seinen *Cherubinischen Wandersmann*.

Die alten Mysterien sind eine Vorbereitung für das Christentum gewesen. Durch das «Lamm» sind sie wieder geboren worden. Diejenigen, welche nicht voll begreifen können, dass sie weiterzuschreiten haben, dass sie in Christus tatsächlich den körperlichen Tod und die geistige Wiederauferstehung zu suchen haben, die sind noch nicht reif. Es sind diejenigen, welche «ermahnt» werden sollen.

Die Apokalypse ist eines der wichtigsten Bücher des Neuen Testaments. Sie darf und kann nicht anders verstanden werden, als dass wir in ihr eine Verschmelzung der christlichen Mysterienwahrheiten mit den alten Mysterien sehen. Sie enthält die aus dem Christlichen herausgeborenen alten Mysterien.

Einundzwanzigster Vortrag

Die Apokalypse und die Welt der Gnosis

Berlin, 29. März 1902

Sehr verehrte Anwesende!

Wir haben das letzte Mal damit begonnen, die Apokalypse zu charakterisieren. Sie stellt ein spätes Produkt der verschiedenen Anschauungen dar, welche sich um den Anfang unserer Zeitrechnung ausgebildet haben, sich namentlich in den Schulen ausgebildet haben, aus denen die tieferen theologischen Lehren des Christentums hervorgegangen sind, die dann erst später die populäre Form angenommen haben.

Den Vorgang, welcher stattgefunden hat, können wir uns etwa in der Art vorstellen, dass in den verschiedensten Lehrstätten, in den verschiedensten Mysterienschulen im ersten und vielleicht auch noch im zweiten Jahrhundert nach unserer Zeitrechnung die alten Lehren, die aus den Mysterien stammen, in der verschiedensten Weise weitergepflegt worden sind. Der späteren christlichen Theologie liegt zweifellos eine geistige, das heißt eine geisteswissenschaftliche° Vertiefung zugrunde.

Mit dieser späteren christlichen Theologie ist es so, dass unter Führung der Geistlichen, der Bischöfe und so weiter das kirchliche Christentum sie dann populär zu gestalten versuchte.

Nun meine ich, dass man einen Einblick in die Art gewinnt, wie sich in den ersten Jahrhunderten dasjenige herausgebildet hat, was sich uns jetzt als christlich-mystische Theologie darbietet, wenn man verfolgt, wie sich in seiner eigentlichen geistigen Eigenschaft das christliche Dogma gebildet hat – dass man dann die Anschauung bekommt, dass es sich wesentlich unter dem Einfluss der verschiedensten Mysterienkulte gebildet hat.

In welcher Beziehung steht nun *die Apokalypse* zu dieser Welt der Mysterienkulte und der späteren Theologie?

Der Apokalypse sieht man es jetzt noch an, dass sie aus dem Bestreben hervorgegangen ist, die Lehren der Alten aufzunehmen, zu verarbeiten und sie als Vorbereitung zu sehen, gleichsam als etwas, das hingeordnet ist auf das neue Christentum wie auf etwas, das berufen ist, die alten Mysterien abzulösen und den tieferen Gehalt derselben als Weltevangelium zu verkünden.

Wenn man die Apokalypse in ihrer ganzen Komposition verfolgt, so sieht man deutlich diesen zweifachen Charakter. Aus den Grundbestandteilen sieht man deutlich die alten Anschauungen genau vertreten – und dann sieht man auch durchschimmern: Nun ist die Zeit erfüllt, eine neue Art des Erlösungswegs ist in die Welt gekommen. Diese neue Art ist diejenige, welche sich im Christentum ausgebildet hat.

So kann man die zwei ineinander verflochtenen Bestandteile der Apokalypse verfolgen, welche sich uns in zweifacher Siebenzahl darstellen, in einer Siebenzahl mit dem Blick auf die Vergangenheit und in einer Siebenzahl mit dem Blick in die Zukunft.

Auf die *Vergangenheit* bezieht sich alles, was uns bei der Eröffnung der *sieben Siegel* gesagt ist, und auf die *Zukunft* bezieht sich das, was uns von dem Ertönen der *sieben Posaunen* gesagt wird.

Dass sich das Buch mit den sieben Siegeln auf die Vergangenheit bezieht, das geht aus der «Lösung» (Entsiegelung) derselben hervor. Wenn man die ganze Situation verstehen will, dann muss man sich vergegenwärtigen, was in den geisteswissenschaftlich-mystischen Schulen gelehrt worden ist. Man muss auch eine Vorstellung davon haben, wer der Schreiber der Apokalypse ist. Es kommt nicht auf die bestimmte Persönlichkeit an, sondern darauf, woraus diese Anschauungen entstanden sind, woraus sie sich gebildet haben.

Erst in der Mitte des zweiten Jahrhunderts wurden diese Anschauungen zu der Form zusammengearbeitet, in der wir sie jetzt haben. Der Verfasser ist aus *gnostischen Schulen* hervorgegangen, die im zweiten Jahrhundert nach unserer Zeitrechnung noch überall geblüht haben. Sie waren eine Fortsetzung der alten gnostischen Schulen, die nichts weiter getan haben, als dass sie die Mysterien weiter ausgebildet haben.

Was in diesen gnostischen Schulen gelehrt worden ist, das ist schwer zu erfahren. Nur wenige Dokumente gibt es, welche uns von der eigentlichen gnostischen Welt die nötigen Hinweise geben können. Diese gnostischen Schulen, die überall in der damaligen Welt verbreitet waren, hatten eine vergeistigte Anschauung von den alten Mysterienkulten. Ich will damit nicht sagen, dass es eine höhere Stufe sei.

Das rein Geistige muss nicht eine höhere Stufe sein, als wenn man hinunterdringt (ins Materielle) und das Geistige unten ergreift.

Die eigentlichen *Gnostiker*, welche der christlichen Lehre zugrunde liegen, waren im Wesentlichen Theologen und Philosophen, welche eine sehr intellektuelle Lehre kultivierten. Die Hauptsache war tatsächlich bei den Gnostikern – der Grundnerv, den wir uns aus den verschiedenen Schulen herausdestillieren können – eine Art Sehnsucht, die Welt des Menschen mit der großen Welt des Kosmos zu verbinden. Das letzte Mal habe ich gezeigt, dass die Christuslehre die Überzeugung ist, dass die kosmische Erlösungsgeschichte der Menschheit ein Vorbild dessen ist, was im einzelnen Menschen sich abspielt.

Ich möchte eine Zusammenfassung der Weltanschauung geben, die vielleicht in keiner gnostischen Schule gepflegt worden ist, die sich aber als eine Durchschnittsvorstellung ergibt.

Wir müssen uns vorstellen, dass es sich darum handelt, einen strengen Parallelismus zwischen dem Gang der großen Welt und dem Leben des einzelnen Menschen zu zeigen. Der Gnostiker wollte vor allen Dingen das einzelne Menschenleben als dasjenige darstellen, was auf seinem Pfad, auf den verschiedenen Entwicklungsstufen mikrokosmisch das Makrokosmische wiederholt – ebenso wie auch in der Geschichte sich das Weltenleben wiederholt.

Um das geschichtliche Weltenleben in der gnostischen Anschauung zu zeigen, um darzustellen, wie es zum Ausdruck gekommen ist, will ich es am *Auszug aus Ägypten* zeigen.

Es ist eine Allegorie der inneren Seelenentwicklung. Das Land («Ägypten») ist als der Körper des einzelnen Individuums aufzufassen. Ägypten entspricht also, wenn in der Geschichte der Israeliten davon gesprochen wird, dem Garten Eden und dem sinnlichen Körper. Den sucht der Gnostiker zu überwinden, gleichsam daraus «auszuziehen».

Indem er sich dem Höheren nähert, wird er durch den Initiierten (aus dem Niederen) herausgeführt. Nicht sogleich wird er nach «Palästina», ins gelobte Land, geführt. Er muss zuvor noch verschiedene Entwicklungsphasen durchmachen.

Ein Symbol dafür haben wir in der von Moses aufgerichteten *ehernen Schlange* als Heilmittel gegen die vielen Schlangen. Wer von einer Schlange gebissen wurde, der musste sterben – aber durch den Anblick der ehernen Schlange sollte er am Leben bleiben. Die eherne Schlange ist nichts anderes als die prophetische Vorherverkündigung der Erlösung durch den Christus Jesus. (vgl. Johannes 3,14) Die Schlange ist immer ein wichtiges Symbol gewesen.

Die Schlange gilt überall als Symbol für die durch die Materie sich hindurchziehende Entwicklung des geistigen Lebens. Die Schlange vermittelt die Vernichtung der letzten materiellen Manifestation. Sie ist die allerletzte Stufe, die gröbste Stufe, in welcher sich der Logos, der höchste Gottesgeist, zum Ausdruck bringt und aus der sich der Mensch, die menschliche Individualität, herauswinden muss.

Die Rückwendung, die Rückwanderung des Irdischen zum Göttlichen muss da angetreten werden. Die eherne Schlange ist das Symbol für den vorbildlichen Menschen, der so weit ist, dass er durch seine Vergeistigung die Vergeistigung der übrigen Welt mitbewirken kann.

Das Volk gelangte dann ins Innere, ins Seelenleben, *ins gelobte Land*, in welchem der Messias erscheinen muss. So haben die Gnostiker dieses Vorkommnis als Allegorie des inneren Seelenlebens aufgefasst.

In einer solchen Weise legten sich die Gnostiker alle geschichtlichen Ereignisse aus. Sie sahen sie als Allegorie für individuelle Seelenvorgänge des einzelnen Menschen an und wuchsen dadurch heraus zu den göttlichen Weltvorgängen.

Eine solche Vorstellung, bei der das Kosmologische herauswächst, möchte ich hier hinstellen: die Idee vom *Anfangszustand der Welt*. Aus dem allgemeinen Nichts herausgebildet stellt sich der Gnostiker den Anfang der Welt vor. Zwei große Weltlichter erscheinen dann: der Vater und der Sohn – der ewige Weltgeist und sein Schild (Bild?), ein Abbild des ewigen Weltgeistes. Als Drittes erscheint dann die Allmutter.

Die Allmutter ist das materielle Prinzip – hier siegt das Nichtsein der Materie. Die Gnostiker stellten sich die Materie als etwas vor, was überwunden werden muss. Das Höchste dabei sind der Vater mit dem Sohn. Diese göttlichen Wesenheiten wirken, um sich selbst wieder zu erkennen, um Leben zu werden. Das ist es, was die Entwicklung der Welt, was das eigentliche Werden bedeutet.

Dadurch, dass der Weltgeist im Schoß der Allmutter aufgeht, entsteht das, was man die vier Elemente nennt: Feuer, Erde, Luft, Wasser. Diese vier Elemente stellen in ihrer geistigen Wesenheit dasjenige dar, was die Gnostiker sich unter dem höchsten «Christus» dachten.

Sie stellten sich darunter eine durch Vermählung des Geistigen mit dem Materiellen hervorgegangene höchste Wesenheit vor. Das Materielle war zunächst als dunkle Materie, als Urprinzip, unter dem Bild der Allmutter, die ursprünglich mit dem Vater war. Mit diesen vier Elementen verbinden sich die beiden obersten geistigen Wesenheiten – Vater und Sohn – und erzeugen eine geistig-materielle Wesenheit (den Logos, den «Christus»). Der Christus strebt dann wieder zum Urgrund des Daseins zurück.

Dann finden wir, dass die Gnostiker den Himmel als eine Art von abgeschlossenem Kreis dachten. Sie stellten sich aber das Himmelsgewölbe nicht so für sich dar. Der Himmel mit Vater und Sohn ist zunächst der Logos, die geistig-materielle Wesenheit, die jetzt im All verborgen ist und den Christus darstellt. Die höchste himmlische, geistig-ätherische Wesenheit dachten sie sich als die kosmologische Wesenheit des Alls.

Neben der Befruchtung der Allmutter ist ein Tröpflein des Lichtes unter dem Namen der «Sophia», der Weisheit, in das Chaos ausgeflossen. Durch dieses Nebenlicht, welches als im Weltraum verloren eine andere Art der Verbindung mit der Materie eingegangen ist als die, welche sich in Christus darstellt, durch dieses Nebenlicht, durch diese Sophia ist alles entstanden, was zur Bildung der Menschheit – nach Anschauung der Gnostiker – geführt hat. Das ist das Untere, dasjenige, was wir noch weiter kennen lernen werden.

Weil es (das Nebenlicht) auch den zwei Urlichtern entstammt, deshalb gibt es eine Art Parallelismus mit dem Oberen. Durch die Verbindung der Sophia mit dem Chaotischen, mit dem materiellen Element, entsteht eigentlich dasjenige, was uns in der Gnosis beschrieben wird: Die ganze Weltentstehungslehre, wie sie in der Gnosis sich findet, ist erst aus diesem kleinen Nebenplaneten des großen Lichtes entstanden. Die Sophia-Weltmutter hat die Materie nochmals befruchtet – im Gegensatz zur Allmutter.

Aus der Verbindung des Tröpfchens Sophia (mit den Elementen) ist der Sohn *Jaldabaoth*[*32] hervorgegangen. Dieser erzeugte sieben weitere Söhne und die sind die sieben Kräfte, die sieben Sphären. Die sieben Grundkräfte der sichtbaren Welt haben wir da vor uns, also dasjenige, aus dem sich die Naturwelt aufbaut:

---

[*] Jaldabaoth erfüllt in der Gnosis dieselbe Aufgabe wie der *Demiurgos* (der Schöpfer der materiellen Welt) bei den Griechen. Siehe auch in den Hinweisen.

(1) aus der eigentlichen Materie,
(2) aus dem Lebensprinzip,
(3) aus dem Astralleib,
(4) aus der Tierseele und
(5-7) aus den oberen drei Geistkräften.

Aus diesen ist der ganze Mensch aufgebaut. Aber diese sind aus der Vermählung der Sophia mit den Elementen hervorgegangen, so dass die Gnosis den Ursprung der Welt «erneuert» hat.*33

Während Christus das eigentliche Erzeugnis der Vermählung mit dem irdischen Licht darstellt, stellt Jaldabaoth eine Art von Untergottheit dar, welche bis herab zum «menschlichen» Dasein den Menschen hervorgebracht hat. Das ist also eine kosmologische Lehre, die bis herunter zum Menschen reicht.

Wie stellt sich der Gnostiker nun die *Bildung des Menschen* vor? Er lässt den Menschen aus den sieben Grundteilen sich aufbauen. Nur sind diese durch die Vermählung der Sophia (mit dem Chaos) so entstanden, dass sie den abwärts steigenden Weg machen. Wir müssen also wieder den Rückweg antreten, den Rückweg müssen wir finden.

Die Gnostiker haben sich das so vorgestellt: Jaldabaoth

---

* Es ist wie eine «zweite Schöpfung», die auf der vierten Stufe der Erdentwicklung geschieht, wodurch die Erde auf die physisch-mineralische Stufe herunterdringt. Insgesamt gibt es sieben Verkörperungen oder Stufen der Erdentwicklung. Siehe auch in den Hinweisen.

war in eine Art von Streit mit der Sophia geraten,* die von den Himmelslichtern selber stammt. Hätte Jaldabaoth den Menschen allein gebildet, dann wäre der Mensch zweifellos verloren gewesen. Nur weil aus dem Streit ein fortwährendes Zusammenwirken von Jaldabaoth und Sophia hervorging, ist es dem Menschen möglich gemacht worden, den Rückweg zu Gott zu finden.

Die Schöpfungsgeschichte in Verbindung mit der Menschengeschichte in mystisch-allegorischer Form haben wir uns da vorzustellen. Der göttliche Lichtfunke, die Sophia, ist dem Menschen geblieben. Sie führt ihn zurück – es war ja ein Abstieg vom Geistigen zum Materiellen hinunter.

Der Rückweg durch eigene Kraft war aber nicht möglich. Er war nur dadurch möglich, dass jetzt von der nächsten Sphäre dem Menschen die Hilfe kam.

Dies geschah dadurch, dass eine Verbindung mit einem «vollkommenen Menschen» (Christus) eintrat, mit dem, was sich früher zur höchsten Sphäre entwickelt hatte. Das wird in gnostischer Weise versinnbildlicht: Die Rückkehr des Menschen zu Gott wird von den Gnostikern so vorgestellt, dass der Mensch dadurch imstande ist, den Pfad zum Himmel anzutreten und zu vollziehen, dass er im Verlauf der verschiedenen Leben nach und nach sich dem Göttlichen annähern kann.

---

* Diesen «Streit» schildert Rudolf Steiner im Vortrag vom 25. Dezember 1918. (Rudolf Steiner Gesamtausgabe, Bibl.-Nr.187) Dies erinnert an die Bedeutung des Streits für das Weltgeschehen in der Anschauung von Heraklit. (siehe Band 1, 1.Vortrag)

Wenn der Mensch dann so weit gekommen ist, dass er *die Erinnerung* so weit ausgebildet hat – das ist gnostisch gedacht –, dass er rückblickend die ganze kosmologische Entwicklung, wie ich sie jetzt als allgemeine gnostische Vorstellung dargestellt habe, so überschauen kann, dass er sie nicht bloß als eine Lehre, sondern als eine Tatsache vor sich hat – wenn der Mensch ein Stück des Wegs wieder so zurückgelegt hat, dass er das Übrige vor seinem Geist klar liegen sieht, dann ist er derjenige, welcher imstande ist, «die Wasser des Nil aufwärts strömen» zu lassen. Solche Menschen, so nehmen die Gnostiker an, gibt es. Solche Menschen kannten die Gnostiker. Das sind «die Messiasse».

Nun kommt etwas, was Sie im Christentum sehen. Da kommt ein neuer Beginn, eine Verbindung auf halbem Weg zwischen Jesus und Christus zustande. Es ist in Jesus eine Persönlichkeit verkörpert, die sich mit dem Christus der oberen Region zu verbinden in der Lage ist.

So war für die Gnostiker die Entstehung des Menschensohnes, und auch des Buddha, auf der einen Seite, und auf der anderen Seite das Herabgelangen des Christus, des Weltgeistes, und seine Verbindung mit diesen von unten herauf sich entwickelnden «Göttern».

Ich hoffe, damit wenigstens eine allgemeine Vorstellung hervorgerufen zu haben. Im Wesentlichen besteht die Gnosis darin, dass der Mensch im Laufe von verschiedenen Wiederverkörperungen diesen hohen Entwicklungsgrad erreichen kann – und dass er den höchsten erreicht hat, wenn er in seiner Erinnerung nicht nur sein persönliches Leben sieht, sondern wenn er so zurückblicken kann, wenn das Gedächtnis so weit ausgebreitet ist, dass er alle Verkörperungen im Gedächtnis zu umfassen vermag.

So weit ist Jesus, der sich aus dem kleinen Nebenlicht-Tröpfchen herausgebildet hat: Er ist reif, als «Vahan», als Gefäß, den Christus aus den oberen Regionen aufzunehmen. *Der Mensch wird Träger des Christus*: So haben wir den aus der geistigen Welt herausgeborenen Christus und den «Jesus-Christus» der Gnostiker.

Das ist der Christus, der sich in den ersten zwei Jahrhunderten nach und nach herausgebildet hat. Es ist der «Christus», zu dem ein initiierter Mensch durch die höher entwickelten Stufen hinaufentwickelt wird.

Ein initiierter Mensch ist derjenige, welcher so entwickelt ist. Ein initiierter Mensch ist derjenige, welcher sich bis zum *höchsten menschlichen* Zustand entwickelt hat. Und *ein Christus* ist derjenige, welcher bis zum *höchsten Göttlichen* hinaufgestiegen ist. Nach der Anschauung der Gnostiker war es eine Verbindung auf halbem Weg.

Diese Anschauung sehen wir wieder in der Apokalypse ausgeprägt. Nur interpretiert diese die Sache jetzt so – ich möchte das in der folgenden Weise darstellen –: Derjenige Mensch, der auf dem Pfad der Vollkommenheit ist, geht Stufe für Stufe die Urkräfte zurück. Es entsiegeln sich eines nach dem anderen die sieben Siegel. So geht er den Initiationsweg der Alten. Dieser Weg ist um die Wende des christlichen Weltalters da.

Es ist aber auch ein Höheres da, das Evangelium Christi, das darin besteht, dass durch das lange vorbereitende

Stadium der Mensch in seiner Gänze reif geworden ist, das Evangelium in sich aufzunehmen. So soll jetzt das, was früher Kultstätte war, ersetzt werden. An deren Stelle soll jetzt *die Gesamtheit der ganzen Menschheit* treten. Sie soll der Tempel Gottes sein. Später sagte man, es würde die «Kirche» sein, die an die Stelle des Tempels getreten ist, und an die Stelle des Kultus von früher würde das neue «Messopfer» getreten sein.

In den *vier Teilen der Messe* sehen wir das Leben und seine Verwandlungen sich ausdrücken. Zuerst wird der Rückpfad zum Geistigen, das «Evangelium», verkündigt. Es geht dann durch den zweiten Messteil (Opferung) hindurch. Nachher wird Brot und Wein gebracht: Es geht bis zur «Wandlung», in welcher Leib und Blut tatsächlich zum Göttlichen verwandelt wird. Und in der «Kommunion», wo der Mensch das Göttliche aufnimmt, wird der «Christus» durch «Jesus» aufgenommen.

Das spätere Christentum hat nur das, was in den gnostischen Schulen gepflegt worden ist, veräußerlicht. Derjenige, welcher eine katholische Messe sieht und sie versteht, wird nichts anderes sehen als eine Verkörperung dessen, was die Gnostiker von ihrem Standpunkt aus als den *Christusweg des Menschen* sahen, nichts als eine Popularisierung der alten Mysterienlehren.

Während sich früher der einzelne Mensch einweihen lassen musste, wird diese *Einweihung* jetzt *für die ganze Gemeinde* aufgebaut. Jeden Tag wird diese Symbolik für die Gemeinde wiederholt und diese Wiederholung soll den dazu Berufenen erwecken.

Das spätere Christentum hat sich bestrebt, das Alte zu verwischen. Es wollte betonen, dass es etwas Neues ist, dass eine neue Zeit angebrochen ist. Trotzdem wird man auch in der äußeren Symbolik lauter gnostische Anschauungen wieder entdecken können und man wird damit alte Mysterien finden können. Aber gleichzeitig wird man sehen, dass nur diejenigen in die christliche Symbolik eindringen und sie enthüllen können, denen die eigentliche Bedeutung der Sache aufgehen wird. Es handelt sich um eine Popularisierung, und deshalb muss es immer und immer wieder (jeden Tag) wiederholt werden.

Die Kirchenväter stehen in ihrer Beziehung zu den Gnostikern fast auf demselben Standpunkt. Ihr Bestreben ging dahin, das zu verwischen, was aus dem Alten herüberkam und trotzdem können wir die ganzen Lehren noch in der Symbolik der neuen Kirche ausgedrückt finden, die allgemein sein wollte und sein will.

Im Wesentlichen stellt die Apokalypse diesen Ersatz des Früheren, der Mysterien, durch die «allgemeine Gemeinschaft der Heiligen» dar. Die Apokalypse ist nichts anderes als die Umschreibung des einen Satzes: «Das Mysterium soll populär werden.»

Es soll nichts anderes erreicht werden, als dass in der Darstellung der einmaligen Urinitiation, in der Wiederholung der Messehandlung, immer wieder darauf hingewiesen wird, *dass jeder den Pfad gehen soll* und dass jeder ihn finden wird, wenn er reif dazu ist.

Nur auf eine Stelle im Schlusskapitel möchte ich aufmerksam machen. Der Engel sagt da zu Johannes: *«Ver-*

siegle nicht die Worte der Weissagung in diesem Buch, denn die Zeit ist nahe ...» und so weiter. (Apokalypse 22,10) Diese Dinge werden uns zeigen, dass es sich für uns in der Apokalypse um eine Umschreibung des Satzes handelt: «Das Mysterium soll populär werden. Es soll als Kirche wieder aufleben».

Wir brauchen uns nur das ganze Gerippe der Apokalypse vor Augen zu halten, so werden wir sehen, dass es sich um nichts anderes handelt, als darum, die Stufen der gnostischen Anschauung zu popularisieren.

Die sieben Siegel bedeuten den Rückpfad des Menschen (Apokalypse, Kap.6-8):

- Bei der Eröffnung des *ersten Siegels* wird uns die Überwindung des Materiellen symbolisiert.
- Bei der Eröffnung des *zweiten Siegels* (wird symbolisiert), wie der Mensch die höheren Geisteskräfte in sich entwickelt.
- Bei der Eröffnung des *dritten Siegels*, wie das Verständnis für Maß, Ordnung und Harmonie des Weltalls im Menschen aufgeht, wie die Geist-Materie ihm klar wird, wie das große Weltgeheimnis sich ihm enthüllt. Also zuerst ist der Mensch im Materiellen befangen, dann kommt er zum Lebensprinzip.
- Auf der *vierten Stufe* wird die Materie überwunden, sie geht durch den Tod.
- Bei der Eröffnung des *fünften Siegels* sehen wir die geistigen Kräfte des Menschen hervortreten, die Geistseele des Menschen sehen wir entsiegelt wer-

den – die Seelen derer, die «erwürgt» waren um des Wortes Gottes willen. Nachdem sie neu geboren sind, schreien sie mit großer Stimme und sprechen: *«Herr, du Heiliger und Wahrhaftiger, wie lange richtest du nicht und rächest unser Blut an denen, die auf der Erde wohnen!»* (Apokalypse 6,10)

- [Bei der Eröffnung des *sechsten Siegels* geschieht die «Versiegelung» der Diener Gottes.]
- Bei der Eröffnung des *siebten Siegels* bricht der Tag des Zornes an, der Tag, an welchem der «Zorn Gottes» sich über alles Materielle ausgießt, wo das Höhere aus dem Niederen herausgeboren wird, die Buddhikräfte, die Weisheit. Der Mensch wird reif, das eigentliche Göttliche zu ahnen.

Er wird reif, die eigentlichen *Posaunen* ertönen zu lassen. Diese Verkündigung ist im Evangelium geschehen und da sehen wir, wie sich diese Reife in der neuen Botschaft ausdrückt: Christus ist auf die Welt gekommen und durchtönt die Natur.

Die sieben Posaunen stellen die Vergeistigung, die «Christ-Werdung» aller menschlichen Prinzipien dar. Während bei den Siegeln der alte Mysterienpfad gegangen wird, soll uns im Ertönen der Posaunen ein neuer Weg gezeigt werden, den wir finden sollen.

In der Apokalypse sehen wir auch eine Art Auszug aus Ägypten – im zweiten Teil. Daher haben wir immer ein Antönen an die Plagen – durch Tiere, Frösche, Heuschrecken. Man kann als Parallele den Auszug der Hebräer aus Ägypten nach Palästina lesen.

Der Auszug aus Ägypten ist (in der Apokalypse) auf einzelne Menschen zugeschnitten. Wo der Schreiber dann auf kosmologische Urgeister hinaufkommt, wo in der Mitte das Lamm, der Christus ist – inmitten der himmlischen Weltmächte und dessen, was im höheren Himmel sich darstellt –, da sieht er diese kosmologischen Ideen.

Das Buch mit den sieben Siegeln eröffnet ihm die Anschauungen der alten Mysterienkulte. Er stellt sich vor: «Ich werde geführt vor den Heiland, den Christus Jesus. Es werden mir die sieben Siegel des Buches entsiegelt». Das heißt nichts anderes als: «Es wird mir klar, dass die Welt auf der Grundlage von sieben Prinzipien aufgebaut ist, die aus dem Ewigen ausgeflossen sind.»

Nachdem der Mensch auf der höchsten Stufe angelangt ist, nachdem Weisheit und Geisteskräfte sich entwickelt haben, wird es dann «verkündet» – da ertönt die erste Posaune, die Stimme des Lammes. Dann führt Christus den Menschen weiter. In einer größeren menschlichen Gemeinschaft wird die Menschheit zum Göttlichen zurückgeführt.

Dass das der Fall ist, sehen wir besonders klar, wenn wir sehen, wie zuletzt das Geistgesicht von *Neu-Jerusalem* beschrieben wird. Das ist nichts anderes als die neue, größere Gemeinschaft gegenüber der früheren, engeren Gemeinschaft. Das neue Jerusalem ist die neue Kirche, die neue Gemeinschaft. *«Und ich sah einen neuen Himmel und eine neue Erde.»* (Apokalypse 21,1) Früher hatte man Himmel und Erde so dargestellt, dass in die Grabkammern das Licht des Morgens hineinleuchtete.

Christus nannte sich einmal den Eckstein (vgl. Matthäus 21,42), die höchste Spitze der Pyramide. Er ist der, welcher das Höchste erreicht hat. *«Und ich sah einen neuen Himmel. Und ich sah die heilige Stadt, das neue Jerusalem, von Gott aus dem Himmel herabfahren, bereitet als eine geschmückte Braut ihrem Mann.»* (Apokalypse 21,2) Sie ist die neue Braut, die mit dem neuen Geist sich vermählen soll.

Der Geist soll sich mit der Gemeinde verbinden und diese soll den Tempel darstellen. *«Und der auf dem Stuhl saß, sprach: Siehe, ich mache alles neu! Und er sprach zu mir: Schreibe, denn diese Worte sind wahrhaftig und gewiss! Und er sprach zu mir: Es ist geschehen. Ich bin das A und das O, der Anfang und das Ende. Ich will dem Durstigen geben von dem Brunnen des lebendigen Wassers umsonst.»* (Apokalypse 21,5-6)

Das lebendige Wasser ist der Weg aufwärts. Der Mensch hat den Pfad aufwärts durch das Materielle hindurch zu machen, er hat sich nach aufwärts zu wenden. *«Wer überwindet, der wird's alles ererben und ich werde sein Gott sein und er wird mein Sohn sein.»* (Apokalypse 21,7) Das neue Jerusalem, die Braut des Lammes, ist die neue Kirche.

Nach der neuen Stadt führen vier Wege: Sie *«hatte zwölf Tore und auf den Toren waren zwölf Engel und Namen darauf geschrieben, nämlich der zwölf Geschlechter der Kinder Israels. Jeder Weg führt durch drei Tore. Vom Morgen drei Tore, von Mitternacht drei Tore, vom Mittag drei Tore, vom Abend drei Tore.»* (Apokalypse 21,12-13)

Die zwölf Tore und zwölf Engel sind zwölf Kräfte. Länge, Breite und Höhe der Stadt sind gleich – wie bei der Pyramide. Die Mauer misst 144 Ellen nach dem Maß eines Menschen, das der Engel hat.* *«Die Mauer der Stadt hatte zwölf Gründe und auf denselben die Namen der zwölf Apostel des Lammes. ... Die Gründe der Mauer waren geschmückt mit Edelgestein. ... Die zwölf Tore waren zwölf Perlen. ... Ich sah keinen Tempel in der Stadt, denn der Herr, der allmächtige Gott ist ihr Tempel und das Lamm.»* (Apokalypse 21,14·19·21·22)

Darin ist ausgesprochen, dass die äußere (Kult-)Stätte durch den geistigen Tempel ersetzt wird. Die (neue) Stadt bedarf weder der Sonne noch des Mondes, diese alten Lichter sind ersetzt. Die neue Leuchte ist das Lamm. Alle alten Symbole sind aufgegangen in dem Lamm, welches das eigentliche Evangelium gebracht hat. Sie haben aber das Christentum vorbereitet.

Ich möchte noch einmal kurz zusammenfassen, was der Grundcharakter dessen ist, was die Apokalypse sagen will:

---

* Die 12 Apostel stellen die 12 Urkräfte in jedem Menschen dar (siehe die 12 Arbeiten des Herakles). Das naturgegebene Ich ist zunächst nur 1/12 des vollständigen Menschen. Durch die Kraft des höheren Ich (des Genius, des Engels, des Herakles), durch die Liebe zum *vollkommenen* Menschen in *allen* Menschen, macht sich der Einzelne im Lauf seiner Entwicklung alle 12 Kräfte (12/12) zu Eigen. Wenn alle 12 Apostel (alle Menschen) vollkommen geworden sind (auf die Stufe des «Engels» erhoben sind), hat man insgesamt 12 x 12 = 144. So ist die Zahl 144 die Zahl der vollendeten Erlösung *des einzelnen Menschen und der Gemeinschaft aller Menschen*, des geistigen Leibes des Christus.

Die christliche Kirche hat die alten Mysterien in sich aufgenommen. Was die alten Mysterien uns sagen, das ist die Lehre vom *siebenteiligen Menschenpfad*. Was das Christentum uns sagt, das stellt sich in einer allgemein verständlichen Weise dar. An die Stelle der einstigen Tempel stellt die Kirche die Zurückführung des Mikrokosmischen ins Makrokosmische dar.

Man kann die Apokalypse nur dann verstehen, wenn man sie aus der Gnosis heraus begreift: Dass wir in Jesus Christus das Osterlamm sehen, das die Welt überwunden hat – dass Christus sich durch seine Religion zum Träger der ganzen Menschheit gemacht hat. Und die Mysterientempel werden dann ersetzt durch die Kirche.

Dies ist der Hauptsatz, welcher durch die Apokalypse zum Ausdruck gebracht werden soll.

Zweiundzwanzigster Vortrag

Paulinisches Christentum und johanneisches Christentum

Berlin, 4. April 1902

Sehr verehrte Anwesende!
Nachdem wir durch unsere bisherigen Betrachtungen haben sehen können, wie bei der Bildung des Christentums die damals herrschenden Mysterienanschauungen verwendet worden sind, wollen wir heute an zwei Hauptvertretern des Urchristentums sehen, wie sich diese in das ganze Werden, in den Entstehungsprozess hineingestellt haben.

Zweifellos hat Paulus in dem Christus den Vermittler zwischen Gott und Mensch gesehen, eine Persönlichkeit auf solch hoher Stufe der Entwicklung des Daseins, dass dieser Mensch nach der Anschauung des Paulus zweifellos den Tod überwunden hat und ihm in der Stunde seiner «Bekehrung» wirklich in vergeistigtem Leib erschienen ist. (Apostelgeschichte, Kap.9)

Das ist der Glaube des Paulus. Das ist auch das, was ihm die Zuversicht zum Lehren gegeben hat: Überzeugt vom Mittler zwischen Gott und Mensch, vom auferstandenen Jesus Christus, zog er hinaus und hat das Evangelium verkündigt.

Wo kamen die Bestandteile her, welche eine ganz bestimmte philosophische Auffassung voraussetzen, und besonders solche, welche sich uns als Umdeutung der (Einweihungs-)Rituale ergaben? Wo ist der Ursprung des Jesuslebens zu suchen? Wir dürfen durchaus sagen: Innerhalb der Predigten, die im ersten Jahrhundert in der großen Christengemeinde gehalten worden sind.

Innerhalb dieser hat Paulus nicht die Auffassung vertreten, die uns im Johannes-Evangelium entgegentritt, wo der Christus Jesus die Mensch gewordene zweite Gestalt Gottes (des Logos) ist. Diese streng mystisch-geisteswissenschaftliche° Auffassung hat Paulus nie vertreten – das tat aber «Johannes».*[34]

Da die Apokalypse zweifellos von Johannes ist, so haben wir in der Schule des Johannes – welche Christus als den Mensch gewordenen Gott auffasst – nicht bloß den Mittler zwischen Mensch und Gott, nicht bloß eine vorbildliche (menschliche) Persönlichkeit, sondern wir haben es in der Persönlichkeit, welche sich durch Johannes aufbaut, mit einer vergeistigten (vergöttlichten) Persönlichkeit zu tun. Wir sehen da eine vergeistigte Persönlichkeit Platz greifen.

Wir wissen, dass Johannes sich in Ephesus aufgehalten hat, dass er seine wichtigsten Schriften dort abgefasst und in Beziehung zu dem Presbyter Johannes gestanden

---

* «Johannes» ist nicht nur ein persönlicher oder ein Eigenname. Er bezeichnet vordergründig eine Entwicklungsstufe: Jeder, der sie erlangt, ist ein «Johannes»-Mensch. So gab es einen Täufer-Johannes, einen Presbyter-Johannes und andere Johannes. Hier ist die Rede vom Lazarus-Johannes, der von Christus auferweckt wurde (siehe Johannes Kap.11) und der sowohl das Johannes-Evangelium als auch die Apokalypse verfasst hat. Siehe auch in den Hinweisen.

hat. Ob die Lehren vom Logos der ägyptisch-griechischen Philosophie entnommen sind, das ist für uns mehr oder weniger gleichgültig. Aber das ist festzustellen, dass von Johannes die mystisch-geisteswissenschaftliche Auffassung (des Christentums) ausgegangen ist.

In Ephesus und Kleinasien war eine ganze Reihe von Christengemeinden. Es waren jedenfalls viel mehr als sieben. Die Apokalypse richtet sich streng genommen nur an sieben Gemeinden, denen die Lehre geoffenbart werden soll. Als Johannes nach Ephesus kommt, spielt er eine ganz besondere Rolle. Er war eine der wichtigsten Persönlichkeiten, aber in der Verwaltung der Kirche hatte er eigentlich gar keinen besonderen Einfluss.

Die Verwalter sind ganz andere Menschen: Als ein solcher Kirchenvorsteher starb, wurde einfach ein anderer gewählt, ohne dass man daran dachte, Johannes an die Spitze zu stellen. Alle Ausführungen, die wir aus dieser Zeit kennen, deuten darauf hin, dass da ein gewisser Gegensatz war – nicht ein Widerstreit –, dass die Richtung des Johannes und das paulinische Christentum nebeneinander hergegangen sein müssen.

Das ist eine sehr wichtige Tatsache. Sie ist nur dadurch zu erklären, dass wir im Hinblick auf die ganz anders geartete Jesusgestalt im Johannes-Evangelium – und im Hinblick auf etwas, was ich noch sagen werde – in der *Johannes-Schule* eine besondere Lehre haben, die aber nicht der großen Masse gepredigt wurde. Wir wissen sogar, dass die Lehren des Johannes für die große Masse zuerst für gefährlich gehalten worden sind.

In der Johannes-Schule haben wir es wahrscheinlich mit einer Art Geheimschule zu tun, mit einer mystischen Gemeinde, aus der *das Johannes-Evangelium* hervorgegangen ist und von der auch die synoptischen Evangelien beeinflusst wurden.

Es war früher nicht in der Form einer (Lebens-)Geschichte aufgeschrieben, sondern es waren nur die Lehren aufgeschrieben. Die Sprache wurde das Weltall.[35] Die Geschichte wurde aber frühestens Ende des ersten Jahrhunderts aufgeschrieben. Das weist darauf hin, dass wir es in Ephesus und Umgebung mit der großen Christengemeinde und mit einer mystisch-geisteswissenschaftlichen° Schule des Johannes zu tun haben.

Aus dieser Johannes-Schule geht alles hervor, was wir an geschichtlich-allegorischen Momenten im Christentum haben, während im paulinischen Christentum wir nichts anderes als den Christus haben, der für die Menschheit gestorben ist, und das, was er gelehrt hat – auch dass er die Abendmahlsgemeinschaft eingeführt hat. Das war das gemeinsame Band, an dem sich die Christen der damaligen Zeit erkannt haben.

Dass wir es mit einer mystischen Gemeinde (des Johannes) zu tun haben, ist daraus zu ersehen, dass wir es (in der Apokalypse) mit sieben Gemeinden zu tun haben. Gleich am Anfang der Apokalypse haben wir es mit einer allegorischen (Lehr-)Schule zu tun, während im Johannes-Evangelium wir es mit einer mystisch-geisteswissenschaftlichen° (Lebens-)Schule zu tun haben. Die Johannes-Schule war nicht die einzige. Wir werden vielleicht noch eine andere heute kennen lernen, wenn die Zeit dafür vorhanden ist.

Was ist also durch die Johannes-Schule in das Christentum hineingekommen? Solche Dinge, die ich schon genannt habe: *Die Auferweckung des Lazarus*, was nichts anderes ist als die Darstellung eines Initiationsvorgangs. Diese Dinge rühren von solchen Schulen her, welche mit Mysterienriten ganz genau bekannt waren. Diese Auferweckung des Lazarus ist zweifellos Bestandteil einer Geheimschule und nicht (Bestandteil) der synoptischen Evangelien. Dafür sprechen die Tatsachen.

Was wir jetzt noch betrachten müssen, ist: Innerhalb der Geheimschule muss das entstanden sein, was man *Apostolisches Glaubensbekenntnis* nennt. Dieses ist nichts anderes als ein Ergebnis der Mysterienkulte. Derjenige, welcher sich – nachzulesen ist die Darstellung, welche ich den Mitgliedern gegeben habe –, derjenige, welcher sich auf den Weg der Initiation begeben hat, hat ein Glaubensbekenntnis abzulegen gehabt, in dessen Sinn er eingeweiht worden ist.[*]

Ich will Ihnen ein solches Glaubensbekenntnis einmal skizzieren. Man kann das nicht willkürlich sich zurechtlegen, sondern es ergibt sich durchaus aus dem, was uns überliefert worden ist:

---

[*] In den Jahren vor dem Halten dieser Vorträge hatte Steiner ein eigenes Glaubensbekenntnis unter dem Titel: «Credo. Der Einzelne und das All» geschrieben. Der Text lässt tief in das blicken, was damals in Rudolf Steiner lebte. Er ist im ersten Anhang zu lesen.

1. Zu glauben hat der Mensch zunächst an eine höchste Gottheit, die tief verborgen ist, auf die sich aber eine Perspektive für denjenigen eröffnet, der den höchsten Pfad der Gleichnisse gehen will. Es ist der «Vater» aller Dinge. Das war der erste Artikel.

2. Dann hat er zu glauben an den «zweiten Logos». Der erste Logos war der Vater selbst, der dann einzog in die Dinge: Dadurch ist es gekommen, dass er die Form des zweiten Logos angenommen hat. Der zweite Logos ist also eine Art Ebenbild Gottes, ein geistiges Spiegelbild Gottes. Der steigt herunter und nimmt materielle Form an. Man nennt das das Aufgehen Gottes in einem materiellen Dasein – er verdichtet sich, nimmt materielle Form an. Die Welt im Großen ist nichts anderes als der materialisierte zweite Logos, der sich bis zur menschlichen Seele heraufentwickelt, um von da die Rückkehr zu Gott wieder zu finden.

Wenn der Mensch die Materie durchforscht, so findet er in der Materie den Geist. Dieser ist aber nichts anderes als der Geist, der früher in die Materie eingezogen ist. Dieses Herabsteigen stellt sich uns mystisch in den späteren Schriften des Dionysios dar – in den verschiedenen mystischen Gestalten wie Osiris, Isis und so weiter. In den mythologischen Vorgängen haben wir die verschiedene Umgestaltung dieses Vorgangs. Also kurz: Ich glaube an den materiell gewordenen Logos.

3. Wozu hat Gott nun dieses Opfer der Vermaterialisierung gebracht, wozu ist er herabgestiegen? Es bedeutet den ganzen Entwicklungsprozess selbst, die Welt wäre sonst nicht da. Dazu bekennt sich der zu Initiierende: Der Logos ist herabgestiegen in die Materie und ist nun wieder in seinem Aufstieg. Diese allgemeine Anschauung (dieser Entwicklungsprozess) wird gleichsam mikrokosmisch für jeden einzelnen Menschen wiederholt. Es bestand die Anschauung, dass im einzelnen Menschen sich derselbe Prozess vollzieht, wie er sich mit Gott vollzogen hat.

Um dies nun dem zu Initiierenden besonders anschaulich zu machen, dazu waren die Initiationskulte da. In der Regel wurden solche Mysterienkulte in der Nähe von Seen abgehalten und auch in Athen waren sie in der Nähe von Teichen. Der See, das Wasser – das wissen wir aus dem ägyptischen Initiationsritual –, galt als Symbol des materiellen Daseins. Das Herabsteigen in das materielle Dasein, das sollte der, welcher die Initiation suchte, abspiegeln. Deshalb wurde dieser Kult in der Nähe von Seen abgehalten.

Etwas Merkwürdiges ist dann eingetreten. Das können Sie finden, wenn Sie das Apostolische Glaubensbekenntnis verfolgen, das die verschiedenen Konzilien festgelegt haben: Die ganzen Vorgänge, die da im Bekenntnis geschildert werden, sind nichts anderes als dieselben Punkte, dieselben Prozesse, welche im Initiationsprozess auch zu finden sind. *Das Apostolische Glaubensbekenntnis zeigt noch klar den Initiationsprozess.*

Lassen Sie nur die Worte «gelitten unter Pontius Pilatus» aus, so werden Sie sehen, dass es sich um einen Initiationsvorgang handelt. Es wird ein Bekenntnis abgelegt

- von Gott, dann
- von dem vermaterialisierten Gott, dem zweiten Logos, dann
- von dem Aufstieg der zu Initiierenden: Drei Tage im Schlaf, das Hinabsteigen zur Hölle, um am dritten Tag wieder aufgeweckt zu werden und als Eingeweihter aus dem Prozess wieder hervorzugehen.

Da besteht aber nun die Schwierigkeit, dass wir auf der einen Seite den zweiten Logos, den Christus Jesus haben – das Johannes-Evangelium identifiziert den Christus Jesus geradezu mit dem zweiten Logos – und auf der anderen Seite die (menschliche) Persönlichkeit Jesu, so dass wir annehmen können, dass wir es mit einer Umdeutung des zweiten Logos in die menschliche Persönlichkeit Jesu zu tun haben. Man hat die Sache «christianisiert».

Nun komme ich zu einer Hypothese – ich will es vorerst Hypothese nennen: Ich meine die Worte «gelitten unter Pontius Pilatus». Wir haben sie von den Schriften, die der Zeit entstammen, wir wissen aber von den (historischen) Vorgängen nichts. Wir wissen, dass ein «Pilatus», wenn auch nicht in Jerusalem, so doch im assyrischen Reich existiert hat. Aber das kann uns doch nicht davon überzeugen, dass sich ein ganz merkwürdiger Prozess abgespielt haben muss.

Wir können nicht anders, als das Apostolische Glaubensbekenntnis als umgeprägten Initiationsritus aufzufassen. Der zweite Logos ist zur (menschlichen) Persönlichkeit umgewandelt. Wie kommt nun «gelitten unter Pontius Pilatus» dahinein?

Sie brauchen nur einen einzigen Buchstaben aus Pontius wegzulassen und statt Pontius nur Pontus zu sagen – und «Pontus» in der Bedeutung von «See» zu nehmen.* Es erscheint dies zwar etwas gewagt, aber solche Einschiebungen – nennen Sie es nicht Fälschungen, denn sie sind im besten Glauben gemeint – sind in den ersten Jahrhunderten alle Augenblicke vorgekommen.

Dieses Bekenntnis schildert die verschiedenen Stadien der Initiation nach den Mysterienritualien. Die sind aber an verschiedenen Orten fast immer an einem See abgehalten worden. Es ist immer auch gesagt worden, dass sich diese Dinge an irgendeinem See da oder dort zugetragen haben. Wir müssten uns daher geradezu wundern, wenn beim Umprägen eines Mysterienrituals der Umstand, dass der Vorgang an einem See sich abgespielt hat, darin nicht zu finden wäre.

Wir haben also Grund anzunehmen, dass wir es mit der Einschiebung eines «i» zu tun haben (pontus = Ponti-

---

* Griechisch ποντος (pontos) heißt See, Meer, Wasser; πυλη (pyle) heißt Tor, Pforte, Türflügel, Engpass. Beide Worte zusammen ergeben etwa «Meeres- oder Wasserschwelle». Bei seiner zehnten Arbeit errichtet Herakles die «Säulen des Herakles» als Eingangstor in den Ozean des Geistes, der in der Materie am Werk ist. (siehe Band 1, 8. Vortrag)

us), so dass es nichts anderes bedeuten würde als das Herabsteigen in die Materie oder das Durchmachen des Vorgangs der Initiation. Wir haben es also mit einer Anwendung des Rituals zu tun, mit einer Verschmelzung dessen, was gelehrt wurde, und dessen, was aus verschiedenen Kulten in das Christentum eingeflossen ist. An den verschiedensten Orten sind auch innerhalb des Christentums die verschiedensten Kulte gepflegt worden.

So zum Beispiel wissen wir, dass, als die ersten Christengemeinden in Rom entstanden sind, die Rituale ganz andere waren als die in Ephesus in Kleinasien. Diejenigen, welche dann nach Rom kamen, haben sich nach dem Ritus von Ephesus gesehnt. Es war also eine Amalgamierung (Vereinigung) und ein Hineinwachsen des Neuen in die von früher noch bestehenden Mysterien.

Paulus ist von einer nach dem Judentum hinweisenden Lehre ausgegangen. Er hat auch Heiden aufgenommen, aber immer auf das achtend, was schon vorhanden war. Er sagt auch: Die Juden halten mehr auf Zeichen, die Griechen mehr auf Weisheit; ich behandle beide so, wie sie behandelt sein wollen. (vgl. 1.Korinther 1,22) Er schuf nicht etwas, was die Leute perplex machte (verwirrte), sondern er gestaltete das aus, was er vor sich hatte. In viel höherem Grad scheinen das auch die anderen gemacht zu haben. Uns vorzustellen, dass das Christentum als einheitliche Lehre von Anbeginn da gewesen wäre, das wäre eine kindliche Auffassung.

Paulus und Petrus waren höchst uneinig und in den Gemeinden waren auch Streitigkeiten. Paulus war häufig bemüht, solche Streitigkeiten zu schlichten. Es hat sich also nicht um eine streng einheitliche Lehre gehandelt, sondern man hat aus den verschiedensten Punkten die Strahlen zusammengehen sehen. Die Zentralisierung fand erst viel später statt.

Neben dem populären Christentum des Paulus hat also auch eine esoterische Auffassung, die Schule des Johannes, bestanden.

Einer Reihe von Schriftwerken verdanken wir die darauf bezüglichen Mitteilungen. Sie tauchen im sechsten Jahrhundert nach unserer Zeitrechnung auf, und später bilden sie die Unterlagen der verschiedenen Kirchenschriftsteller. Sie werden dem *Dionysios* (Areopagita) zugeschrieben, dem Apostel-Schüler, der in Athen von Paulus zum Christentum bekehrt sein soll. (vgl. Apostelgeschichte 17,34) Oft ist das alles für falsch gehalten worden. Aber man kann nicht verstehen, was das heißen will, wenn man sie so auffasst, dass nicht der Dionysios sie verfasst hat. Wenn wir diese Schriften verfolgen, finden wir eine noch tiefere Auffassung des Christentums. Der Verfasser wird nicht genannt.

Die Bezugnahmen der Kirchenschriftsteller (auf Dionysios) zeigen aber jedenfalls, dass diese Schriften schon vorhanden waren. Alle Spuren weisen darauf hin, dass sie nicht erst im lateinischen Christentum entstanden sind, sondern dass man sie erst spät «entdeckt» hat. Wir haben es da also mit Schriften zu tun, welche die Anschauungen der ersten Kirchenväter der griechischen Kirche widerspiegeln.

Der Verfasser stellt sie uns als eine Ausbildung der alten Mysterienverhältnisse dar, als Glaube an den Gott, der nur auf mystische Weise zugänglich ist. Dann wird uns dargestellt, wie von diesem Gott die unvollkommenen Wesenheiten (Engel) ausgehen und auf diese Weise ein Abstieg bis zu den Gestalten sich vollzieht, zu denen der Mensch selbst gehört. Dann wird dargestellt, wie durch die verschiedenen Gestaltungen eine Rückkehr zu dem Gott stattfinden soll. Nähere Berichte finden wir bei Scotus Erigena, der seine *Einteilung der Natur* in diesem Geist geschrieben hat.

Was wir in diesen Schriften kennen lernen, weist uns darauf hin, dass wir es vom zweiten Jahrhundert an mit einer solchen Geheimschule (in Athen) zu tun haben, ganz ähnlich der Johannes-Schule in Ephesus. Auch sie hat solche mystisch-geisteswissenschaftlichen° Lehren gepflegt.

Also solche Traditionen, welche darauf ausgehen, zu zeigen, dass wir es mit einem «Pseudo-Dionysios» zu tun haben, weisen darauf hin, dass eine solche Schule bestanden hat, welche ihre Lehren nicht aufgeschrieben, sondern mündlich fortgepflanzt hat; und dass diese Lehren zurückzuführen sind auf den vom Apostel Paulus bekehrten Dionysios. Solche Geheimschulen haben also in der ersten Zeit des Christentums zweifellos bestanden.

Daher müssen wir unterscheiden zwischen der populären Anschauung (Paulus) und der Anschauung, welche der einzelne Eingeweihte selber vertreten hat (Johannes).

Wenn wir die Schriften des *Pastor Hermas*[36] (Hirt des Hermes) verfolgen, so können wir fast mit Händen greifen, was hinter der Ausdrucksweise steckt. Hermas bricht nicht mit der mystischen Tradition, sondern steht auf demselben Standpunkt. Wir haben es mit Lehrern zu tun, welche eine tiefere Auffassung vom Christentum haben, die sie bestrebt sind, in Symbolik umzusetzen, in Glaubensbekenntnis – das Stück für Stück in den Konzilien aufgebaut ist, das in den Kulthandlungen und Riten aufgebaut ist.

Wir können dies geradezu bei den Kirchenschriftstellern verfolgen. Wir können manchmal nicht verstehen, was in einem solchen Symbol enthalten ist. Wir müssen aber solch ein Symbol gläubig hinnehmen und glauben, dass uns der Sinn nach und nach aufgehen wird. Wenn nun dieser Mann davon spricht, dass es vier Grade der Einweihung[37] gibt, wie dies in seinen Schriften geschildert wird, dann können wir nur sagen, dass neben der exoterischen Lehre noch eine esoterische Lehre bestanden haben muss.

Wer das Symbol bekommt – wem zum Beispiel das Messopfer vorgeführt wird –, der wird nicht dadurch gestört, dass ihm etwas vorgeführt wird, sondern es wird ihm eben ein Symbol gegeben. Bald wird er zum geheimnisvollen Sinn des Symbols durchdringen. Bei den Kirchenschriftstellern des dritten und vierten Jahrhunderts sehen wir durchaus, dass die tieferen Lehrer des Christentums verschiedene Einweihungsstufen durchzumachen haben. Für die große Masse ist die esoterische Lehre im Symbol zur Anschauung gebracht worden.

Nun wollen wir sehen, wie die esoterische Lehre sich ausgebildet und wie das Esoterische sich dem Exoterischen angepasst hat – und wie dadurch die Kirche nach weltlicher Macht strebt. Wir wollen sehen, wie dieser (esoterische) Charakter nach und nach verloren gegangen ist und die Spuren davon sich bis in die Scholastik hinein verflüchtigt haben.

Das hängt mit wichtigsten Tatsachen zusammen, die sich in der Kirchengeschichte abgespielt haben, und mit der Übertragung der Vorgänge im Christentum von dem asiatischen Ephesus auf das italienische Rom.

Im ersten und im Anfang des zweiten Jahrhunderts war Ephesus der wichtigste Sitz für die Ausbreitung des Christentums. Dann ging dieser Sitz von Ephesus nach dem italienischen Rom. Man spricht auch von Ephesus als von einem «asiatischen Rom», und zwar von einer Richtung, die nicht das paulinische, sondern das johanneische Christentum betraf. Wir sehen also in der Johannes-Lehre ein esoterisches Christentum, während wir in der paulinischen Richtung die populäre Form haben.

Fragenbeantwortung

- Pontus = See. «Pontius Pilatus» war Landpfleger von Caesarea.
- Der «Heilige Geist» ist nichts anderes als der dritte Logos, den wir in der Materie und in unserer Seele wieder finden.

- «Auferstehung des Fleisches» = Reinkarnation. In der Johanneischen Schule nicht nachweisbar, wahrscheinlich gar nicht vorhanden gewesen.[38] Die Kirche hat an Stelle der Initiation die Inspiration mit dem Glauben treten lassen. Die Geheimlehren wurden kanonisiert, dogmatisiert.
- Warum die Lehre von der Reinkarnation nicht populär gewesen ist, ist mir heute ganz klar: Auch heute ist es schwierig, sie populär zu machen. Man sieht politisch eine Gefahr darin. Die Reinkarnationslehre in ihrer wahren Gestalt kann man doch nicht populär machen. Die Reinkarnationslehre hat zu wüstestem Aberglauben geführt – Seelenwanderung durch Tiere und so weiter.
- Das Christentum betrachtete die Reinkarnationslehre nicht als eine Lehre, welche man der großen Masse übergeben könnte. Der «stellvertretende Sühnetod» im paulinischen Christentum ist etwas, was sich mit Reinkarnation und Karma nicht vereinigen lässt.

Dreiundzwanzigster Vortrag

Augustinus:
statt Wiederverkörperung, Prädestination

Berlin, 19. April 1902

Sehr verehrte Anwesende!

Es war meine Aufgabe, zu zeigen, dass in den ersten Jahrhunderten das Christentum eine Entwicklung durchgemacht hat. Und ich habe betont, dass der Abschluss dieser Entwicklung im Grunde genommen doch verhältnismäßig spät, jedenfalls viel später eingetreten ist, als die orthodoxen Kirchen sich diesen Abschluss vorstellen.

Diese Entwicklung ist durch eine mystische Epoche hindurchgegangen. Der Hauptgedanke war der, dass überall im Mittelmeerraum, in Europa und weit hinein in Afrika es vor unserer Zeitrechnung, vor dem ersten Jahrhundert der christlichen Ära, eine Vertiefung der religiösen Weltanschauung gegeben hat und dass diese Vertiefung des religiösen Lebens genau in derselben Richtung sich bewegte und dem Christentum geradezu entgegengewachsen ist, ja für viele Strömungen im Christentum direkt die Grundlage gebildet hat.

Wenn wir christliche Schriftsteller vom ersten Jahrhundert durchmustern, können wir nicht sagen, was von diesem und was von jenem herrührt. Die Apokalypse war nichts anderes als eine Popularisierung alter Mysterienideen. In die Mysterien Eingeweihte sind später oft zum Christentum übergetreten. Sie drücken sich dann in derselben Weise aus wie die heidnischen Schriftsteller.

Besonders wurde uns dies klar bei dem so genannten Pseudo-Dionysios, bei Dionysios Areopagita, der noch vom Apostel Paulus «bekehrt» worden sein soll. Die Schriften von diesem Dionysios rühren wahrscheinlich von noch früheren Zeiten her. Sie sind von mystischen Ideen durchdrungen, auch geisteswissenschaftliche° Ideen sind darin. Wir haben es da mit einem alten ägyptischen Priester zu tun, der in die ägyptischen oder in die eleusinischen Mysterien eingeweiht war, der dann die Wahrheiten auf diese Weise zum Ausdruck bringt. Oder wir können auch annehmen, dass in Alexandrien die Mystik des Dionysios wieder (zuerst?) zum Ausdruck kommt.

Wir haben es im ersten Jahrhundert mit einer Lehre zu tun, die in Entwicklung begriffen ist. Tatsächlich können wir sagen, dass erst im vierten Jahrhundert die ganz bestimmte, im Abendland als «Christentum» bekannte Lehre Platz gegriffen hat.

Der erste Schriftsteller, der die erste christliche Mystik erzeugt hat, ist Augustinus, der uns heute beschäftigt. In ihm haben wir die erste christliche Mystik vor uns. So wird uns das Rätsel, dass dem Christentum die Mysterien der Alten zugrunde liegen, am klarsten erscheinen.

Die *Gnostiker* waren christliche Mystiker des ersten Jahrhunderts. Wir sehen, dass diese Gnostiker die alten geisteswissenschaftlichen° Lehren vom Logos, von dem in die Materie verkörperten Logos, gelehrt haben, und dass sie das, was sie aus den alten Mysterien gewonnen haben, weiter verarbeitet haben.

Wir sehen, dass sie davon ausgegangen sind, dass der Mensch nur durch die verschiedenen Grade der Erkenntnis zu einem wirklichen Schauen aufwärts steigen kann. Sie haben einen «vergeistigten Christus» als den ihrigen anerkannt. Sie bedienten sich aller Mittel der christlichen Gesinnung, sie nahmen vom Jesus von Nazareth so viele Lehren wie möglich herüber in jene Lehren, welche wir auf Grund der Evangelien heute noch erraten können.

Verschiedene Sekten gab es auch bei den Gnostikern. Ihre Lehren stellen im Wesentlichen nichts anderes als eine ins Populäre übersetzte alte Mystik dar. Wenn wir uns den Geist der (alten) Lehren in neue Formen gegossen denken, dann haben wir das, was die Gnostiker vertraten. Sie waren es auch, welche sagten, dass das Beste nicht der Schrift anvertraut werden kann, sondern dass die höchsten Stufen nur von Persönlichkeit zu Persönlichkeit übertragen werden können.

So waren die Gnostiker die Träger eines vergeistigten Christentums. Auch in Alexandrien haben wir solche Erkenntnisse. Wir könnten eine ganze Reihe von christlichen Bekenntnissen anführen, wir können aber nicht mehr sagen, was die verschiedenen kirchlichen Schriftsteller gelehrt haben, die von den Kirchenvätern als Irrlehrer bezeichnet worden sind.

Wenn wir diese verschiedenen Meinungen durchgehen würden, dann würden wir sehen, dass wir es allerdings im ersten Jahrhundert der christlichen Entwicklung mit einer vielfältigen, nicht mit einer einheitlichen Lehre zu tun haben – mit einer Lehre, welche von allen Seiten Zuflüsse gewonnen hat. Es ist also so, dass wir es im ersten Jahrhundert nicht mit einer in sich abgeschlossenen Lehre zu tun haben.

Das heutige Christentum ist eine Schöpfung der beiden Konzilien von Nicäa und Konstantinopel. Die wichtigste Persönlichkeit, welche innerhalb der christlich-mystischen Entwicklung steht, müssen wir in *Augustinus* sehen, weil sie eine Vertiefung in sich selbst gesucht hat, welche von keiner späteren in solcher Weise erreicht worden ist – die auch nicht übertroffen werden konnte, weil die spätere Zeit christlicher, aber nicht mystischer war.

Augustinus (354-430) stellt uns das vierte bis Anfang des fünften Jahrhunderts dar, was uns den Grundunterschied zwischen dem zeigen kann, was vom (ursprünglichen) Christentum noch vorhanden gewesen sein muss, und dem, was dann später an die Stelle dieses ursprünglichen Christentums getreten ist.

Ich möchte gleich vorausschicken, dass derjenige, welcher selbst an das Studium des Augustinus herantritt, an dem tiefen Gemütsleben die größte Befriedigung finden kann. Ich möchte sagen, dass ich keine Persönlichkeit an Größe und Scharfsinn des Denkens mit Augustinus vergleichen würde. Aber auch von den modernen Philosophen dürfte es nur wenige und nur weniges geben, was ich dem Augustinus an die Seite stellen möchte. Wer Cartesius nimmt und studiert, wer ihn mit Augustinus vergleicht, wird finden, dass Cartesius nur eine einseitige Ausbildung ist. Augustinus aber gehört zu den tiefsten Denkern aller Zeiten.

Was uns über die Gnostiker bekannt ist, weist uns darauf hin, dass diese in ihren Grundanschauungen außer dem, was in aller Welt von alten Religionssystemen vorhanden war, auch das noch hatten, was an Mysterien sich verbreitete – dass in der Gnostik in der Tat alles das vertreten war, was wir heute in der Geisteswissenschaft° an Lehren aufzuerwecken suchen. Der, welcher versucht, in die Gnostik einzudringen, der wird sich nichts anderes sagen können, als dass es zweifellos ist, dass diese gnostische Grundanschauung von den Empfindungen und Vorstellungen noch durchdrungen ist, welche das Wesentliche, den tiefsten Kern der alten Religionssysteme ausgemacht haben, dass nur die Dokumente uns nicht klar und deutlich genug sprechen.

Wir können die *Lehre von der Wiederverkörperung*, der Reinkarnation, nehmen, welche einzig und allein einer ewigen Weltordnung entspricht, die in sich streng geschlossen ist, die einzig und allein uns zeigt, wie Welt und Gott identisch sein können, weil nur unter der Voraussetzung dieser Lehre ein völliger Ausgleich, eine Harmonie zwischen Wahrem und Falschem (zwischen Gut und Böse) – kurz, eine völlige Harmonie zwischen allen scheinbar auseinander gehenden Ideen möglich sein kann.

Ich meine, dass der Mensch sich da nicht nur mit irgendeinem (außerweltlichen) göttlichen Wesen einig fühlt, sondern mit dem ewigen Geist, welcher die ganze Welt durchzieht, und diesen Geist nicht nur als die einige Gottheit, sondern auch als die Individualität, die durch jedes Einzelleben hindurchgeht, fühlt. Ich meine also, dass die Wiederverkörperung des Geistes, die uns auch in der buddhistischen Lehre entgegentritt, welche nicht einen, sondern viele Buddhas hat, dass diese Lehre zweifellos etwas ist, was als Grundton in der alten Lehre der Gnostiker enthalten war.

Wir begreifen jetzt, warum tiefer eingeweihte Schüler des Dionysios sich immer und immer wieder mit dem Namen des Gründers belegten. Pythagoräer waren der Meinung, dass der Geist Pythagoras' noch in ihnen fortlebte, und die Schüler des Dionysios erkannten ihn in sich, wie die Pythagoräer in sich ihren Urvater erkannten. Erst in späterer Zeit sind dann seine Lehren aufgezeichnet worden. Der, welcher sie aufgezeichnet hat, hat sich als eine Persönlichkeit betrachtet, die im Geist (zurück) bis in die Zeit der Gründung des Ordens hinaufreicht.

Das ist das Grundphänomen der Christenheit: Dass diese Lehre von der allgemeinen Geistigkeit der Welt, dass diese esoterische Anschauung allmählich überwunden, vergessen wird und verschwindet. Es tritt uns daher – zuerst bei Augustinus klar und deutlich – ein Christentum ohne diese Weltauffassung, ohne diese Grundstimmung entgegen.

Augustinus vertritt eine Anschauung, die frei von der Seelenwanderung und frei von der Verwandlung des Geistes ist. In Augustinus tritt uns daher *der erste* Mystiker entgegen, *der es nur mit dem einen persönlichen Menschenleben zu tun hat*. Was die alten Religionen zwischen der einzelnen Persönlichkeit und der All-Einheit eingeschoben haben, das ist bei Augustinus weggefallen.

Es ist das Große und Bedeutungsvolle, dass in der Kirche eine Persönlichkeit auftrat, die eine unermessliche Tiefe erreichte, obwohl sie keine Zwischenglieder zwischen Persönlichkeit und All-Einheit gekannt hat. Das eröffnet uns erst das Verständnis der augustinischen Lehren.

Sie enthalten eine Mystik ohne die Grundlage einer alten mystischen Anschauung, eine Mystik, in welcher alles das, was die Alten zwischen den Menschen und die Gottheit gelegt haben, in die Gottheit hineingelegt wird. Was zwischen beiden ist, wird in die Gottheit hineinverlegt. Daher schreibt Augustinus auch: Das, was die Menschen früher als *ihre* Welt empfunden haben, das haben sie in die Gottheit hineinverlegt.

Wenn er die ganze Welt betrachtet hat und dann seine persönlichen Eigenschaften, dann hat er sich gesagt: Diese Welt hat keine Grenze. Sie schließt Persönlichkeiten in sich ein – vorher und nachher – und den Ausgleich, den ich in mir nicht finden kann, den finde ich in der ganzen Welt. Was ihr an einem einzelnen Ort zu einem Zeitpunkt fehlt, das kann ihr an einem anderen Ort und zu einer anderen Zeit wieder ersetzt werden.

Für den Menschen ist deshalb alles nur «scheinbar», denn es gleicht sich früher oder später alles wieder aus. Diese ganze Frage: «Wie kommt es, dass die einzelne Persönlichkeit mit diesen oder jenen Eigenschaften auftritt, so auftritt, dass eine Besonderheit die andere zerstört, bei dieser zum Guten (bei jener zum Bösen) sich hinwendet?» – diese Frage stand als große Rätselfrage vor Augustinus. Er hat sie in einer Weise gelöst, wie sie für ihn nur gelöst werden konnte.

Dieser weisheitsvolle Mann wird scheinbar inhuman, scheinbar von ärgstem Fanatismus hingerissen, wenn er über diese Frage (der Prädestination, der Vorbestimmung) spricht, weil er nicht die Möglichkeit hat, sie im Sinne der Geisteswissenschaft° der Alten zu beantworten. Darum musste er es einem Gott aufbürden, daher musste er sagen: Nicht die Persönlichkeit ist es, welche ihr eigenes Dasein im ewigen Werdegang des Geistes bestimmt. Die einzelne Persönlichkeit, so musste er sich sagen, steht ganz allein für sich da, und was ihr gegenübersteht, ist die unendliche Machtvollkommenheit (Gottes).

Er musste sich als logischer Denker sagen: Also rühren alle Eigenschaften der Menschen, gleichgültig, ob einer als Sünder oder als ein guter Mensch, als Genie oder als Schwachsinniger zur Welt kommt, von der Gottheit her. Das kann durch nichts anderes in der Welt erklärt werden. Das kann einzig und allein – wenn alle Zwischenglieder weggeräumt sind – nur in der Gottheit (drinnen) liegen. Daher die harte Lehre des Augustinus: Der Mensch ist vorherbestimmt – entweder zur ewigen Seligkeit oder zur ewigen Verdammnis.

Es wäre unmöglich, dass eine Persönlichkeit, welche so gelitten hat wie er, eine so harte Lehre gelehrt hätte, wenn er nicht innerhalb dieser Anschauung zu gleicher Zeit logisch konsequent sich ein Weltsystem aufzubauen gesucht hätte. Wir werden im letzten Vortrag, also heute über acht Tage, sehen, wie diese Lehre gleich nach Augustinus durch eine höchst bedeutungsvolle Inkonsequenz in eine ganz andere Lehre verkehrt worden ist – bei einem ebenfalls recht tiefen Denker, bei Scotus Erigena.

Das ist das, was uns den heiligen Augustinus verständlich macht, das ist es, was uns erklärt, dass diese Persönlichkeit so starr daran festhält: Der Mensch ist zum Guten oder zum Schlechten vorherbestimmt. Jenes Zwischenglied (die Wiederverkörperung), das die Gnostiker noch gehabt haben, ist ihm verloren gegangen.

Nun beginnt jene christliche Entwicklung, welche die Seelenwanderungslehre, die «Palingenesie», ausgestrichen hat. Augustinus gilt als der maßgebendste und bedeutendste Kirchenlehrer. Wir wollen diese große Persönlichkeit des heiligen Augustinus nun selbst betrachten.

Es wird kaum eine zweite Persönlichkeit in der christlichen Kirche gegeben haben, welche alle drei Eigenschaften (des Menschen) in so harmonischer Weise vereinigt hat. Sehen wir davon ab, was die christliche Kirche dazumal verloren hat und betrachten wir Augustinus als christlichen Mystiker: Klares, auf Vernunft aufgebautes, scharfes Denken, Gemütstiefe und zu gleicher Zeit edelstes Wollen und edelster Charakter – dies waren die Eigenschaften, welche in seltener Harmonie bei diesem Mann vorhanden waren.

Wir sehen deshalb auch, dass sein Leben ein fortwährender Selbsteinweihungsprozess ist, wie er von den meisten Mysten gesucht wird. Wir sehen, wie er von seiner

Mutter Monika religiös erzogen wird, wie er aber von den gewöhnlichen kirchlichen Lehren nicht befriedigt ist. Wir sehen, wie er in Zweifel verfällt, wie er sich, nachdem er in den Lehren, die ihm von seiner Mutter überbracht werden konnten, keine Befriedigung fand, sich den *Manichäern*, einer Sekte, angeschlossen hat.

Diese Sekte zeigt uns, dass in die christliche Lehre jene persische Weltanschauung eingedrungen war, in welcher zwei entgegengesetzte Kräfte eine Rolle spielen – das Gute und das Böse. Christus betrachtet sie als Logos, als Helfer, welcher den in die Bande des Bösen verstrickten Menschen zum Guten zurückführt. Die Manichäer sind darüber erhaben, das Böse nur zu «erklären»: Das Böse ist für sie eine ursprüngliche Macht und soll «überwunden» werden.

Das Böse entsteht nach geisteswissenschaftlicher Auffassung durch ein Opfer, das die Gottheit dadurch darbringt, dass sie in äußerer Weise ins Dasein tritt, dass sie sich verkörperlicht. Dadurch entsteht der Schein des Bösen, des Unwahren, des Irrtums. Es entsteht der Irrtum so, dass uns der Zusammenhang innerhalb der Welt nicht zur völligen Klarheit gebracht werden kann. Er wird durch die verschiedenen materiellen Zwischenglieder zwischen Individualität und Allheit verdeckt.

Diese Lehre der Manichäer hat Augustinus eine Zeit lang befriedigt, weil er das Schlechte, das Herabziehende, die bösen Leidenschaften, Begierden und Triebe in seiner Jugend empfunden hat. Das konnte er sich nicht anders erklären, als dass diese Kräfte in der Welt vorhanden sind.

Gegen diese Anschauungsweise sträubte sich aber etwas in dem heiligen Augustinus. So kam es, dass der Widerspruch, der innerhalb dieser Lehre auftritt, (auch) ihm entgegentrat: Er konnte sich nicht erklären, wie zwei Ursprungselemente vorhanden sein können, ein gutes All-Eine und ein böses All-Eine. Er konnte bei seinem fortschreitenden Denken dem Irrtum (und dem Bösen) nicht dasselbe Recht zugestehen.

Und nun kam etwas, was über jeden Menschen kommen muss, der zu dieser Stufe vorgeschritten ist. Es tritt die Periode auf, wo tatsächlich das Böse und das Gute, das Hässliche und das Schöne ihm wie zwei gleichberechtigte Kräfte entgegentreten. An den Buddha tritt «Mara», an den Christus der «Satan» heran. Nur das Leben, die innere Vertiefung kann den Sieg herbeiführen. Keine Erkenntnis, die uns von vornherein gegeben wird, ist dazu imstande. Wir selbst müssen den Sieg herbeiführen – durch die eigene Arbeit an uns selbst.

Zwei Wege gibt es: Wir können vielleicht durch eine mystische Führung allmählich zu diesem Besiegen des Bösen vordringen, oder wenn dies nicht zu Gebote steht – wie für Augustinus, der keine äußerliche mystische Führung haben konnte –, dann ist nur die Möglichkeit gegeben, aus dem eigenen Inneren heraus jenen Sieg zu erkämpfen, jene Stufe zu erklimmen.

Augustinus fand (später) diese Führung im Christentum, das er so tief wie nur möglich auffasste – nur mit Ausschluss dessen, was den Vorgang nämlich erklärt. Diesen Weg fand er nicht sofort, die eigene Stärke war nicht so weit entwickelt. Er fand zunächst keine Menschen, die ihm helfen konnten. Er fand keinen Menschen, welcher ihn aus der christlichen Tradition selbst schon hätte lehren können, was er später den «Geist» gegenüber dem «Buchstaben» nennt.

Daher war es notwendig, dass er die furchtbarsten Zweifel durchmachte, in die er nun fiel. Er wurde selbst *Zweifler*, Skeptiker und hat die bittersten Zweifel der Erkenntnis durchgemacht, bevor er in dem Sinne Christ wurde, den man «exoterisch» nennt. Der Bischof von Mailand war es, Ambrosius, der ihn in den Geist gegenüber dem Buchstaben einführte.

Was er da an Zweifeln durchgemacht hat, das sehen wir in seinen *Bekenntnissen* noch Seite für Seite. Dieses Werk sollte sich jeder vornehmen, sowohl der Protestant als auch der Katholik. Sie werden das Buch mit höchster Befriedigung durchlesen. Und auch jeder andere, der sich nicht zu diesen Bekenntnissen zuzählt, wird das tun (können).

Luther selbst war Augustinermönch, war Katholik und betrachtete Augustinus als den ersten Heiligen. Wer in den geisteswissenschaftlichen° Vorstellungen aufgewachsen ist, der wird bei Augustinus eine Mystik finden, die tatsächlich so weit ging, wie man ohne die ihm fehlende Lehre, die ich angeführt habe, nur kommen kann. Der Zweifel tritt in den «Bekenntnissen» zwischen den Zeilen überall hervor. Er zeigt uns, wie er sein ganzes Leben hindurch gekämpft hat. Und er wurde ein Sieger über das Zweifeln.

Welcher Art waren nun diese Zweifel? Wir haben auch

in unserer Zeit Zweifel, denen wir gegenübertreten müssen. Man muss aber den Augustinus-Zweifel näher studieren und dann wird man sehen und sagen müssen: Es gibt die Berechtigung zu zweifeln, wenn man diesen «Augustinus-Zweifel» erreicht hat. Die Zweifel, welche von Leuten herstammen, die sie nicht besiegen wollen, oder von Leuten, die sie aus der Philosophie entnommen haben, erscheinen uns dem Augustinus-Zweifel gegenüber wie eine Erkenntnisfrivolität.

Aber der Zweifel des Augustinus, der auf der Frage beruht, wie Gutes und Böses in Harmonie miteinander stehen können, wird trotz allem von ihm überwunden. Augustinus ringt sich unter der Führung des Ambrosius, Bischof von Mailand, durch. Diese Entwicklung schildert er uns in seinem Geistesweg. Wir sehen, dass Augustinus alles erreicht hat, was in der Geistesströmung, in die er versetzt war, erreicht werden konnte. Wir sehen sogar bei ihm einen Anklang an indische Lehren auftreten. In *siebengliedriger* Weise tritt uns sein *Erkenntnispfad* entgegen. Innerhalb der sieben Glieder aber fehlt alles, was fehlen muss, wenn das Urelement fehlt.[*39]

1. Der Mensch entwickelt sich aus dem *materiellen*

---

[*] In seiner Schrift *De quantitate animae* (Über die Quantität der Seele) schildert Augustinus die sieben Stufen des mystischen Aufstiegs der Seele. Diese Schrift des Augustinus ist in dem Sinne nicht organisch, dass er für die drei unteren Stufen die drei aristotelischen Seelenkräfte übernimmt, ohne zu zeigen, auf welche Weise die oberen drei Stufen ihre entsprechende Verwandlung darstellen. So bekommt die ganze Ausführung einen abstrakten Charakter. (Siehe Hinweis)

Dasein heraus. Da ist der Mensch auf derselben Stufe, auf der auch das Tier ist. Das ist die erste Stufe. Sie werden diese Stufen etwas verschieden von dem finden, was in der Geisteswissenschaft° darüber bekannt ist.

2. Der Mensch entwickelt sich dann von dieser materiellen Stufe zur *organischen* Stufe, er entwickelt seine Organe, seine organische Tätigkeit, seine Sinnentätigkeit, seine Gedächtnistätigkeit. Er lebt nun auch in der Außenwelt. Da ist er auf der zweiten Stufe. Er arbeitet da erkennend im Empfindungselement.

3. Dann kommt er auf die dritte Stufe. Er führt den *Geist* in die Außenwelt ein. Der Geist nimmt Besitz von der Außenwelt, von den einfachen technischen Tätigkeiten bis herauf zu dem, was uns als unsere Ausgestaltung des Geistes in der Welt erscheint, bis zu dem, wodurch der Geist seine Kraft für ein praktisches Wirken erhält.

4. Und dann, wenn der Mensch sich wieder zurückzieht, wenn er ein willenskräftiges Wesen geworden ist, wenn er den Geist des *Guten und Wahren* empfindet, dann ist er auf der vierten Stufe.

5. Er kommt zur fünften Stufe, wenn er ahnt, dass das *Göttliche* im Wahren wohnt und er einen Prospekt (Ausblick) auf die göttlichen Gedanken erhält.

6. Er steht auf der sechsten Stufe, wenn er das Göttliche nicht nur in sich fühlt, sondern es in seinem *ewigen Dasein* spürend durchdringt.

7. Er steht auf der siebten Stufe, wenn er *wie die Gottheit willenskräftig wirksam* auftritt.

Die Buddhalehre zeigt uns, wie der Mensch gewisse Stufen durchzumachen hat. Wenn er dann eine gewisse Stufe erreicht hat, sieht er das kosmische Ein- und Ausatmen, er sieht, wie der Mensch gleichsam aus einem Haus heraus- und dann später in ein anderes Haus eintritt. So sieht er, der geistig Entwickelte, wie der Mensch aus der geistigen Welt in den Vorgang der Wiederverkörperung eintritt und dann wieder in die geistige Welt zurückgeht. Das ist das, was einem unterscheidend bei der Buddhalehre entgegentreten müsste.

Bei der Lehre des Augustinus, die uns sonst ähnlich wie die buddhistische Lehre erscheint, fehlt uns dieses durchgreifende Element (die sich wiederverkörpernde Individualität), das im Christentum vergessen worden ist.

Bei dem siebengliedrigen Pfad des Augustinus fehlt uns die durchgreifende Schilderung, die uns fünfhundert Jahre vor unserer Zeitrechnung über die sichtbaren Früchte des Asketenlebens gegeben wird. Das ist eine (Heilige) Schrift, die niemand lesen wird, ohne die größten Eindrücke von der Bedeutung dessen zu erhalten, was in der Buddha-Gemeinde vorhanden war.

Es sind nicht Worte der tiefsten Erkenntnis bei Augustinus, welche uns in den Weisheiten der Biografen des Augustinus entgegentreten. Was uns früher als Zankapfel entgegengetreten ist, erscheint in verklärter Weise. So die *Dreieinigkeit*, die zu unzähligen Sektenbildungen geführt hat. Wenn uns diese bei Augustinus entgegentritt, so verweist er uns auf unsere Selbsterkenntnis.

Er sagt: Ich vertiefe mich in meine eigene Persönlichkeit und diese tritt mir als ein Dreifaches entgegen. Ich fühle mich

- zuerst als mein Sein,
- dann als der Erkennende und
- dann als der Wollende.

Diese drei bin ich in einer Person. Und so wie ich diese drei in einer Person bin, so ist es auch in dem, wovon die Persönlichkeit nur ein Abbild ist. Das Göttliche lebt im Menschen: Der Mensch kann daher nur durch das Eindringen in sein Inneres das Göttliche finden, in der inneren Wahrheit.

Die Tatsache des Denkens ist die tiefste Tatsache, die es für Augustinus gibt. Da findet er die ergreifendsten Worte, die das bezeichnen, was für ihn auch die Gewissheit des Ureinen, des Göttlichen gegeben hat: Ich sah in die Welt hinaus und sah die verschiedensten Naturdinge. Ich konnte finden, dass sie göttlich sind, ich konnte aber nicht finden, dass sie Gott sind. Ich sah die Menschen und sah schließlich in mich hinein: Ich sah, dass ich göttlich sein muss, aber ich sah auch, dass ich nicht Gott bin. Ich müsste da erst zur völligen Gewissheit in mir kommen, ich müsste selbst besser werden. Dann entdecke ich das Gute in mir. Selbstvertiefung muss vorausgehen – das ist dann wahre Mystik. Wenn du nicht erst das, was in dir ist, entdeckt hast, wird dir alle vorhergehende Selbsterkenntnis nichts fruchten. Erwecke erst in dir dieses Ureine, dann wirst du auch das Tiefste finden können.

Augustinus konnte zweifeln, dass er lebt – dass er denkt, konnte er aber nicht bezweifeln!

Und was ist dieses Ureine? «Ich fragte die Erde, das Meer, ich fragte die Winde» – siehe die *Bekenntnisse*[40] –, «sie antworteten: Wir sind nicht Gott.» Augustinus hat das Geistige nicht erkennen können. Er sah es nur unter Symbolen. Er glaubte (zuerst), das sei es. Das war aber sein Irrtum. Er empfand es als das höchste Gut, das Geistige rein geistig zu schauen: Ich sehe jetzt die ewigen Ziele, die ewigen Ideen, wie sie die Pythagoräer gesehen haben. Ich sehe nicht bloß gezählte oder begriffene Dinge, sondern ich sehe so, dass ich in den Zahlen selbst in die Dinge hineinsehe, dass ich da rein Geistiges sehe.

Wir werden in *Scotus Erigena* noch eine Persönlichkeit von unendlicher mystischer Tiefe kennen lernen. Aber wir müssen uns doch sagen, dass wir in Augustinus eine so tonangebende Persönlichkeit für das Christentum gefunden haben, dass es uns an der Lehre und an der Persönlichkeit des Augustinus klar wird, was das Christentum an alten mystischen Anschauungen verloren hat. Es wird uns klar, bis zu welcher Tiefe es trotz des Verlorenen hat kommen können.

Alles, was ihm möglich war, hat Augustinus erfahren, denn er war eine Persönlichkeit, welche alles durchlebt hat, welche das Gesetz der Wahrheit als Urgesetz des Lebens gefunden hat. Das ist die Lehre des heiligen Augustinus, an der man nicht vorübergehen kann, wenn man von abendländischer Mystik spricht.

Fragenbeantwortung

Frage: Es ist doch eigentümlich, dass Augustinus trotz seines inneren Schauens, trotz seiner mystischen Vertiefung nicht die Lehre der Wiederverkörperung gefunden hat.

Antwort: Die, welche der Augustinus-Lehre folgen, erreichen eine Harmonie zwischen Erkennen, Fühlen und sittlicher Liebe. Dies gibt ihnen die Perspektive des Göttlichen, das sie als das innerste Menschliche erkennen. Diese ist eine Stufe des «Schauens», in der aber das Göttliche nicht Gestalt annimmt. Dies ist nur dann möglich, wenn das Schauen dahin gelangt, wo das Geistige sich uns auf den verschiedensten Stufen darstellt. Seine sieben Stufen scheinen uns deshalb auch das Wichtigste nicht zu enthalten.

Durch das Schauen kann er in die Mystik vordringen und die Mystik bedeutet für ihn das Leben im Göttlichen.

Buddhas Persönlichkeit ist höher als die Persönlichkeit des Augustinus.

Das tatsächlich Mystische ist niemals verloren gegangen. Das Esoterische hat das Exoterische durchdrungen, sowohl bei Buddha als auch in den ersten christlichen Jahrhunderten.

Vierundzwanzigster Vortrag

Scotus Erigena

Berlin, 26. April 1902

Sehr verehrte Anwesende!

Es kann natürlich nur eine Art künstlich herbeigeführter, vorläufiger Abschluss sein, dadurch herbeigeführt, dass ich noch die geisteswissenschaftlich-mystische Anschauungsweise von Scotus Erigena zu behandeln habe.

Ich habe mir vorgenommen, diese Persönlichkeit noch vorzunehmen, weil sie auf der einen Seite einen Abschluss des vor ihr liegenden christlichen Forschens bildet und auf der anderen Seite wiederum den Ausgangspunkt dessen, was man eigentlich das christliche Mittelalter nennt.

Scotus Erigena zeigt uns klar und deutlich, dass das, was man christliche Anschauung nennt, bis ins neunte Jahrhundert hinein keineswegs so feststand, wie es später angesehen worden ist. Es stand, was man unter echtem, wahrem Christentum zu verstehen hatte, nicht so fest, dass es einem solchen Geist nicht möglich gewesen wäre, über die christlichen Lehren der Kirche von der Mehrzahl der anderen abweichende Anschauungen zu haben.

Allerdings handelt es sich schon um den großen Kampf, den die zentralisierte katholische Kirche gegen solche Anschauungen führt. Die christliche Lehre ist aber noch nach allen Seiten hin flüssig. Es finden noch Debatten darüber statt, wie die verschiedenen Dogmen aufzufassen sind.

Bei Scotus Erigena sieht man deutlich, dass man damals noch eine freie Auslegung der Bibel haben konnte. Er ist ein vollständig geisteswissenschaftlicher° Interpret der Bibel. Er führt die Sätze des Alten und Neuen Testaments als Symbol für geistige Vorgänge an – neben der geschichtlichen Seite. Er wählt diejenigen Symbole und Deutungen aus, welche seinen eigenen Anschauungen besser entsprechen.

Diese freie Sitte schwand später in der katholischen Kirche, sie schwand immer mehr. Der verwaltungsmäßig festgelegte Glaube machte sich mehr und mehr geltend. Als eine Tradition war es indessen bewahrt worden, dass nur derjenige berufen war, die Bibel und die Lehren der Kirche zu interpretieren, der eine gewisse hohe Stufe des Lebens erreicht hatte. Ich glaube nicht, dass es leicht sein würde, nachzuweisen, dass sich geradezu laienhafte Interpretationen der Schrift hätten geltend machen können. Ich glaube nicht, dass jemand gewagt hätte, das Dogma zu kritisieren, der es nicht als Weisheitsstreben verstanden hätte.

Der Glaube an die Autorität galt als etwas Selbstverständliches. Das, was zum Beispiel der heilige Augustinus geschrieben und gesagt hat, wurde nicht als die Meinung eines einzelnen Menschen angesehen, sondern als eine Lehre, die durch die Innewohnung der Weisheitskraft in einem solchen Menschen gegeben ist. Seine Anschauungen mussten als eine (göttliche) Inspiration begriffen werden.

Diejenigen, welche später verdammt worden sind, welche verketzert worden sind, die sind herausgewachsen aus dem Stoff, den die Kirche bewahrte und der denjenigen zuerst durchdringen musste, der überhaupt sich auf etwas einließ, der glaubte berufen zu sein, an eine Interpretation der Kirche und der kirchlichen Lehren heranzutreten.[*]

Es wäre falsch, wenn man die Philosophie des Scotus Erigena mit einer anderen vergleichen wollte. Sie ist nur im Christentum zu finden und nur innerhalb desselben zu begreifen. Sie muss auch so betrachtet werden und nicht etwa so, wie es bei Giordano Bruno der Fall sein kann.

Ich habe bereits eine Person angeführt, welche im ersten Jahrhundert gelebt hat und Schriften hinterlassen hat. Ich meine den so genannten *Pseudo-Dionysios*, der mit dem Apostel Paulus in Athen gelebt haben soll. Wir wissen, dass diese Schriften eine mystische Vertiefung darstellen. Am Ende des fünften Jahrhunderts tritt dann das Bewusstsein auf, dass man es mit uralten Lehren zu tun hat. Als solche wird man sie auch auffassen müssen. Die Lehren sind zurückzuführen auf die Zeit, wo das Johannes-Evangelium und die Apokalypse entstanden sind. Wahrscheinlich hat der, welcher die Schule gegründet hat, sie geschrieben.

Zuletzt kommen wir an den Punkt, wo die Weisheit aufhört, (nur) Weisheit zu sein, wo sie ins Leben übergehen muss. Das ist eine Anschauung, welche der Gnosis zugrunde liegt. Sie ist bestrebt, die Weisheit zu unmittelbarem Leben zu machen. Im Herunterführen des Geistes in das Materielle ruht die praktische Bedeutung der Gnosis. Diese Anschauung hat wiederum zum Äquivalent (als

---

[*] Selbst noch Martin Luther ist ein großartiges Beispiel dafür.

Entsprechendes) die Anschauung, dass durch das bloße Weisheitsstreben die Weisheit nicht erreicht werden kann, sondern nur die Aussicht darauf.

Man unterscheidet da zwei Auffassungen, die *positive Theologie* und die *negative Theologie*.

Die Urquelle der ersteren ist die Sinneswahrnehmung. Man sieht, hört, fühlt: Dieses Wesen, dieses Ding, diese Sache hat diese und jene Eigenschaften. Die negative Theologie aber sagt: *Hinter* dem, was wir sehen, hören und so weiter liegt der Urquell des Daseins. Nichts kann uns dazu führen, ihn völlig zu durchdringen, nur das Leben ist es, das uns auf den Weg führt, jenes Urdasein zu durchdringen.

Das ist der Pfad zu den Höhen der mystischen Erkenntnis, im Gegensatz zur äußeren, wissenschaftlichen Erkenntnis. Die positive Theologie, die also wirklich etwas aussagt, ist für den Menschen nur eine Abschlagszahlung. Negative Theologie wird diese Erkenntnis nur, weil der Mensch gezwungen ist, sich zu sagen: Es ist etwas Verborgenes in den Urgründen des Daseins.

Also da, wo vor allen Dingen die Unzulänglichkeit der Erkenntnis hervortritt, wo die Berechtigung zum Zweifel erwacht, wo das Gefühl erwacht, dass Erkenntnis nur eine Stütze ist, um im Streben zur Göttlichkeit vorzudringen – entsteht die negative Theologie: «Ihr erreicht nicht durch Begriffe, nicht durch den Verstand die Göttlichkeit. Stellt ihr euch die Göttlichkeit als Persönlichkeit vor, so seht ihr die Göttlichkeit in der Überpersönlichkeit – als Wesen im Überwesentlichen, als Vollkommenheit im Übervollkommenen!»

Es ist höchst merkwürdig, dass das Abendland durch das Wort «Übermensch» (bei Nietzsche) überrascht werden konnte, das uns heute so oft entgegentritt. Bei dem Dionysios sehen wir ein Wort auftreten, das uns noch viel höher hinaufführt, indem er nicht bloß vom Übermenschen, sondern vom «Übergott» spricht. Das ist – im Gegensatz zu dem Gott, der menschenähnlich ist, im Gegensatz zu dem, was man damals die positive Theologie genannt hat – der Gott der lebenskräftigen (negativen) Theologie, die hinter der positiven ist.

Nicolaus Cusanus sagt – nachdem er alle Kenntnis sich angeeignet hatte, die ihm die Wissenschaft geben konnte, nachdem ihm bei einer Reise über das große Meer die Erkenntnis aufgegangen war –, wie das geistige Auge sich mit einem Blick klar werden muss, dass dies nicht Ausdrücke für etwas sind, was besteht, sondern nur Symbole, welche in uns eine (unendliche) Perspektive erwecken können.

Die Schriften des Dionysios Areopagita sind durch die griechischen Besitzer Ludwig dem Frommen geschenkt worden und befinden sich seit dieser Zeit in Paris. Als Scotus Erigena von Karl dem Kahlen wohlgefällig aufgenommen worden war, bekam er den Auftrag – er war einer der wenigen, die Griechisch konnten –, diese Schriften zu übersetzen. So vertiefte er sich in den Geist der ersten christlichen Jahrhunderte – und so sehen wir eine christlich gefärbte Geisteswissenschaft in seinen Werken hervortreten. Die Schriften des Augustinus haben ihn dabei unterstützt. Sie waren für Mönche und Priester, überhaupt für die Kirche, eine große Hilfe.

Bei Scotus Erigena fehlt vollständig, was bei den Gnostikern der ersten Jahrhunderte verschiedentlich noch vorhanden war und was die christliche Kirche nicht bewahrt hat – das Bewusstsein von einer durchgreifenden (durchgehenden) Individualität. Es fehlt jede Bemerkung von einer Seelenwanderung. Zwischen der Persönlichkeit und der Gottheit ist nichts eingeschoben.

Augustinus musste jede menschliche Eigentümlichkeit sozusagen auf den Willen der Gottheit zurückführen. Da er nichts von einer durchgreifenden Individualität wusste, konnte er nicht sagen: «Das, was in mir als eigene Persönlichkeit auftritt, ist das Ergebnis dessen, was nach rückwärts und nach vorwärts ausgreift.» Das muss er auf den Willen der Gottheit zurückführen. So haben wir eine Grenze zwischen der Gottheit und dem Willen des Einzelnen.

Und so entsteht der Streit: Wir haben da auf der einen Seite diejenigen, welche selig werden, und auf der anderen Seite diejenigen, welchen das Eindringen in die Göttlichkeit nicht ermöglicht wird. Trotz der lauteren Liebe (Gottes), auch die Durchführung des Furchtbaren – also ein Dualismus.

Mit einer solchen Lehre war es innerhalb der Kirche ungeheuer schwierig zu wirken. Man darf sich nur vorstellen, dass diese Lehre nur von einem vorzüglichen Denker vertreten werden kann. Sie den Gemeinden gegenüber zu vertreten, ging nicht. Obwohl es für die Kirche feststeht, dass die Weisheit des Augustinus tonangebend ist – diese einschneidende Lehre von der Prädestination konnte nicht beibehalten werden, so dass man danach suchte, diese harte, grausame Lehre zu verbessern, abzuschwächen.

Man sagte: Es ist ganz zweifellos, dass ganz von Anfang an die Sünder zu ewiger Verdammnis, die Gerechten zur Glückseligkeit vorbestimmt sind. Man schob dann aber die Möglichkeit ein, dass ein «Herüberziehen» stattfinden kann. Kurz, man suchte aus dem Dilemma herauszukommen.

Den einzigen (vergessenen) Ausweg, der in der Seelenwanderung gegeben ist, suchte man jetzt durch die Halbheit der augustinischen Lehre zu überbrücken. Gegen diese Halbheit der augustinischen Lehre trat nun in Frankreich am Hofe Karls des Kahlen ein französischer Mönch auf. Wenn dieser auch den Augustinus nicht genannt hat, so vertrat er ihn doch ganz und gar und er lehrte wieder die ganze augustinische Lehre (nicht ihre Halbheit).

Scotus Erigena wurde dann diese Frage vorgelegt, zuerst von der Kirche und dann von seinem Herrn, Karl dem Kahlen. *Gottschalk*[41] war öffentlich ausgepeitscht worden. Verurteilt wurde er 848 auf der Synode von Mainz. Eine Schrift war gegen ihn über die Vorherbestimmung verfasst worden. Es wurde darin gesagt, man hätte Gottschalk verbrennen müssen, man hätte ihm mit Feuer und Schwert zu Leibe gehen müssen – die Ketzergerichte fingen erst viel später an. Es war also nur die Verdammung oder die öffentliche Auspeitschung möglich.

Scotus Erigena hat sich in Gegensatz zu Gottschalk gestellt. Trotzdem hat er betont, dass die Lehre, welche in der Kirche herrschte, auch nicht die richtige sei. Er selbst hat sich dann dahin ausgesprochen, dass tatsächlich in groß angelegten Naturen immer und immer wieder das geisteswissenschaftlich-mystische Element zum Durchbruch käme. Er hat gesagt, nur bei einer Anschauung, welche die Göttlichkeit jenseits der Welt legt und wo das Göttliche nicht die ganze Welt durchzieht – nur bei einer solchen Lehre kann Augustinus verstanden werden.

Aus einer solchen Vertiefung sehen wir die bedeutungsvolle Schrift des Scotus Erigena über die *Einteilung der Natur* hervorgehen.

Der Strom des Göttlichen durchzieht die Welt. Das Göttliche muss aber in der Welt in verschiedenen Stufen gesucht werden. Er vertritt da eine Art von Pantheismus, von dem Böhme sagen würde, er vermische nicht die Welt mit dem Göttlichen, sondern er werte es dadurch, dass er sagt: «Die Weltdinge sind zwar das Göttliche, aber nicht so, dass man es in den einzelnen Dingen finden kann. Diese führen nur dahin, sie sind die Führer.»

So sehen wir auch bei Scotus Erigena gegen die Lehre des Augustinus das Bedenken, dass er sagt: Wäre tatsächlich der eine Teil der Welt als schlecht, als Abfall gegen das Urgute und Urschöne zu betrachten, wäre in der Welt ein Dualismus zwischen dem Guten und dem Bösen, dann wäre es unmöglich, dass das Göttliche die Welt durchdringt, denn das Göttliche müsste dann im Schlechten ebenfalls vorhanden sein. Dann wäre aber das Schlechte eine Manifestation des Göttlichen – oder man müsste von einer Ohnmacht des Göttlichen sprechen.

Wer einen Einblick in die Tiefen des Weltganzen gewonnen hat, der kann unmöglich in solcher Weise zwei Weltmächte anerkennen oder die Welt sich so konstruiert denken. Er muss sich die Welt in einer einheitlichen Weise konstruiert denken, so dass das, was wir als Irrtum (und als Böses) ansehen, in der *einen* Welt begründet sein muss.

Er kann nicht annehmen, dass das Göttliche einen Teil zur Unschönheit bestimmt hat, er kann nur annehmen, dass das Göttliche Ziel und Zweck der (ganzen) Welt ist. Er kann nur annehmen, dass das Schöne und das Hässliche nur so erscheint, weil die Welt nicht die Göttlichkeit selbst ist, nicht die in unergründlicher Göttlichkeit bestehende Wesenheit ist, sondern dass das Göttliche sich in die Welt ergossen hat.

Durch die Vielfalt, durch die Mannigfaltigkeit, entsteht das «Böse». Es hat nur ein Dasein, wenn wir es irdisch aussprechen, es erscheint uns nur dadurch als Böses, dass wir die Welt als Maja, als Illusion betrachten.

Jakob Böhme hat eine Vorstellung, welche viel Ähnlichkeit damit hat. Er vergleicht die Welt mit einem Organismus. Jedes einzelne Glied lebt. Die Hand ist ebenso notwendig zum Ganzen des Organismus wie der Fuß oder ein anderer Teil desselben. Die Hand ist das, was sie ist, nur im Zusammenhang des Organismus. Wenn sie vom Organismus getrennt wird, stirbt sie, sie ist nicht mehr Hand, sie muss als Hand vom Organischen durchströmt werden.

So ist das Mannigfaltige nur dadurch gut, dass es mit dem Urquell zusammenhängt. Dies kann aber dadurch verhindert werden, dass die eine Hand die andere verletzt. Dadurch, dass der Organismus aus Teilen besteht, ist es möglich, dass Teile miteinander in Konflikt kommen. So ist die Disharmonie nicht in der Einheit begründet, wohl aber wird sie entstehen können, wenn der Organismus als ein Mannigfaltiges uns erscheint. Wenn die Teile des Mannigfaltigen in die Einheit zurückgekehrt sind, dann kann keine Disharmonie mehr zustande kommen, dann können die Kräfte nicht mehr gegeneinander gekehrt werden.

So lange die Welt ein Mannigfaltiges ist, so lange wird es auch sein, dass Teile derselben sich gegeneinander kehren. Obwohl das Ganze gut und in Harmonie ist, ist Disharmonie trotzdem möglich. Wenn wir mit einem Blick all die «Zeiten» und «Räume» durchschauen könnten, dann würde sich uns jedes Einzelne, was uns als böse erscheint, als gut erweisen, jede Disharmonie würde sich in der Harmonie des Ganzen aufheben. Wir sehen dadurch nur einen Teil, dass wir selbst ein Glied der Mannigfaltigkeit sind.

So löst sich also für Scotus Erigena dieser Zweifel dadurch auf, dass er nicht eine Herrschaft Gottes, sondern eine Einordnung Gottes in der Welt annimmt. So muss auch *das Böse nur ein Scheinwesen* haben, und zwar notwendig dadurch, dass Gott Materie annahm.

In vier Teile, in vier Existenzformen legt Scotus Erigena «die Natur» auseinander, indem er die Lehre des Augustinus behandelt:

1. In die (Natur), welche nicht erreicht werden kann: die *«nicht geschaffene, schaffende Natur»*, die wir nur dann in Wahrheit haben, wenn wir uns sagen, alle Begriffe reichen nicht aus, um das, was allem zugrunde liegt, zu erreichen. (Theologia negativa)

2. Das Zweite ist die Entwicklung aus dem Geschaffenen heraus, die *«geschaffene und schaffende Natur»*. Das waren ihm die urewigen geistigen Kräfte: geschaffen und schaffend sind sie. Das, was Platon die Ideenwelt nennt, das, was uns die Einheit versinnbildlicht, das ist auseinander getreten in die Mannigfaltigkeit: Dieser Weltgeist, diese Allseele, diese weltdurchdringende Geistigkeit, welche mannigfaltig ist, welche in Intelligenz und Unintelligenz auseinander gelegt ist – aber auf geistige Weise –, kurz, diese ganze platonische Ideenwelt, welche als Geistwelt unserer Welt zugrunde liegt, diese Urgründe des Daseins, jene Gedanken, welche in der Gottheit als Musterbilder lebten, die ewigen Urgedanken der Gottheit.

Wir bilden uns die Ideen, aber sie haben sich in der Gottheit vorgelebt. Sie sind das Wort (der Logos). Nach den Musterbildern dieses Wortes sind die Dinge der Natur geschaffen. Sie setzt Scotus dem ewigen Sohn der Gottheit gleich. Die unendliche Weisheit, der weisheitsvolle Geist, das ist ihm der Sohn – die zweite Wesenheit, welche, wie er sich ausdrückt, zur ersten Wesenheit wie im Verhältnis des Sohnes zum Vater ist. Dieses Verhältnis hat dann eine geschichtliche Persönlichkeit, Jesus, erreicht – Jesus Christus. Dieser «Christus» ist ein begierdefreies Dasein,

ein Dasein jenseits der Begierden- und Sinnenwelt. Er kann ohne eigenen Willen Weisheit sein und ist einmal in die Welt gekommen, sagt sich Scotus Erigena.

3. Dann kommt die dritte der Existenzformen der Natur, die *«geschaffene, aber nicht schaffende Natur»*: Der Mensch, der Materie angenommen hat, ist geschaffen und nicht schaffend, sondern da seiend.

4. Die vierte Stufe ist die *«weder geschaffene noch schaffende Natur»*. Die göttliche Natur ist das Ziel, zu welchem alle Wesen zurückkehren – in ihrer ewigen Seligkeit, in sich ruhend. Eine Rückkehr der Gottheit zu sich selber ist für ihn der Weltprozess im eminentesten Sinne des Wortes. Durchströmt werden alle Wesen dann von der Gottheit, wo sie in Seligkeit in sich ruhen. Das sollen sie als ihr Ziel ansehen.

So steht uns allerdings Scotus Erigena als geisteswissenschaftlicher° Interpret des Christentums im Abendland da. Es erscheint uns auch geisteswissenschaftlich,° dass er in einem siebengliedrigen Aufstieg den Menschen den Pfad vorzeichnet, den sie zur Vereinigung mit der Gottheit anstreben sollen.

Vier Naturpotenzen unterscheidet er also:

- Unter der ersten versteht er Gott als Schöpfungsgrund,
- unter der zweiten die platonische Ideenwelt,
- unter der dritten die Körperwelt,

- unter der vierten Gott als Endzweck der dritten Schöpfung.

Deshalb nennt er den Prozess «Rückkehr», reversio, deificatio. Der ganze Prozess ist ihm Rückkehr der Einheit zur Einheit, die sich nur von einer schaffenden zu einer nichtschaffenden umwandelt.

Die Wesenheiten, welche den Entwicklungsprozess durchmachen, machen ihn in *siebenteiligen Stufen* durch. Die Menschen, welche geisteswissenschaftliches Streben haben und sich mit geisteswissenschaftlichen Studien befassen, kommen immer zu sieben Stufen:

1. Die erste Stufe ist der Leib.
2. Die zweite Stufe ist das, was den Leib belebt, ist die ihn durchströmende Lebenskraft.
3. Auf der dritten Stufe wird der Sinn belebt. Daraus entsprießt die Tierseele.
4. Innerhalb des Sinnes erwacht dann viertens der Geist.

Die höheren Stufen, welche nicht mehr an die Elemente, nicht mehr an die Sinne gebunden sind, sind so darin enthalten:

5. *Fünftens* die Empfänglichkeit für das über den Sinnen schwebende Geistige.
6. Dann entwickelt sich *sechstens* die Seligkeit, die Geistigkeit. Der Geist ist seinerseits noch den Sinnen zugekehrt, also noch durchdrungen vom Begierdenleib, was ihn an das materielle Dasein kettet.

7. Auf der *siebten Stufe* hört das auf, da tritt der Geist vor sich selbst hin in seinem reinen Dasein. Dann ist die Möglichkeit erwacht, den Pfad zur Rückkehr zu Gott, zum Göttlichen anzutreten. Das Göttliche wäre dann die höchste Stufe.

Dann sehen wir auch bei Scotus Erigena eine Auffassung, die sich nicht in seine anderen Lehren eingliedern lässt. Er kann sich logisch den Gegensatz zwischen den Auserwählten und denen, welche die Seligkeit nicht erreichen, nicht erklären. Diesen Gegensatz kann er nicht überbrücken.

Diesen Gegensatz gibt es aber im Christentum überhaupt nicht. Es ist nur den Geistern im Abendland nicht möglich gewesen, die unbewusst im Christentum schlummernden Ideen und Wahrheiten zu finden, welche in Klarheit der Idee entspringen, dass das Wesen (des Menschen) in der Ewigkeit wurzelt. Wenn wir das Christentum in und nach seinen Tiefen erforschen, werden wir finden, dass diese Ideen im Christentum schlummern.

Es handelt sich also darum, die Tiefen aus der Religion zu erwecken. Das Christentum muss nur tief genug erfasst werden, um seinen Gehalt aus ihm zu erwecken. Wir müssen also dahin gelangen, in den großen Religionssystemen dasjenige, was alle eint, herauszufinden, zu schauen, wie sich in allen *ein* Geist ausprägt.

Es muss uns daher mit großer Befriedigung erfüllen, zu sehen, wie uns in der Geisteswissenschaft° der in allen Religionen liegende gemeinsame Geist entgegentritt. Wenn wir die alten Weisheiten des Buddhismus durchdenken, sie durchdringen und sehen, welche unendliche Vertiefung das Geistesleben in diesen morgenländischen Lehren erfahren hat, so werden wir auch bemerken können, dass auch in unseren naturwissenschaftlichen Bestrebungen und im Christentum dieser Geist hervorgetreten ist. Aber er ist noch nicht der beste Kern desselben.

In den naturwissenschaftlichen Lehren ruht der Kern ja auch so wie in den Weltreligionen. Es ist im Grunde genommen gleich, ob wir das große Buch der Natur aufschlagen oder ein Religionsbuch zur Hand nehmen und es nachschlagen. Beide führen zu den großen geisteswissenschaftlichen Überzeugungen.

Ich glaube, dass selbst der Flügel der Naturwissenschaft, welcher auf der Seite des Christentums steht, in dieser Richtung kämpft. Selbst die Kämpfe, welche gegen die Kirche ins Feld geführt werden, sind christliche Kampfesweisen. Derjenige, welcher den tieferen Zusammenhang sieht, sieht gerade in der Art, wie die modernen Forscher (Haeckel) das Christentum bekämpfen, diese Richtung. Was das Christentum und die Kirche geschmiedet haben, das wird gegen sie gebraucht.

Zwischen zwei solchen Mächten konnte ein direkter Ausgleich nicht gefunden werden. Dasjenige aber, was uns dazu bringen kann, zu glauben, dass eine Versöhnung doch möglich sein muss, das zeigen uns Geister wie Scotus Erigena. Sie kennen noch nicht die scharfe Scheidung zwischen den beiden Flügeln: Naturwissenschaft auf der einen und Religion auf der anderen Seite.

Scotus Erigena konnte noch ein guter Christ sein und die ganze Welt konnte er noch in christlicher Weltanschauung als «Natur» bezeichnen. Dem Verstand der heutigen Menschen ist dies, wie es scheint, nicht mehr möglich. Das einzige Heil scheint mir darin zu bestehen, dass wir den Weg weiter verfolgen, der seit Jahrzehnten im Abendland gegangen wird. Wir müssen aus den Lichtquellen des Orients, aus den beiden Strömen, die damals noch zusammenflossen,* neuen Mut schöpfen und Versöhnung schaffen.

Wenn wir uns in die morgenländische Weisheit vertiefen, dann wird die Versöhnung noch möglich sein. Dafür ist es mir ein Beweis, dass in ungetrennter Einheit – in mehr oder weniger unbewusster Weise – jenes aus dem Orient gekommene Licht in Scotus Erigena noch gelebt hat.

Was die Menschen so lange getragen hat, das wird sie auch weiterhin tragen, so dass sie durch dieses Licht den Pfad finden müssen. Und was den Geist in Harmonie gebracht hat, das wird es auch weiterhin vermögen. Aber dazu bedürfen wir der Vertiefung in die geisteswissenschaftlichen° Lehren.

Wenn wir den Weg finden, der die beiden (Wissenschaft und Religion) wieder vereint, dann wird es die Versöhnung der Naturwissenschaft mit der abendländischen Religion bedeuten, dann wird es klar werden, dass sie auf verschiedenen Wegen das Gleiche suchen.

---

* Am Anfang dieser 24 Vorträge hatte Rudolf Steiner ausgeführt, dass in den Mysterien des Altertums Wissenschaft, Kunst und Religion eine untrennbare Einheit bildeten.

Hinweise zu den Vorträgen 13 bis 24

[1] (S.9) Gemäß einer Empfehlung, die Rudolf Steiner nach seiner Trennung von der Theosophischen Gesellschaft gegeben hat, sind «Theosopie», «Theosoph» und «theosophisch» mit «Geisteswissenschaft°», «Geisteswissenschaftler°» und «geisteswissenschaftlich°» ersetzt worden.

[2] (S.35) Mead, G. R. S.: *Fragmente eines verschollenen Glaubens*, Berlin 1902 (Engl.: Fragments of a Faith Forgotten, 1900)

[3] (S.40) Die Essäer nannten sich «Netzer» (נצר), was so viel wie Knospe, Spross oder Schössling heißt. Die hebräische Verbalwurzel davon ist Jatzar (יצר), was «gestalten, bilden, zum Wachsen bringen» bedeutet. (Vgl. *Hebräisches und Aramäisches Lexikon zum Alten Testament*, von L. Köhler, W. Baumgartner, 3.Aufl., Lieferung III, S.678 für Netzer; Lieferung II, S.409 für Jatzar). Die Eingliederung in die esoterische Gemeinde wurde wie die Eingliederung in einen lebendigen Organismus erlebt. Über das Nazaräer-Evangelium siehe W. Schneemelcher, *Neutestamentliche Apokryphen* I, [5]1987, S.128-138.

[4] (S.41) Vgl. zum Beispiel: Clemens von Alexandrien, *Protreptikos* (Mahnrede an die Heiden), Kap. VI, 59-60.

[5] (S.49) Die Drusen (Din al-Tawhid, «Religion der göttlichen Einheit» oder des Monotheismus) sind eine im 11. Jahrhundert als Ableger des Islam entstandene Religionsgemeinschaft. Ihre Lehre geht zurück auf den Neoplatonismus und die Gnosis. Sie enthält die Wiederverkörperung und die mystische Deutung der heiligen Schrift. Moses, Jesus und Mohammed gelten als Lehrer esoterischer Wahrheiten. (vgl. *The Encyclopedia of Religion*, Hrsg. M. Eliade, Bd. 4, S. 503-506) Rudolf Steiner erwähnt sie auch gegen Ende des 14. Vortrags.

⁶ ⁽ˢ·⁵²⁾ *«Then it was that there dawned upon their mental horizon one of the most colossal misunderstandings ever invented by the crass stupidity of man. It occurred to somebody – probably it had long before occurred to the densely ignorant «poor men» – that the beautiful allegorical illustration of the descent into matter of the Second Person of the Trinity which is contained in the symbolic ritual of the Egyptian initiation was not an allegory at all, but the life-story of a physical human being whom they identified with Jesus the Nazarene. No idea could have been more degrading to the grandeur of the faith, or more misleading to the unfortunate people who accepted it ...»* (Chapter 2: «A Disastrous Misunderstanding.»)

Man muss sich vorstellen, was es für Steiner hieß, die geistigen Grundlagen des Christentums – in dem die reale Menschwerdung des Messias-Christus im Mittelpunkt steht – vor Menschen darzustellen, unter denen viele diese Gedanken von Leadbeater für selbstverständlich hielten.

⁷ ⁽ˢ·⁶⁴⁾ Flavius Josephus (ca. 37 bis ca. 100 nach Christus), jüdischer Geschichtsschreiber im Dienst Roms. Seine Hauptwerke: *Der jüdische Krieg, Jüdische Archäologie* und *Über das hohe Alter des jüdischen Volkes.* Die von Steiner zitierte Stelle aus *Der jüdische Krieg* (De bello judaico, 2. Buch, Kap.8,4) heißt (ohne Auslassung) in der Übersetzung von Dr. Heinrich Clementz: *«Sie haben keine eigene Stadt, sondern in jeder wohnen ihrer viele. Ordensangehörigen, die anderswoher kommen, steht alles, was sie bei ihren Genossen finden, wie ihr eigener Besitz zur Verfügung, und bei Leuten, die sie nie zuvor gesehen, treten sie ein, als wären es vertraute Freunde von ihnen. Deshalb nehmen sie auch auf die Reise durchweg nichts anderes mit als Waffen zum Schutze gegen die Räuber. In jeder Stadt ist ein Beamter eigens für die Fremden angestellt, um sie mit Kleidung und allen anderen Bedürfnissen zu versehen. In ihrem Anzug und ihrer ganzen äußeren Erscheinung machen sie den Eindruck von Knaben, welche noch unter der Zuchtrute ihrer Lehrmeister stehen. Kleider und Schuhe wechseln sie nicht eher, als bis sie gänzlich zerfetzt oder durch langen Gebrauch verschlissen sind. Unter-*

einander kaufen und verkaufen sie nichts, sondern ein jeder gibt von seinem Eigentum dem anderen, was dieser nötig hat, und empfängt umgekehrt von ihm das, was er selbst brauchen kann. Ja, sogar ohne alle Gegenleistung kann jeder von einem beliebigen Ordensgenossen das Nötige beanspruchen.»

8 (S.66) Klemens von Alexandrien (Titus Flavius Clemens), Theologe und Philosoph, geb. 140-150, gest. 211-215.

9 (S.68) Eusebius von Cäsarea (geb. 260-264 in Palästina; gest. 337-340) wird als der Vater der Kirchengeschichte bezeichnet. In seiner *Demonstratio evangelica* (I,2,9f) bezeichnet er das Christentum als «eine Lebensordung (ταγμα, tagma), älter und ehrwürdiger als alle anderen, aber erst jüngst durch den Heiland allen Völkern verkündet» (zitiert nach Otto Willmann, *Geschichte des Idealismus*, Bd.2, 1975, S.24)

10 (S.69) Epiphanius of Salamis, geb. in Besanduk bei Eleutheropolis in Judea nach 310; gest. 403 (Catholic Encyclopedia).

11 (S.69) Vgl. Augustinus, Retractationes I, 13,3: *«Was man gegenwärtig die christliche Religion nennt, bestand schon bei den Alten und fehlte nicht den Anfängen des Menschengeschlechts, bis Christus im Fleische erschien, von wo an die wahre Religion, die schon vordem vorhanden war, den Namen der christlichen erhielt.»* (Nach O. Willmann, Bd.2, 1975, S.24).

12 (S.72) Fichte, *Die Bestimmung des Gelehrten*, am Ende der dritten Vorlesung.

13 (S.73) Goethe, Italienische Reise, Rom, 28. Januar 1787 (*Goethes Werke*, Hamburger Ausgabe in 14 Bänden, Hrsg. E. Trunz, Band 11, S. 168).

14 (S.73) Rom, 6. September 1787: *«Diese hohen Kunstwerke sind zugleich als die höchsten Naturwerke von Menschen nach wahren und natürlichen Gesetzen hervorgebracht worden. Alles Willkürli-*

che, Eingebildete fällt zusammen, da ist die Notwendigkeit, da ist Gott.» (*http://gutenberg.spiegel.de/goethe/italien/italien.htm*, Projekt Gutenberg-DE). Siehe auch: Goethe Werke, Weimarer Ausgabe DTV, I.32, S.77-8.

[15] (S.79) Die Rechtfertigung im Totengericht (Totenbuch): «... Ich kenne dich und ich kenne deinen Namen, ich kenne die Namen dieser 42 Götter, die mit dir sind in dieser Halle der vollständigen Wahrheit, die von denen leben, die zum Bösen gehören, und sich von ihrem Blut nähren an jenem Tag, an dem Rechenschaft abgelegt wird vor Wennefer (Osiris).» (aus dem Internet: www.land-der-pharaonen.de)

[16] (S.88) Rudolf Seydel (1835-1892), Philosoph und Theologe in Leipzig.

[17] (S.88) Oldenburg, Ferdinand August, *Zwei Sendboten des Evangeliums: ihre Reisen in Europa, Africa und Asien*, Augsburg 1849.

[18] (S.93) Hyksos, (altägypt. heqa chasut, Herrscher fremder Länder) waren ein semitisches Volk, das während der Zweiten Zwischenzeit (um 1648 v. Chr.) Ägypten eroberte. Sie nutzten Pferd, Streitwagen und Bogen als neue Kriegswaffen. (www.wikipedia.de)

[19] (S.96) Die Gesamtheit der Naturkräfte und -elemente bildet in der Tat ein Kreuz: Die Tierkräfte bewegen sich im Wesentlichen waagerecht, die Pflanzenkräfte von unten nach oben und der Mensch ist wie eine umgekehrte Pflanze, die von oben nach unten «wächst».

Die Beziehung zwischen Weltseele und -körper wird ausführlich in *Timaios* (34b–37c) dargestellt. Das ausdrückliche Bild der Kreuzesform für die Körper- und Naturkräfte hatte Rudolf Steiner bei V. Knauer (*Die Hauptprobleme der Philosophie*, 1892, S.96) gefunden.

Die Sätze im Timaios, die dem Gedanken Steiners am nächsten kommen, sind die folgenden (in der Übersetzung von Otto

Apelt): *«Dieser ganze wohl erwogene Plan, den der von Ewigkeit her seiende Gott für die Schöpfung des Gottes entwarf, der erst ins Dasein treten sollte, brachte es mit sich, dass der Körper der Welt glatt und eben war und dass seine Oberfläche allerseits gleichweit vom Mittelpunkte abstand, ferner, dass er ein in sich geschlossenes Ganze bildete und, selbst vollkommen, auch aus vollkommenen (unverkürzten) Teilen bestand. Der Seele aber gab er ihren Sitz in der Mitte der Welt, streckte sie durch das Ganze, ja umhüllte den Körper auch noch von außen mit ihr. ...»*, (Timaios, 34b, Kap.8)

Diese Stelle ist vielleicht der beste Nachweis der Verfahrensweise Rudolf Steiners, wie sie schon im Vorwort in Band 1 angeführt worden ist: *«Was im ‹Christentum als mystische Tatsache› an Geist-Erkenntnis gewonnen ist, das ist aus der Geistwelt selbst unmittelbar herausgeholt. Erst um Zuhörern beim Vortrag, Lesern des Buches den Einklang des geistig Erschauten mit den historischen Überlieferungen zu zeigen, nahm ich diese vor und fügte sie dem Inhalte ein. Aber nichts, was in diesen Dokumenten steht, habe ich diesem Inhalte eingefügt, wenn ich es nicht erst im Geiste vor mir gehabt habe.»* (R. Steiner *Mein Lebensgang* Kap. XXVI).

[20] (S.109) In der theosophischen Gesellschaft sprach man damals im Hinblick auf die Zyklen der Weltentwicklung von «Globen» und «Runden». Die Zahl 7 wird auch in der Apokalypse als Grundzahl aller Entwicklung betrachtet. Die Zahl 6 bekommt eine besondere Stellung, weil sie die endgültige Stufe, die endgültige Scheidung der Geister einleitet. Eine wichtige Zahl in der Apokalypse ist 666, die sich auf den Zeitpunkt bezieht, wo auf allen drei Ebenen des Daseins (Sein, Leben und Bewusstsein) die endgültige Entscheidung sich anbahnt.

[21] (S.116) William Wrede (1859-1906), *Das Messiasgeheimnis in den Evangelien*, 1901. In Biographisch-Bibliographisches Kirchenlexikon, www.bautz.de/bbkl heißt es: *«... aus der Beobachtung, (a) daß nur die Dämonen die Messianität Jesu erkannt hätten, (b) Jesus die Preisgabe dieses Wissens bei den Krankenheilungen verbiete und (c) den Hörern das Geheimnis der Got-*

tesherrschaft verborgen bleibe (Mk 4) folgert W., daß Jesus sich nicht als Messias verstanden habe.»

22 (S.121) Dieser Satz ist aufgrund des heutigen Kosmopolitismus und der veränderten Empfindungsweise etwas gekürzt worden. Den genauen Wortlaut der Klartextübertragung findet der Leser unter *www.weltredaktion.de*.

23 (S.129) Rudolf Steiner sprach zu Theosophen, die weit mehr vom Buddhismus als vom Christentum geprägt waren. Im Buddhismus strebt der Mensch danach, sich aus der Welt der Materie herauszulösen, im Geist des Christentums soll er danach streben, die körperliche Welt mitzuerlösen, sie in die «Auferstehung des Fleisches» mitzunehmen. Später fasst das Steiner so zusammen: Der Buddhismus ist eine «Erlösungsreligion», das Christentum eine «Auferstehungsreligion». Die ägyptische Einweihung, so wie sie von Steiner in diesen Vorträgen dargestellt wird, kann als Übergang vom Buddhistischen zum Christlichen gesehen werden.

24 (S.130) Augustinus *Die Bekenntnisse* (13,12), Übers.: Lachmann: *«... auf deinen Namen taufen wir, Vater, Sohn und Heiliger Geist; denn auch bei uns schuf Gott in Christo, seinem Sohne, Himmel und Erde, die geistlichen und fleischlichen Menschen seiner Kirche; und bevor unsere Erde ihre Gestalt durch die Lehre des Wortes empfing, war sie wüst und leer und bedeckte uns die Finsternis der Unwissenheit, weil du den Menschen gezüchtigt hast um der Sünde willen und weil deine Gerichte wie die Tiefen des Abgrundes sind. Da aber dein Geist über dem Wasser schwebte, verließ deine Erbarmung unser Elend nicht und du sagtest: Es werde Licht. Tut Buße, das Himmelreich ist nahe herbeigekommen. Tut Buße, es werde Licht. Und weil meine Seele betrübt in mir ist, darum denke ich an dich, Herr, im Lande am Jordan und auf dem Berge, der gleich groß ist wie du, aber klein um unseretwillen, und es missfiel uns unsere Finsternis, als wir zu dir zurückkehrten, und es wurde Licht. Und siehe, die wir weiland Finsternis waren, nun sind wir ein Licht in dem Herrn.»*

25 (S.131) Hier fehlen möglicherweise in der Klartextübertragung einige Worte.

26 (S.143) Ernest Renan, *La vie de Jesus*, Paris 1863

27 (S.149) Dieser Vortrag gehört zu den kürzesten. Es ist möglich, dass Rudolf Steiner unter anderem eingehender auf den evangelischen Text Bezug genommen hat – mit noch mehr Zitaten – als der Stenograf Franz Seiler festgehalten hat. Die zweite Häfte der 24 Vorträge erscheint insgesamt weniger vollständig als die erste zu sein. Weniger vollständig heißt: Nicht alles, was Rudolf Steiner gesagt hat, ist festgehalten worden. Aber was festgehalten worden ist, trägt die Züge der getreulichsten Wiedergabe. Nicht nur das: Es ist so bedeutsam, dass auch nur die Hälfte davon für den an Geisteswissenschaft Interessierten von unschätzbarem Wert sein dürfte.

28 (S.156) David Friedrich Strauß (1808-1874), deutscher Schriftsteller, Philosoph und Theologe. Werke: *Das Leben Jesu; Der alte und der neue Glaube*.

29 (S.157) Friedrich Delitzsch habilitierte 1874 in Leipzig in Assyriologie.

30 (S.158) Griechischer Dichter und Grammatiker des 3. Jahrhunderts vor unserer Zeitrechnung. Hauptwerk: *Argonautika*.

31 (S.160) Nonnos von Panopolis (Ägypten), 5. Jahrhundert nach unserer Zeitrechnung, Verfasser der *Dionysiaka* (rund 25000 Verse).
www.imperiumromanum.com: «Dionysos-Darstellungen finden sich überall im Römischen Reich, sowohl als Wandmalerei als auch in Dekorationen für Gefäße und Statuen. Das letzte grosse Epos der Antike, die *Dionysiaka* des Nonnos aus dem 5. Jh.n.Chr., ist ihm gewidmet.»

32 (S.180) Über die Gnosis siehe die fünf Bände *The Coptic Gnostic Library,* A Complete Edition of the Naghammadi Codices (Ed. J.M.Robinson), wo von Jaldabaoth vielfach die Rede ist. Über die Gnostiker auf Deutsch: *Die Gnosis* (drei Bände), Textsammlung von E. Haenchen, M. Krause, W. Foerster.

33 (S.181) Auch im Ägyptischen gibt es vier ursprüngliche Götterpaare (wie im Griechischen Ouranos/Gäa, Kronos/Rhea und so weiter): Nun/Naunet, Huh/Hauhet, Kuk/Kauket und Niu/Njaut (oder Amon/Amaunet). Siehe *Wörterbuch der Mythologie* I, Hrsg. H.W. Haussig, S. 330. Beim «erneuten» Ursprung der Welt der Gnostiker steht Jaldabaoth/Osiris/Dionysos im Mittelpunkt. In der Bibel ist es «Adam», der aus der Erde (Adamah) geformte Mensch.

34 (S.194) Auch «Paulus» ist kein bloßer Eigenname: Er deutet auf eine Wesenseigenschaft (Paulus = lat. «klein»), welche sich auf das Ich des Menschen bezieht, auf das «Baby» der Entwicklung. Das Ich ist das Letzte, was erst auf der Erde zum physischen, ätherischen und astralischen Körper dazugekommen ist. Christus nennt aus diesem Grund seine Jünger «Kindlein», weil er die Kräfte des Ich in ihrer Gesamtheit und Endgültigkeit in die Menschheit erst hineinbringt. Vor seiner Bekehrung war Paulus ein «Saulus», was hebräisch etwa heißt «durch Gebet erfleht und durch Gnade geschenkt». Die Bekehrung des Paulus ist der Übergang vom Seelen- zum Geistesmenschen. Der Geistesmensch, der Ich-Mensch, ist erst am Anfang seiner Entwicklung, ist noch klein («Paulus»).

35 (S.196) Dieser Satz der Unterlage scheint nicht ganz genau festgehalten worden zu sein. Der Sinn dürfte sein: Bevor ins Johannes-Evangelium das irdische Leben des Christus Jesus als Einweihungsprozess hineinkam, enthielt es den makrokosmischen Entwicklungsprozess als Einweihung des Logos – seinen Niederstieg in die Welt der Materie, seinen Tod und seine Auferstehung als Sinn und Inhalt aller Entwicklung. Dieses wurde dann auf die geschichtliche Tatsache eines Menschenlebens bezogen.

36 (S.205) Hermas war der Bruder des Bischofs Pius I. von Rom. Etwa um 140 schrieb er die Schrift *Hirte des Hermas*, die bis weit in das 4. Jahrhundert hinein in den Gottesdiensten vorgelesen wurde.

37 (S.205) Siehe O. Bardenhewer, *Geschichte der altkirchlichen Literatur* (3 Bände), 1. Aufl. 1902, Band 1 (Ausgabe 1913, S.469-470): Pastor Hermas stellt die Entwicklung der Kirche und des Menschen anhand von *vier Gesichten* dar, in denen ihm eine Frau erscheint: Auf der 1. Stufe alt und kraftlos, auf der 2. stehend und mit jugendlich-heiterem Antlitz (aber mit welker Haut und grauen Haaren), auf der 3. ganz verjüngt, schön und fröhlich (aber noch mit grauem Haar) und auf der 4., die erst am Ende der Zeiten erreicht wird, erscheint sie (die Frau, die Seele des Menschen) wie eine strahlende, von allen Makeln gereinigte Jungfrau.

38 (S.207) Später führt Rudolf Steiner aus, dass es geradezu eine der wichtigsten Aufgaben des Christentums war, eine Zeit lang das Bewusstsein – nicht die Tatsache! – der Wiederverkörperung zurücktreten zu lassen. Dies ermöglicht dem Individuum einerseits, aus dem als einmalig gesehenen Leben das Beste zu machen und andrerseits gerade dadurch fähig zu werden, das Bewusstsein der wiederholten Leben aus eigenem, individuellen Erkenntnisringen wieder zu gewinnen (im Unterschied dazu, dass man wie in den alten Zeiten bloß daran «glaubt»).

39 (S.221) Otto Willmann gibt in seiner *Geschichte des Idealismus* (Bd.2, §63,2, 1975: S.195-197) eine hinreißende Zusammenfassung dieser sieben Stufen. Hier werden nur die vierte und die fünfte angeführt: «... *eine Fülle von Kunstwerten, die an und für sich noch ethisch-indifferent, also noch nicht sittliche Werte sind. Diese letzteren haben ihre Stelle auf der vierten Stufe, in dem Verständnisse des sittlich Guten ... Hier löst sich die Seele von jener Güterwelt, die mit dem Körperlichen verwachsen war, sucht sich in sich zu kräftigen und zu reinigen; der Mensch schätzt die sozialen Berührungen mit seinesgleichen, vermeidet Konflikte, folgt der Auto-*

rität der Weisen *und ihren Vorschriften, in denen er göttliche Weisungen zu vernehmen glaubt. Die Seele hat das Bedürfnis der Reinigung, das Leben erscheint ihr kurz für diese Aufgabe, und sie blickt darum seinem Ende bangend entgegen. Dieser Stufe des Vordringens folgt die fünfte der Erreichung der sittlichen Höhe, auf der es gilt, die gewonnene Reinheit zu bewahren und den Rückfall zu vermeiden. Die Seele erkennt sich nun vollkommener ... sie faßt Vertrauen zu Gott, wendet sich zur Betrachtung (contemplatio) der* Wahrheit *und erkennt diese als das Gut, um dessentwillen sie die Mühen des Aufstieges auf sich genommen. Hier muß sich die Reinigung des Seelenauges vollenden: Wer zu früh den Blick zur Wahrheit hebt, wird durch ihr Licht geblendet, sucht das Licht in der eigenen Seele, die ihm nur Dunkel und Finsternis bieten kann.»*

40 (S.225) Augustinus wörtlich in den Bekenntnissen (10.Buch, Kap.6): «*Ich fragte die Erde, und sie sprach: Ich bin's nicht. Alles, was auf ihr ist, bekannte dasselbe. Ich fragte das Meer und seine Abgründe und das Gewürm, das in ihm lebt, und sie antworteten: Nicht wir sind dein Gott, suche höher, über uns! Ich fragte die säuselnden Winde, und das ganze Reich der Luft mit all seinen Bewohnern gab zur Antwort: Anaximenes irrt sich, ich bin nicht Gott. Ich fragte den Himmel, die Sonne, den Mond und die Sterne, und sie sagten: Auch wir sind's nicht, der Gott, den du suchst ... Nun wandte ich mich zu mir selbst und sprach zu mir: Wer bist denn du? Ich antwortete: Ein Mensch. Und siehe, fasse ich mich selbst ins Auge, stehen da ihrer zwei, Leib und Seele, er draußen sie drinnen. Wen von beiden soll ich fragen nach meinem Gott, nachdem ich schon die ganze Körperwelt durchsuchte, von der Erde bis zum Himmel, soweit ich meiner Augen Strahlen als Boten senden konnte? Besser ist doch, was innen ist.»* (in der Übersetzung von Wilhelm Thimme)

41 (S.233) Gottschalk (Godescalc) von Orbais. Scotus Eri(u)gena schrieb 851 teilweise gegen ihn *De divina praedestinatione* (über die göttliche Vorbestimmung).

Anhang 1:

Rudolf Steiner

Credo.
Der Einzelne und das All[*]

(Auf der linken Seite findet der Leser die ursprüngliche Fassung von Rudolf Steiner, auf der rechten eine leicht modernisierte und gegliederte Fassung.)

---

[*] Im 22. Vortrag stellt Rudolf Steiner das christliche «Glaubensbekenntnis» (lat. «Credo») als Zusammenfassung sowohl der Weltentwicklung wie auch des Einweihungsvorgangs dar. Er hatte in den Jahren zuvor ein eigenes «Credo» geschrieben, in dem seine tiefsten Überzeugungen zur Sprache kommen.

Die Ideenwelt ist der Urquell und das Prinzip alles Seins. In ihr ist unendliche Harmonie und selige Ruhe. Das Sein, das sie mit ihrem Lichte nicht beleuchtete, wäre ein totes, wesenloses, das keinen Teil hätte an dem Leben des Weltganzen. Nur, was sein Dasein von der Idee herleitet, das bedeutet etwas am Schöpfungsbaume des Universums. Die Idee ist der in sich klare, in sich selbst und mit sich selbst sich genügende Geist. Das Einzelne muss den Geist in sich haben, sonst fällt es ab, wie ein dürres Blatt von jenem Baume, und war umsonst da.

Der Mensch aber fühlt und erkennt als Einzelner sich, wenn er zu seinem vollen Bewusstsein erwacht. Dabei aber hat er die Sehnsucht nach der Idee eingepflanzt. Diese Sehnsucht treibt ihn an, die Einzelheit zu überwinden und den Geist in sich aufleben zu lassen, dem Geiste gemäss zu sein. Alles, was selbstisch ist, was ihn zu diesem bestimmten, einzelnen Wesen macht, das muss der Mensch in sich aufheben, bei sich abstreifen, denn dieses ist es, was das Licht des Geistes verdunkelt. Was aus der Sinnlichkeit, aus Trieb, Begierde, Leidenschaft hervorgeht, das will nur dieses egoistische Individuum. Daher muss der Mensch dieses selbstische Wollen in sich abtöten, er muss statt dessen, was er als Einzelner will, das wollen, was der Geist, die Idee in ihm will.

Die Ideenwelt ist der Urquell und das Prinzip alles Seins. In ihr ist unendliche Harmonie und selige Ruhe.

Das Sein, das sie mit ihrem Licht nicht beleuchtete, wäre ein totes, wesenloses, das keinen Teil am Leben des Weltganzen hätte. Nur was sein Dasein von der Idee herleitet, nur das bedeutet etwas am Schöpfungsbaum des Universums.

Die Idee ist der in sich klare, in sich selbst (ruhende) und mit sich selbst sich genügende Geist. Das Einzelne muss den Geist in sich haben, sonst fällt es ab, wie ein dürres Blatt von seinem Baum, und war umsonst da.

Der Mensch aber fühlt und erkennt sich als Einzelnen, wenn er zu seinem vollen Bewusstsein erwacht.

Dabei aber hat er die Sehnsucht nach der Idee eingepflanzt. Diese Sehnsucht treibt ihn an, die Einzelheit zu überwinden und den Geist in sich aufleben zu lassen, dem Geist gemäß zu sein.

Alles, was selbstisch ist, was ihn zu diesem bestimmten, einzelnen Wesen macht, das muss der Mensch in sich aufheben, bei sich abstreifen, denn dieses ist es, was das Licht des Geistes verdunkelt. Was aus der Sinnlichkeit, aus Trieb, Begierde, Leidenschaft hervorgeht, das nur will dieses egoistische Individuum.

Daher muss der Mensch dieses selbstische Wollen in sich abtöten, er muss statt dessen, was er als Einzelner will, das wollen, was der Geist, die Idee in ihm will.

Lasse die Einzelheit dahinfahren und folge der Stimme der Idee in dir, denn sie nur ist das Göttliche: Was man als Einzelner will, das ist am Umfange des Weltganzen ein wertloser, im Strom der Zeit verschwindender Punkt; was man «im Geiste» will, das ist im Zentrum, denn es lebt in uns das Zentrallicht des Universums auf; eine solche Tat unterliegt nicht der Zeit. Handelt man als Einzelner, dann schliesst man sich aus der geschlossenen Kette des Weltwirkens aus, man sondert sich ab. Handelt man «im Geiste», dann lebt man sich hinein in das allgemeine Weltwirken. Ertötung aller Selbstheit, das ist die Grundlage für das höhere Leben. Denn wer die Selbstheit abtötet, der lebt ein ewiges Sein. Wir sind in dem Maße unsterblich, in welchem Maße wir in uns die Selbstheit ersterben lassen. Das an uns Sterbliche ist die Selbstheit. Dies ist der wahre Sinn des Ausspruches: «Wer nicht stirbt, bevor er stirbt, der verdirbt, wenn er stirbt.» Das heisst, wer nicht die Selbstheit in sich aufhören lässt während der Zeit seines Lebens, der hat keinen Teil an dem allgemeinen Leben, das unsterblich ist, der ist nie dagewesen, hat kein wahrhaftes Sein gehabt.

Es gibt vier Sphären menschlicher Tätigkeit, in denen der Mensch sich voll hingibt an den Geist mit Ertötung alles Eigenlebens: die Erkenntnis, die Kunst, die Religion und die liebevolle Hingabe an eine Persönlichkeit im Geiste.

«Lasse die Einzelheit dahinfahren und folge der Stimme der Idee in dir, denn sie nur ist das Göttliche.»

Was man als Einzelner will, das ist im Umfang des Weltganzen ein wertloser, im Strom der Zeit verschwindender Punkt. Was man «im Geist» will, das ist im Zentrum, denn es lebt in uns das Zentrallicht des Universums auf. Eine solche Tat unterliegt nicht der Zeit.

Handelt man als Einzelner, dann schließt man sich aus der geschlossenen Kette des Weltwirkens aus, man sondert sich ab. Handelt man «im Geist», dann lebt man sich hinein in das allgemeine Weltwirken.

Ertötung aller Selbstheit, das ist die Grundlage für das höhere Leben. Denn wer die Selbstheit abtötet, der lebt ein ewiges Sein.

Wir sind in dem Maße unsterblich, in welchem Maße wir in uns die Selbstheit ersterben lassen. Das an uns Sterbliche ist die Selbstheit.

Dies ist der wahre Sinn des Ausspruchs: «Wer nicht stirbt, bevor er stirbt, der verdirbt, wenn er stirbt». Das heißt: Wer nicht die Selbstheit in sich aufhören lässt während der Zeit seines Lebens, der hat keinen Teil an dem allgemeinen Leben, das unsterblich ist, der ist nie dagewesen, hat kein wahrhaftes Sein gehabt.

Es gibt vier Sphären menschlicher Tätigkeit, in denen der Mensch sich voll hingibt an den Geist mit Ertötung alles Eigenlebens: die Erkenntnis, die Kunst, die Religion und die liebevolle Hingabe an eine Persönlichkeit im Geist.

Wer nicht wenigstens in einer dieser vier Sphären lebt, lebt überhaupt nicht. Erkenntnis ist Hingabe an das Universum in Gedanken, Kunst in der Anschauung, Religion im Gemüte, Liebe mit der Summe aller Geisteskräfte an etwas, was uns als ein für uns schätzenswertes Wesen des Weltganzen erscheint. Erkenntnis ist die geistigste, Liebe die schönste Form selbstloser Hingabe. Denn Liebe ist ein wahrhaftes Himmelslicht in dem Leben der Alltäglichkeit. Fromme, wahrhaft geistige Liebe veredelt unser Sein bis in seine innerste Faser, sie erhöht alles, was in uns lebt. Diese reine fromme Liebe verwandelt das ganze Seelenleben in ein anderes, das zum Weltgeiste Verwandtschaft hat. In diesem höchsten Sinne lieben, heisst den Hauch des Gotteslebens dahin tragen, wo zumeist nur der verabscheuungswürdigste Egoismus und die achtungslose Leidenschaft zu finden ist. Man muss etwas wissen von der Heiligkeit der Liebe, dann erst kann man von Frommsein sprechen.

Hat der Mensch sich durch eine der vier Sphären hindurch, aus der Einzelheit heraus, in das göttliche Leben der Idee eingelebt, dann hat er das erreicht, wozu der Strebenskeim in seiner Brust liegt: seine Vereinigung mit dem Geiste; und dies ist seine wahre Bestimmung.

Wer nicht wenigstens in einer dieser vier Sphären lebt, lebt überhaupt nicht:

- *Erkenntnis* ist Hingabe an das Universum in Gedanken,
- *Kunst* in der Anschauung,
- *Religion* im Gemüt,
- *Liebe* mit der Summe aller Geisteskräfte an etwas, was uns als ein für uns schätzenswertes Wesen des Weltganzen erscheint.

Erkenntnis ist die geistigste, Liebe die schönste Form selbstloser Hingabe.

Denn Liebe ist ein wahrhaftes Himmelslicht im Leben der Alltäglichkeit. Fromme, wahrhaft geistige Liebe veredelt unser Sein bis in seine innerste Faser, sie erhöht alles, was in uns lebt. Diese reine, fromme Liebe verwandelt das ganze Seelenleben in ein anderes, das zum Weltgeist Verwandtschaft hat.

In diesem höchsten Sinne lieben, heißt den Hauch des Gotteslebens dahin tragen, wo zumeist nur der verabscheuungswürdigste Egoismus und die achtungslose Leidenschaft zu finden sind. Man muss etwas wissen von der Heiligkeit der Liebe, dann erst kann man von Frommsein sprechen.

Hat der Mensch sich durch eine der vier Sphären hindurch, aus der Einzelheit heraus in das göttliche Leben der Idee eingelebt, dann hat er das erreicht, wozu der Strebenskeim in seiner Brust liegt: seine Vereinigung mit dem Geist. Und dies ist seine wahre Bestimmung.

Wer aber im Geiste lebt, lebt frei. Denn er hat sich alles Untergeordneten entwunden. Nichts bezwingt ihn, als wovon er gerne den Zwang erleidet, denn er hat es als das Höchste erkannt.

Lasse die Wahrheit zum Leben werden; verliere dich selbst, um dich im Weltgeiste wiederzufinden.

Wer aber im Geist lebt, lebt *frei*, denn er hat sich allem Untergeordneten entwunden. Nichts bezwingt ihn, als wovon er gerne den Zwang erleidet, denn er hat es als das Höchste erkannt.

«Lasse die Wahrheit zum Leben werden. Verliere dich selbst, um dich im Weltgeist wiederzufinden.»

Anhang 2:

Rudolf Steiner

Augustinus und die Kirche, zwei Textvergleiche[*]

Erster Vergleich: S. 266-277

- Links: *Das Christentum als mystische Tatsache und die Mysterien des Altertums*, Ausgabe 1910
  Kap. Augustinus und die Kirche

- Rechts: *Das Christentum als mystische Tatsache*, Ausgabe 1902
  Kap. Augustinus und die katholische Kirche

Zweiter Vergleich: S. 278-289

- Links: Ausgabe 1925; rechts: Ausgabe 1910

---

[*] Im 23. Vortrag über Augustinus steht die Tatsache im Vordergrund, dass mit diesem Denker das Bewusstsein der Wiederverkörperung verloren ging. Im Buch «Das Christentum als mystische Tatsache» wird im Kapitel über Augustinus diese wichtige Frage überhaupt nicht erwähnt.
Der Vergleich zwischen Vortrag und Buch – und den verschiedenen Ausgaben des Buches – erlaubt einen Einblick in Steiners Ringen mit der damaligen Menschheit. Was er Menschen sagen konnte, die ihm gewisse Voraussetzungen entgegen brachten, das hat er der breiten Öffentlichkeit nicht mitgeteilt. Das war am Anfang des 20. Jahrhunderts. Heute leben wir genau ein Jahrhundert später.

Augustinus und die Kirche.
(Ausgabe von 1910)[*]

> Ausg.1902: **katholische**

Die volle Gewalt des Kampfes, der sich in den Seelen christlicher Bekenner beim Übergang aus dem Heidentum zu der neuen Religion abgespielt hat, kommt in der Persönlichkeit des *Augustinus* (354-430) zur Anschauung. Man betrachtet die Seelenkämpfe eines Origenes, Clemens von Alexandrien, Gregors von Nazianz, Hieronymus und anderer in geheimnisvoller Art mit, wenn man sieht, wie diese Kämpfe in dem Geiste des Augustinus zur Ruhe gekommen sind.

Augustinus ist eine Persönlichkeit, in der sich aus einer leidenschaftlichen Natur heraus die tiefsten geistigen Bedürfnisse entwickeln. Er geht durch heidnische und halb-christliche Vorstellungen hindurch. Er leidet tief unter den furchtbarsten

> Ausg.1902: , sinnlichen

> Ausg.1902: Vorstellungswelten

---

[*] Der Fließtext ist der Wortlaut von 1910. Alles, was in ihm grau und unterstrichen ist, ist nur hier und nicht in der Fassung von 1902 enthalten. Alles, was sich in den Rechtecken rechts befindet ist nur im Text von 1902 zu finden. Alles andere ist in beiden identisch.

Zweifeln, wie sie einen Menschen befallen können, der die Ohnmacht vieler Gedanken gegenüber den geistigen Interessen erprobt hat, und der die niederschlagende Empfindung gekostet hat von dem: «Kann denn der Mensch überhaupt etwas wissen?»

Im Anfange seines Strebens hafteten die Vorstellungen des Augustinus am Sinnlich-Vergänglichen. Er konnte sich das Geistige nur in sinnlichen Bildern veranschaulichen. Er empfindet es wie eine Befreiung, als er sich über diese Stufe erhoben hat. Das schildert er in seinen «Bekenntnissen»: «Da ich mir, wenn ich Gott denken wollte, Körpermassen vorstellen mußte, und glaubte, es könne nichts existieren als derartiges, das war der gewichtigste und fast der einzige Grund des Irrtums, den ich nicht vermeiden konnte.» Damit deutet er an, wohin der Mensch kommen muß, der das wahre Leben im Geiste sucht. Es gibt Denker, welche behaupten – und diese Denker sind nicht wenig zahlreich –: man könne zu einem reinen, von allem sinnlichen Stoffe freien Vorstellen überhaupt nicht gelangen. Diese Denker verwechseln dasjenige, was sie glauben, von ihrem eigenen Seelenleben sagen zu müssen, mit dem menschlich Möglichen. Die Wahrheit

---

- Ausg.1902: die
- Ausg.1902: den
- Ausg.1902: Man k
- Ausg.1902: nicht
- Ausg.1902: !
- Ausg.1902: Auf einer niederen Stufe des Denkens hat Augustinus angefangen.
- Ausg.1902: Sein Vorstellen haftete so sehr am sinnlich Vergänglichen, daß er sich auch das Göttliche
- Ausg.1902: konnte
- Ausg.1902: ;
- Ausg.1902: hat er angedeutet
- Ausg.1902: jeder
- Ausg.1902: giebt
- Ausg.1902: ihren eigenen wenig hohen Gesichtspunkt

ist vielmehr, daß man zu einer höheren Erkenntnis erst kommen kann, wenn man sich zu einem von allem sinnlichen Stoffe freien Denken entwickelt hat. Zu einem solchen Seelenleben, dessen Vorstellungen nicht mehr dann aufhören, wenn die Veranschaulichung durch sinnliche Eindrücke aufhört. Augustinus erzählt, wie er zum geistigen Schauen aufgestiegen ist. Er fragte überall an, wo er das «Göttliche» ist. «Ich fragte die Erde und sie sprach: Ich bin es nicht, und was auf ihr ist, bekannte das Gleiche. Ich fragte das Meer und die Abgründe, und was von Lebendem sie bergen: Wir sind nicht dein Gott; suche über uns. Ich fragte die wehenden Lüfte[E], und es sprach der ganze Dunstkreis samt allen seinen Bewohnern: die Philosophen, die in uns das Wesen der Dinge suchten, täuschten sich: wir sind nicht Gott. Ich fragte Sonne, Mond und Sterne, sie sprachen: Wir sind nicht Gott, den du suchst.» Und Augustinus erkannte, daß es nur eines giebt, das Antwort erteilt auf seine Frage nach dem Göttlichen: die eigene Seele. Sie sprach: Kein Auge, kein Ohr kann dir mitteilen, was in mir ist. Das kann ich dir nur selbst sagen. Und ich sage es dir auf unzweifelhafte Weise. «Ob die Lebenskraft in der Luft oder

[E] Ausg. 1902: E
[giebt] Ausg. 1902: giebt

im Feuer liegt, darüber konnten die Menschen zweifelhaft sein, aber wer wollte zweifeln, daß er lebt, sich erinnert, versteht, will, denkt, weiß und urteilt? Wenn er zweifelt, so lebt er ja, erinnert er sich ja, weshalb er zweifelt, versteht er ja, daß er zweifelt, will er sich ja vergewissern, denkt er ja, weiß er ja, daß er nichts weiß, urteilt er ja, daß er nichts voreilig annehmen dürfe.» Die Außendinge wehren sich nicht, wenn wir ihnen Wesenheit und Dasein absprechen. Aber die Seele wehrt sich. Sie könnte ja nicht an sich zweifeln, wenn sie nicht wäre. In ihrem Zweifel bestätigt sie ihr Dasein. «Wir sind und wir erkennen unser Sein, und lieben unser Sein und Erkennen: in diesen drei Stücken kann uns kein dem Wahren ähnlicher Irrtum beunruhigen, denn wir ergreifen sie nicht wie die Außendinge mit einem körperlichen Sinne.» Vom Göttlichen erfährt der Mensch, indem er seine Seele dazu bringt, sich selbst erst als Geistiges zu erkennen, um als Geist den Weg in die geistige Welt zu finden. Dazu hatte sich Augustinus durchgerungen, dieses zu erkennen. Aus solcher Stimmung heraus erwuchs im heidnischen Volkstum den Erkenntnis suchenden Persönlichkeiten das Verlangen, an die Pfor-

Ausg.1902: in der

ten der Mysterien anzuklopfen. Im Zeitalter des Augustinus konnte man mit diesen Überzeugungen Christ werden. Der menschgewordene Logos, Jesus, hatte den Weg gewiesen, den die Seele zu gehen hat, wenn sie zu dem kommen will, wovon sie sprechen muß, wenn sie mit sich selbst ist. In Mailand wurde Augustin 385 die Belehrung des Ambrosius zuteil. Alle seine Bedenken gegen das alte und neue Testament schwanden, als ihm der Lehrer die wichtigsten Stellen, nicht bloß dem Wortsinn nach, sondern «mit Aufhebung des mystischen Schleiers aus dem Geiste» deutete. In der geschichtlichen Tradition der Evangelien und in der Gemeinschaft, von der diese Tradition bewahrt wird, verkörpert sich für Augustinus das, was in den Mysterien behütet worden ist. Er hält sich allmählich davon überzeugt, daß «ihr Gesetz, das zu *glauben*, was sie nicht bewies, maßvoll und ohne Arg sei.» Er kommt zu der Vorstellung: «Wer könnte so verblendet sein, zu sagen, die Kirche der Apostel verdienet keinen Glauben, die so treu ist, und von so vieler Brüder Übereinstimmung getragen, daß diese deren Schriften so gewissenhaft den Nachkommen überlieferten, wie sie auch deren Lehrstühle

[margin: Ausg.1902: Macht,]
[margin: Ausg.1902: ,]

bis zu den gegenwärtigen Bischöfen herab mit streng gesicherter Nachfolge erhalten hat.» Des Augustinus Vorstellungsart sagte ihm, daß mit dem Christusereignisse andere Verhältnisse für die nach dem Geist suchende Seele eingetreten waren, als sie vorher bestanden hatten. Für ihn stand fest, daß in dem Christus Jesus dasjenige in der äußeren geschichtlichen Welt sich geoffenbart hat, was der Myste durch die Vorbereitung in den Mysterien suchte. Einer seiner bedeutsamen Aussprüche ist: «Was man gegenwärtig die christliche Religion nennt, bestand schon bei den Alten und fehlte nicht in den Anfängen des Menschengeschlechtes, bis Christus im Fleische erschien, von wo an die wahre Religion, die schon vorher vorhanden war, den Namen der christlichen erhielt.» Für eine solche Vorstellungsart waren zwei Wege möglich. Der eine ist der, welcher sich sagt, wenn die menschliche Seele diejenigen Kräfte in sich ausbildet, durch welche sie zur Erkenntnis ihres wahren Selbst gelangt, so wird sie, wenn sie nur weit genug geht, auch zur Erkenntnis des Christus und alles dessen kommen, was mit ihm zusammenhängt. Dies wäre eine durch das Christusereignis bereicherte Mysterien-Erkenntnis gewesen. – Der andere Weg ist derjenige, welchen Augustinus wirklich eingeschlagen hat, und durch welchen er für seine Nachfolger das große Vorbild geworden ist. Er besteht darin, mit der Entwickelung der eigenen Seelenkräfte an einem bestimmten Punkte abzuschließen und die Vorstellungen, welche mit dem Christusereignis zusammenhängen, aus den schriftlichen Aufzeichnungen und mündlichen Überlieferungen über dasselbe zu entnehmen. Den ersten Weg wies Augustinus, als dem Stolze der Seele entspringend, ab, der zweite entsprach für ihn der rechten Demut. So sagte er zu denen, welche den ersten Weg gehen wollen: «Ihr könntet Frieden finden in der Wahrheit, aber dazu bedarf es der Demut, die eurem starken Nacken so schwer ankommt.» Dagegen empfand er in unbegrenzter innerlicher Seligkeit die Tatsache, daß man seit der «Erscheinung des Christus im Fleische» sich sagen konnte: jede Seele kann zum Erleben des Geistigen kommen, welche in sich selbst suchend so weit geht, als sie eben gehen kann, und dann, um zum Höchsten zu kommen, *Vertrauen* haben kann zu dem, was die schriftlichen und mündlichen Überlieferungen der christlichen Gemeinschaft über den Christus und seine Offenbarung aussagen. Er spricht sich darüber aus: «Welche Wonne und welch dauernder Genuß des höchsten und wahren Gutes sich nun darbietet, welche Heiterkeit, welcher Anhauch der Ewigkeit, wie soll ich das sagen? Es haben dies gesagt, soweit sich das eben sagen läßt, jene großen unvergleichlichen Seelen, denen wir zusprechen, daß sie geschaut haben und noch schauen. . . . Wir erreichen einen Punkt, in dem wir erkennen, wie wahr das ist, was uns zu glauben geboten wurde, und wie gut und heilbringend wir bei unserer Mutter, der Kirche, aufgezogen worden sind, und welches der Nutzen jener Milch war, die der Apostel Paulus den Kleinen zum Tranke gab. . . .» (Was aus der andern möglichen Vorstellungsart, der um das Christus-Ereignis bereicherten Mysterien-Erkenntnis sich entwickelt: das zu betrachten liegt außerhalb des Rahmens dieser Schrift. Es findet sich die Darstellung davon in meiner «Geheimwissenschaft», Leipzig, bei Max Altmann.) – Während in vorchristlichen Zeiten derjenige Mensch, welcher die geistigen Gründe des Daseins suchen wollte, auf den Mysterienweg gewiesen werden mußte, konnte Augustinus auch denjenigen

> Ausg.1902: ¶ Durch solche Gesinnung ist Augustinus vorbildlich geworden für alle, die sich, von einem höheren Geiste beseelt, zu Gliedern der christlichen Kirche machen wollten. Er wurde der maßgebende Kirchenvater. Er war Myste durch die Natur seiner Persönlichkeit; und die Kirche erklärte er zu dem Tempel, innerhalb dessen die «Einweihung» zu empfangen ist. Die Kirche wurde der Umweg, auf dem man von der Menschenseele aus zum Göttlichen gelangen konnte. Nicht ein persönliches Erlebnis wurde von denen gesucht, die von seiner Gesinnung beseelt waren. Sondern das persönliche Bedürfnis fand seine Befriedigung, indem es untertauchte in den von der Kirche bewahrten göttlichen Wahrheitsschatz:

> Ausg.1902: es

> Ausg.1902: ,

> Ausg.1902: ,

> Ausg.1902: Entrückt war damit das Göttliche dem unmittelbaren persönlichen Erlebnisse. Mochte der Einzelne sich noch so sehr in sich vertiefen: das Göttliche, das er in sich finden konnte, war doch nur ein irdischer Abglanz desjenigen Göttlichen, das die Kirche als ewige, göttliche Wahrheit lehrt.

273

Seelen, welche in sich selber keinen solchen Weg gehen konnten, sagen: Kommt so weit, als sich mit euren menschlichen Kräften in der *Erkenntnis* kommen läßt; von da ab führt euch dann das *Vertrauen* (der Glaube) in die höheren geistigen Regionen hinauf. – Es war nun nur ein Schritt weiter zu gehen, und zu sagen: es liegt in dem Wesen der menschlichen Seele, durch ihre eigenen Kräfte bis zu einer gewissen Stufe der *Erkenntnis* nur kommen zu können: von da an könne sie nur weiter kommen durch Vertrauen, durch den Glauben an die schriftliche und mündliche Überlieferung. Dieser Schritt war durch diejenige Geistesströmung getan, welche dem *Erkennen* ein gewisses Gebiet zuwies, über welches sich die Seele nicht durch sich selbst erheben kann; welche Strömung aber alles, was über diesem Gebiet lag, zum Gegenstande des *Glaubens* machte, der sich zu stützen hat auf die schriftliche und mündliche Überlieferung, auf das Vertrauen in ihre Träger. Der größte Kirchenlehrer, *Thomas von Aquino* (1224-1274), hat diese Lehre in seinen Schriften auf die verschiedenste Art zum Ausdrucke gebracht. Das menschliche Erkennen kann bis zu dem kommen, was dem Augustinus

---

Ausg. 1902: Die göttliche Wahrheit war in eine unendliche, unnahbare Vollkommenheit gerückt. Der Mensch war in seine irdische Persönlichkeit eingeschlossen. Er mochte innerhalb dieser noch so weit kommen: alles Erreichbare war *nur* menschliches Erkennen. Die volle Wahrheit konnte im Innern der Seele nicht mehr unmittelbar erschaffen werden. Was die Seele aus sich selbst erschaffen mag, ist an die Persönlichkeit gebunden. Es ist irdisch. Der Myste erlebte in seiner mystischen Erkenntnis einen Grad des Göttlichen. Solcher Gradunterschied war verwischt. Das Göttliche selbst schwebte in unnahbarer Ferne. Man konnte es nicht erkennen, nicht *erleben*; man mußte es, auf die Autorität der Kirche hin, *glauben*. «Ich würde an die Wahrheit der Evangelien nicht glauben, wenn mich nicht die Autorität der katholischen Kirche dazu zwänge» (vergl. S. 87). Der Gegensatz von *Glauben* und *Erkennen* war damit aufgerichtet. Er war fortan der Gesichtspunkt der Kirche.

Ausg. 1902: 1227

Ausg. 1902: ihn

die Selbsterkenntnis gebracht hat, bis zur Gewißheit des Göttlichen. Das Wesen dieses Göttlichen und sein Verhältnis zur Welt liefert ihm dann die menschlichem Eigenerkennen nicht mehr zugängliche, geoffenbarte Theologie, die als Glaubensinhalt über alle Erkenntnis erhaben ist.

Man kann diesen Gesichtspunkt förmlich in seiner Entstehung beobachten in der Weltanschauung des *Johannes Scotus Erigena*, der im neunten Jahrhundert am Hofe Karl des Kahlen lebte, und der auf die natürlichste Weise von den ersten Zeiten des Christentums zu den Gesichtspunkten des Thomas von Aquino hinüberleitet. Seine Weltanschauung ist im Sinne des Neuplatonismus gehalten. Die Lehren des Dionysius, des Areopagyten, hat Scotus in seinem Werke über die «Einteilung der Natur» weiter gebildet. Das war eine Lehre, die von dem über alles Sinnlich-Vergängliche erhabenen Gott ausgeht, und von diesem Gotte die Welt ableitet (vergl. S. 166 f.). Der Mensch ist eingeschlossen in die Verwandlung aller Wesen zu diesem Gotte hin, der am Ende das erreicht, was er, vom Anfange an, war. In die durch den Weltprozeß hindurchgegangene und zuletzt vollendete

Gottheit fällt alles wieder zurück. Aber der Mensch muß, um dahin zu gelangen, den Weg zu dem Fleisch gewordenen Logos finden. Dieser Gedanke führt bei Erigena schon zu dem andern: was in den Schriften enthalten ist, die über diesen Logos berichten, das führt als Glaubensinhalt zum Heil. Vernunft und Schriftautorität, *Glaube* und *Erkenntnis* stehen nebeneinander. Eines widerspricht nicht dem andern; aber der Glaube muß bringen, wozu das Erkennen sich nie bloß durch sich selbst erheben kann.

* * *

Was im Sinne der Mysterien der Menge vorenthalten werden sollte, die *Erkenntnis* des Ewigen, das war für diese Vorstellungsart, durch die christliche Gesinnung zum *Glaubensinhalte* geworden, der, *seiner Natur* nach, sich auf etwas dem bloßen Erkennen Unerreichbares bezog. Der vorchristliche Myste war der Überzeugung: ihm sei die Erkenntnis des Göttlichen dem Volke der bildliche Glaube. Das Christentum wurde der Überzeugung: Gott hat durch seine Offenbarung die Weisheit dem Menschen geoffenbart; diesem kommt durch seine Erkennt-

---

Ausg.1902: Aber nicht die Persönlichkeit des Menschen steht in unmittelbarer Beziehung zum Göttlichen. Der fleischgewordene Logos ist es, der sie dahin führt. W

Ausg.1902: ihn

Ausg.1902: stehen nebeneinander

Ausg.1902: kennen keine Vermittelung zwischen sich

Ausg.1902: :

Ausg.1902: das Erkennen

Ausg.1902: Menschen

Ausg.1902: Was dieser Menge gegeben werden sollte: ein bildlicher Ausdruck dieses Ewigen, das wurde zu einem Kennzeichen dessen, was der Mensch wegen seiner Unvollkommenheit überhaupt nur erreichen konnte. Innerhalb des Christentums traten Mysterienweisheit und Volksmythe wie erhaltener, von Gott geoffenbarter, Glaubensinhalt und menschliches Wissen auf.

nis ein Abbild der göttlichen Offenbarung zu. Die Mysterienweisheit ist eine Treibhauspflanze, die Einzelnen, Reifen, geoffenbart wird; die christliche Weisheit ist ein Mysterium, das als Erkenntnis *Keinem*, als Glaubensinhalt *Allen* geoffenbart wird. Im Christentum lebte der Mysterien-Gesichtspunkt fort. Aber er lebte fort in veränderter Form. Nicht der besondere Einzelne, sondern Alle sollten der Wahrheit teilhaftig werden. Aber es sollte so geschehen, daß man von einem gewissen Punkte der Erkenntnis deren Unfähigkeit erkannte, weiter zu gehen, und von da aus zum Glauben aufstieg. Das Christentum holte den Inhalt der Mysterien-Entwickelung aus der Tempel-Dunkelheit in das helle Tageslicht hervor. Die Eine gekennzeichnete Geistesrichtung innerhalb des Christentums führte zu der Vorstellung, daß dieser Inhalt in der Form des *Glaubens* verbleiben müsse.

Ausg.1902: konnten

Ausg.1902: sie konnten es nur, indem sie auf die Art verzichteten, wie in den Mysterien der Einzelne es konnte.

Ausg.1902: das Mysterium

Ausg.1902: Aber es verschloss zugleich die Tempeloffenbarung in das innerste Gemach, in den

AUGUSTINUS UND DIE KIRCHE
(Ausgabe von 1925)

Die volle Gewalt des Kampfes, der sich in den Seelen christlicher Bekenner beim Übergang aus dem Heidentum zu der neuen Religion abgespielt hat, kommt in der Persönlichkeit des *Augustinus* (354-430) zur Anschauung. Man betrachtet die Seelenkämpfe eines Origenes, Clemens von Alexandrien, Gregors von Nazianz, Hieronymus und anderer in geheimnisvoller Art mit, wenn man sieht, wie diese Kämpfe in dem Geiste des Augustinus zur Ruhe gekommen sind.

Augustinus ist eine Persönlichkeit, in der sich aus einer leidenschaftlichen Natur heraus die tiefsten geistigen Bedürfnisse entwickeln. Er geht durch heidnische und halb-christliche Vorstellungen hindurch. Er leidet tief unter den furchtbarsten Zweifeln, wie sie einen Menschen befallen können, der die Ohnmacht vieler Gedanken gegenüber den geistigen Interessen erprobt hat, und der die niederschlagende Empfindung gekostet hat von dem: «Kann denn der Mensch überhaupt etwas wissen?»

Im Anfange seines Strebens hafteten die Vorstellungen des Augustinus am Sinnlich-Vergänglichen. Er konnte sich das Geistige nur in sinnlichen Bildern veranschaulichen. Er empfindet es wie eine Befreiung, als er sich über diese Stufe erhoben hat. Das schildert er in seinen «Bekenntnissen»: «Da ich mir, wenn ich Gott denken wollte, Körpermassen vorstellen mußte, und glaubte, es könne nichts existieren als derartiges, das war der gewichtigste und fast der einzige Grund des Irrtums, den ich nicht vermeiden konnte.» Damit deutet er an, wohin der Mensch kommen muß, der das wahre Leben im Geiste sucht. Es gibt Denker, welche behaupten – und diese Denker sind nicht wenig zahlreich –: man könne zu einem reinen, von allem sinnlichen Stoffe freien Vorstellen überhaupt nicht gelangen. Diese Denker verwechseln dasjenige, was sie *glauben*, von ihrem eigenen Seelenleben sagen zu müssen, mit dem menschlich Möglichen. Die Wahrheit ist vielmehr, daß man zu einer höheren Erkenntnis erst kommen kann, wenn man sich zu einem von allem sinnlichen Stoffe freien Denken entwickelt hat. Zu einem solchen Seelenleben, dessen Vorstellungen nicht mehr dann aufhören, wenn die Veranschaulichung durch sinnliche Eindrücke aufhört, Augustinus erzählt, wie er zum geistigen Schauen aufgestiegen ist. Er fragte überall an, wo das «Göttliche» ist. «Ich fragte die Erde und sie sprach: Ich bin es nicht, und was auf ihr ist, bekannte das Gleiche. Ich fragte das Meer und die Abgründe, und was von Lebendem sie bergen: Wir sind nicht dein Gott; suche über uns. Ich fragte die wehenden Lüfte, und es sprach der ganze Dunstkreis samt allen seinen Bewohnern: die Philosophen, die in uns das Wesen der Dinge suchten, täuschten sich: wir sind nicht Gott. Ich fragte Sonne, Mond und Sterne, sie sprachen: Wir sind nicht Gott, den du suchst.» Und Augustinus erkannte, daß es nur eines gibt, das Antwort erteilt auf seine Frage nach dem Göttlichen: die eigene Seele. Sie sprach: Kein Auge, kein Ohr kann dir mitteilen, was in mir ist. Das kann ich dir nur selbst sagen. Und ich sage es dir auf unzweifelhafte Weise. «Ob die Lebenskraft in der Luft oder im Feuer liegt, darüber konnten die Menschen zweifel-

280

haft sein, aber wer wollte zweifeln, daß er lebt, sich erinnert, versteht, will, denkt, weiß und urteilt? Wenn er zweifelt, so lebt er ja, erinnert er sich ja, weshalb er zweifelt, versteht er ja, daß er zweifelt, will er sich ja vergewissern, denkt er ja, weiß er ja, daß er nichts weiß, urteilt er ja, daß er nichts voreilig annehmen dürfe.»
Die Außendinge wehren sich nicht, wenn wir ihnen Wesenheit und Dasein absprechen. Aber die Seele wehrt sich. Sie könnte ja nicht an sich zweifeln, wenn sie nicht wäre. Auch in ihrem Zweifel bestätigt sie ihr Dasein. «Wir sind und wir erkennen unser Sein, und lieben unser Sein und Erkennen: in diesen drei Stücken kann uns kein dem Wahren ähnlicher Irrtum beunruhigen, denn wir ergreifen sie nicht wie die Außendinge mit einem körperlichen Sinne.» Vom Göttlichen erfährt der Mensch, indem er seine Seele dazu bringt, sich selbst erst als Geistiges zu erkennen, um als Geist den Weg in die geistige Welt zu finden. Dazu hatte sich Augustinus durchgerungen, dieses zu erkennen. Aus solcher Stimmung heraus erwuchs im heidnischen Volkstum den Erkenntnis suchenden Persönlichkeiten das Verlangen, an die Pforten der Mysterien anzu-

Ausg.1910: In

klopfen. Im Zeitalter des Augustinus konnte man mit diesen Überzeugungen Christ werden. Der menschgewordene Logos, Jesus, hatte den Weg gewiesen, den die Seele zu gehen hat, wenn sie zu dem kommen will, wovon sie sprechen muß, wenn sie mit sich selbst ist. In Mailand wurde Augustin 385 die Belehrung des Ambrosius zuteil. Alle seine Bedenken gegen das alte und neue Testament schwanden, als ihm der Lehrer die wichtigsten Stellen, nicht bloß dem Wortsinn nach, sondern «mit Aufhebung des mystischen Schleiers aus dem Geiste» deutete. In der geschichtlichen Tradition der Evangelien und in der Gemeinschaft, von der diese Tradition bewahrt wird, verkörpert sich für Augustinus das, was in den Mysterien behütet worden ist. Er hält sich allmählich davon überzeugt, daß «ihr Gesetz, das zu *glauben*, was sie nicht bewies, maßvoll und ohne Arg sei.» Er kommt zu der Vorstellung: «Wer könnte so verblendet sein, zu sagen, die Kirche der Apostel verdienet keinen Glauben, die so treu ist und von so vieler Brüder Übereinstimmung getragen, daß diese deren Schriften so gewissenhaft den Nachkommen überlieferten, wie sie auch deren Lehrstühle bis zu den

282

gegenwärtigen Bischöfen herab mit streng gesicherter Nachfolge erhalten hat.» Des Augustinus Vorstellungsart sagte ihm, daß mit dem Christusereignisse andere Verhältnisse für die nach dem Geist suchende Seele eingetreten waren, als sie vorher bestanden hatten. Für ihn stand fest, daß in dem Christus Jesus dasjenige in der äußeren geschichtlichen Welt sich geoffenbart hat, was der Myste durch die Vorbereitung in den Mysterien suchte. Einer seiner bedeutsamen Aussprüche ist: «Was man gegenwärtig die christliche Religion nennt, bestand schon bei den Alten und fehlte nicht in den Anfängen des Menschengeschlechtes, bis Christus im Fleische erschien, von wo an die wahre Religion, die schon vorher vorhanden war, den Namen der christlichen erhielt.» Für eine solche Vorstellungsart waren zwei Wege möglich. Der eine ist der, welcher sich sagt, wenn die menschliche Seele diejenigen Kräfte in sich ausbildet, durch welche sie zur Erkenntnis ihres wahren Selbst gelangt, so wird sie, wenn sie nur weit genug geht, auch zur Erkenntnis des Christus und alles dessen kommen, was mit ihm zusammenhängt. Dies wäre eine durch das Christusereignis bereicherte Mysterien-

283

Erkenntnis gewesen. – Der andere Weg ist derjenige, welchen Augustinus wirklich eingeschlagen hat, und durch welchen er für seine Nachfolger das große Vorbild geworden ist. Er besteht darin, mit der Entwicklung [Ausg.1910: Entwickelung] der eigenen Seelenkräfte an einem bestimmten Punkte abzuschließen und die Vorstellungen, welche mit dem Christusereignis zusammenhängen, aus den schriftlichen Aufzeichnungen und mündlichen Überlieferungen über dasselbe zu entnehmen. Den ersten Weg wies Augustinus, als dem Stolze der Seele entspringend, ab, der zweite entsprach für ihn der rechten Demut. So sagt er zu denen, welche den ersten Weg gehen wollen: «Ihr könntet Frieden finden in der Wahrheit, aber dazu bedarf es der Demut, die eurem starken Nacken so schwer ankommet.» Dagegen empfand er in unbegrenzter innerlicher Seligkeit die Tatsache, daß man seit der «Erscheinung des Christus im Fleische» sich sagen konnte: *jede* Seele kann zum Erleben des Geistigen kommen, welche in sich selbst suchend so weit geht, als sie eben gehen kann, und dann, um zum Höchsten zu kommen, *Vertrauen* haben kann zu dem, was die schriftlichen und mündlichen Überlieferungen der christlichen Gemeinschaft über den Christus und seine Offenbarung aussagen. Er spricht sich darüber aus: «Welche Wonne und welch dauernder Genuß des höchsten und wahren Gutes sich nun darbietet, welche Heiterkeit, welcher Anhauch der Ewigkeit, wie soll ich das sagen? Es haben dies gesagt, soweit sich das eben sagen läßt, jene großen unvergleichlichen Seelen, denen wir zusprechen, daß sie geschaut haben und noch schauen. . . . Wir erreichen einen Punkt, in dem wir erkennen, wie wahr das ist, was uns zu glauben geboten wurde, und wie gut und heilbringend wir bei unserer Mutter, der Kirche, auferzogen worden sind, und welches der Nutzen jener Milch war, die der Apostel Paulus den Kleinen zum Tranke gab. . . .» (Was aus der andern möglichen Vorstellungsart, der um das Christus-Ereignis bereicherten Mysterien-Erkenntnis sich entwickelt: das zu betrachten liegt außerhalb des Rahmens dieser Schrift. Es findet sich die Darstellung davon in meinem Umriß einer «Geheimwissenschaft», Neuauflage, Philosophisch-Anthroposophischer Verlag am Goetheanum, Dornach, Schweiz.) – Während in vorchristlichen Zeiten derjenige Mensch,

[Ausg.1910: m]
[Ausg.1910: Leipzig, bei Max Altmann.]

welcher die geistigen Gründe des Daseins suchen wollte, auf den Mysterienweg gewiesen werden mußte, konnte Augustinus auch denjenigen Seelen, welche in sich selber keinen solchen Weg gehen konnten, sagen: Kommt so weit, als sich mit euren menschlichen Kräften in der *Erkenntnis* kommen läßt; von da ab führt euch dann das *Vertrauen* (der Glaube) in die höheren geistigen Regionen hinauf. – Es war nun nur ein Schritt weiter zu gehen, und zu sagen: es liegt in dem Wesen der menschlichen Seele, durch ihre eigenen Kräfte bis zu einer gewissen Stufe der *Erkenntnis* nur kommen zu können: von da an könne sie nur weiter kommen durch Vertrauen, durch den Glauben an die schriftliche und mündliche Überlieferung. Dieser Schritt war durch diejenige Geistesströmung getan, welche dem natürlichen *Erkennen* ein gewisses Gebiet zuwies, über welches sich die Seele nicht durch sich selbst erheben kann; welche Strömung aber alles, was über diesem Gebiet lag, zum Gegenstande des *Glaubens* machte, der sich zu stützen hat auf die schriftliche und mündliche Überlieferung, auf das Vertrauen in ihre Träger. Der größte Kirchenlehrer, *Thomas von*

[Ausg.1910:.]

Aquino (1224-1274), hat diese Lehre in seinen Schriften auf die verschiedenste Art zum Ausdrucke gebracht. Das menschliche Erkennen kann bis zu dem kommen, was dem Augustinus die Selbsterkenntnis gebracht hat, bis zur Gewißheit des Göttlichen. Das Wesen dieses Göttlichen und sein Verhältnis zur Welt liefert ihm dann die menschlichem Eigenerkennen nicht mehr zugängliche, geoffenbarte Theologie, die als Glaubensinhalt über alle Erkenntnis erhaben ist.

Man kann diesen Gesichtspunkt förmlich in seiner Entstehung beobachten in der Weltanschauung des *Johannes Scotus Erigena*, der im neunten Jahrhundert am Hofe Karl des Kahlen lebte, und der auf die natürlichste Weise von den ersten Zeiten des Christentums zu den Gesichtspunkten des Thomas von Aquino hinüberleitet. Seine Weltanschauung ist im Sinne des Neuplatonismus gehalten. Die Lehren des Dionysius, des Areopagyten, hat Scotus in seinem Werke über die «Einteilung der Natur» weiter gebildet. Das war eine Lehre, die von dem über alles Sinnlich-Vergängliche erhabenen Gott ausgeht, und von diesem die Welt ableitet (vgl. S.

[Ausg.1910: ,]

[Ausg.1910: vergl.]

142 f.). Der Mensch ist eingeschlossen in die Verwandlung aller Wesen zu diesem Gotte hin, der am Ende das erreicht, was er, vom Anfange an, war. In die durch den Weltprozeß hindurchgegangene und zuletzt vollendete Gottheit fällt alles wieder zurück. Aber der Mensch muß, um dahin zu gelangen, den Weg zu dem Fleisch gewordenen Logos finden. Dieser Gedanke führt bei Erigena schon zu dem andern: was in den Schriften enthalten ist, die über diesen Logos berichten, das führt als Glaubensinhalt zum Heil. Vernunft und Schriftautorität, *Glaube* und *Erkenntnis* stehen nebeneinander. Eines widerspricht nicht dem andern; aber der Glaube *muß* bringen, wozu das Erkennen sich nie bloß durch sich selbst erheben kann.

Ausg.1910: 166

* * *

Was im Sinne der Mysterien der Menge vorenthalten werden sollte, die *Erkenntnis* des Ewigen, das war für diese Vorstellungsart, durch die christliche Gesinnung zum *Glaubensinhalte* geworden, der, *seiner Natur* nach, sich auf etwas dem bloßen Erkennen Unerreichbares bezog. Der vorchristliche Myste war der Überzeugung:

ihm sei die Erkenntnis des Göttlichen und dem Volke der bildliche Glaube. Das Christentum wurde der Überzeugung: Gott hat durch seine Offenbarung die Weisheit dem Menschen geoffenbart; diesem kommt durch seine Erkenntnis ein Abbild der göttlichen Offenbarung zu. Die Mysterienweisheit ist eine Treibhauspflanze, die Einzelnen, Reifen, geoffenbart wird; die christliche Weisheit ist ein Mysterium, das als Erkenntnis *Keinem*, als Glaubensinhalt *Allen* geoffenbart wird. Im Christentum lebte der Mysterien-Gesichtspunkt fort. Aber er lebte fort in veränderter Form. Nicht der besondere Einzelne, sondern Alle sollten der Wahrheit teilhaftig werden. Aber es sollte so geschehen, daß man von einem gewissen Punkte der Erkenntnis deren Unfähigkeit erkannte, weiter zu gehen, und von da aus zum Glauben aufstieg. Das Christentum holte den Inhalt der Mysterien-Entwicklung aus der Tempeldunkelheit in das helle Tageslicht hervor. Die Eine gekennzeichnete Geistesrichtung innerhalb des Christentums führte zu der Vorstellung, daß dieser Inhalt in der Form des *Glaubens* verbleiben müsse.

Ausg.1910: -Dunkelheit

Namensregister

Abel 101, 102
Abraham 30, 114
Adam 102, 103, 104
Admi 103
Ambrosius 220, 221
Ananda 85, 86
Angelus Silesius 171
Apollon 152
Apollonius von Tyana 25, 152, 156
Augustinus 130, 131, 135, 209, 210, 212, 213, 214, 215, 216, 217, 218, 219, 220, 221, 223, 224, 225, 226, 228, 231, 232, 233, 234, 236

Bahnsen 53, 54
Batsch 121
Brahman 82, 103, 104, 107
Buddha 30, 81, 82, 83, 84, 85, 86, 87, 88, 89, 100, 104, 107, 112, 113, 114, 140, 183, 219, 223, 226

Cartesius 212
Christus 25, 26, 35, 42, 48, 49, 54, 58, 61, 75, 77, 88, 89, 90, 100, 102, 103, 104, 107, 111, 112, 114, 127, 129, 130, 140, 144, 147, 150, 152, 161, 164, 166, 171, 177, 179, 180, 181, 182, 183, 184, 185, 188, 189, 190, 191, 192, 193, 194, 196, 200, 211, 218, 219, 237
Cusanus 231

Darwin 156
Demiurgos 180
Dionysios Areopagita 198, 203, 204, 210, 214, 231
Dionysos 32, 94, 160
Drusen 49, 245

Emmanuel 26
Epimetheus 46
Epiphanius 69
Essäer o. Essener 8, 24, 29, 38, 39, 40, 41, 42, 43, 44, 45, 47, 48, 49, 53, 63, 64, 65, 66, 67, 68, 69, 70, 75, 100, 107, 108, 109, 111, 114, 127, 133, 139, 140, 141, 142, 245
Europa 209
Eusebius 68, 131
Eva 104

Faust 66, 138, 154
Feuerbach 9, 10
Fichte 72, 74

Giordano Bruno 229
Goethe 18, 27, 28, 61, 72, 73, 74, 106, 117, 121, 122, 123, 138
Gotama 82
Gottschalk 234

Haeckel 118, 121, 241
Hephaistos 46
Herakles 158, 159, 191, 201
Heraklit 106, 136, 182
Hermas 205
Hermes 46, 205
Horus 94, 95, 96, 125, 126

Isis 91, 93, 94, 96, 125, 126, 127, 198

Jahve 36
Jakobus 68, 133
Jaldabaoth 180, 181
Jeshu ben Pandira 42
Jesus 8, 26, 29, 40, 49, 50, 55, 58, 59, 62, 64, 67, 68, 83, 85, 86, 100, 108, 109, 111, 113, 114, 124, 129, 130, 133, 139, 141, 142, 143, 144, 146, 147, 148, 149, 177, 183, 184, 185, 189, 192, 193, 194, 200, 211, 237, 245
Johannes 27, 40, 43, 45, 47, 48, 50, 51, 53, 54, 55, 56, 57, 58, 59, 60, 61, 62, 63, 65, 68, 75, 77, 84, 85, 86, 87, 95, 107, 114, 132, 133, 141, 142, 144, 146, 148, 149, 150, 177, 186, 194, 195, 196, 197, 200, 203, 204, 206, 229
Joseph 86, 109, 114
Josephus 39, 50, 64, 67
Jupiter 160

Kadmos 12
Kain 101
Karl der Kahle 231, 233

Lazarus 135, 143, 144, 145, 146, 147, 149, 150, 194, 197
Leadbeater 52
Ludwig der Fromme 231
Lukas 51, 57, 58, 64, 82, 84, 109, 126, 140, 145, 149
Luther 55, 220, 229

Maja 81
Manichäer 218
Mara 85, 219
Maria 28, 145, 146
Markus 51, 57, 75, 85, 140, 143
Martha 145, 146
Matthan 109
Matthäus 26, 27, 40, 51, 57, 59, 62, 63, 75, 86, 87, 109, 111, 112, 114, 115, 124, 126, 132, 139, 140, 161, 190
Melchisedek 30
Messias 42, 44, 45, 56, 58, 114, 116, 151, 178
Mohammed 245
Monika 218
Moses 23, 29, 35, 37, 41, 50, 84, 101, 102, 106, 133, 140, 177, 245

Nathanael 84

Nazaräer o. Naziräer 40, 69
Nietzsche 231

Oldenburg 88
Osiris 77, 79, 80, 81, 91, 93, 94, 95, 96, 97, 99, 101, 102, 107, 108, 111, 112, 115, 125, 126, 127, 136, 198

Paulus 193, 194, 202, 203, 204, 210, 229
Petrus 55, 108, 133, 202
Philon 7, 8, 9, 11, 12, 13, 14, 15, 16, 17, 18, 19, 20, 24, 25, 26, 27, 29, 30, 31, 32, 33, 34, 35, 36, 37, 38, 39, 40, 41, 42, 45, 49, 50, 53, 68, 69, 70
Phönix 92
Pilatus 200
Platon 7, 11, 13, 14, 15, 16, 36, 41, 136, 152, 237
Plinius 39
Plutarch 148, 158
Pontius Pilatus 200, 201, 202, 206

Prometheus 46
Pseudo-Dionysios 204, 210, 229

Renan 143

Satan 85, 219
Schiller 121, 122, 123
Scotus Erigena 135, 204, 217, 225, 227, 228, 229, 231, 232, 233, 234, 236, 238, 240, 241, 242
Seth 93, 101, 102
Seydel 88
Sichar 86
Siddhartha 82
Sokrates 152
Sophia 32, 33, 180, 181, 182
Sphinx 92

Thomas 146
Timoteus 108
Typhon 94, 101, 102

Vishnu 104

Zeus 156, 160

Rudolf Steiner (1861-1925) hat die moderne Naturwissenschaft durch eine umfassende Wissenschaft des Übersinnlich-Geistigen ergänzt. Seine «Anthroposophie» ist in der heutigen Kultur eine einzigartige Herausforderung zur Überwindung des Materialismus, dieser leidvollen Sackgasse der Menschheitsentwicklung.

Steiners Geisteswissenschaft ist keine bloße Theorie. Ihre Fruchtbarkeit zeigt sie vor allem in der Erneuerung verschiedener Bereiche des Lebens: der Erziehung, der Medizin, der Kunst, der Religion, der Landwirtschaft, bis hin zu einer gesunden Dreigliederung des ganzen sozialen Organismus, in der Kultur, Rechtsleben und Wirtschaft genügend voneinander unabhängig gestaltet werden und sich dadurch gesund entfalten können.

Von der etablierten Kultur ist Rudolf Steiner bis heute im Wesentlichen ignoriert worden. Dies vielleicht deshalb, weil viele Menschen vor der Wahl zwischen Macht und Menschlichkeit, zwischen Geld und Geist, zurückschrecken. In dieser Wahl liegt jene innere Erfahrung der Freiheit, die vor zweitausend Jahren allen Menschen möglich gemacht wurde und die zu einer zunehmenden Scheidung der Geister in der Menschheit führt.

Die Geisteswissenschaft Rudolf Steiners kann weder ein elitäres noch ein Massenphänomen sein: Einerseits kann nur der einzelne Mensch in seiner Freiheit dazu Stellung nehmen und sie ergreifen, andrerseits kann dieser Einzelne in allen Schichten der Gesellschaft und in allen Völkern und Religionen der Menschheit seine Wurzeln haben.

Der Archiati Verlag freut sich über Ihre Anforderung seines Bücherverzeichnisses und über die Bestellung von Büchern. Bitte wenden Sie sich an Ihre Buchhandlung oder direkt an:

Archiati Verlag e. K.
Sonnentaustraße 6a · D-80995 München
Telefon: (089)15 000 513 · Telefax: (089)15 000 542
info@archiati-verlag.de · www.archiati-verlag.de